食で巡るトルコ

Türkiye'nin
Yemeklerine Yolculuk

岡崎伸也

阿佐ヶ谷書房

はじめに

　1996年、バックパッカーで初の海外渡航先としてトルコを訪れ、魅了されたのが22歳の時でした。

　その後、1998年のトルコ語留学を経て、1999年にニュージーランドにワーキングホリデーで滞在。そのとき働いていたトルコ料理を出すエスニック＆カフェのスタイルに憧れました。2001年、地元の島根県益田市にエスニックカフェをオープン。地元ではエスニックといえばカレーが良いだろうということで、トルコ・カフェではなく、カフェ＆カリーを開店。その後インド系のカレーを提供する方向へ進めていく中で、トルコとの関係が離れていき、いつの間にか無意識に寂しい想いが募っていきました。その想いに気づいた時、大好きなトルコとの距離感を縮める為に軌道修正をしよう。その為に改めてトルコを知りたいと思うようになりました。

　では私にとってトルコを知るには、どうすれば良いのか。私には「トルコ語を活かす」「食への興味」「旅が好き」しかなく、それを考えているとふと「食をテーマにトルコ全土を旅をする」、これが閃きました。

　そこでトルコの地図を広げてみると、まだまだ行ったことのない場所ばかり。地形や気候を基準に７つの地方に区

分されていました。そこには地方に根付いた郷土料理や食材がきっとあるはず。各地方の食の集合体が、トルコの食ともいえるのではないか。当時ガイドブックにはほとんど載っていなかったので、郷土料理なら地方を旅する意味もあるし、探し求める甲斐があるのではと思いました。

　インターネットや本で調べるのではなく、あえて自分が現地へと赴くことで、体で感じられる何かがきっとあるだろうし、現地の人と触れ合いながら食にまつわる話も聞いてみたい。いろんな好奇心がふつふつと湧いてきました。そして旅をする決断をし、店を閉店。

　本書はそのような経緯で旅に出て、探し出した各地方の郷土料理や食材の数々。その他いくつかの民族の料理、更には地方で見た風物詩などを載せています。2010年から旅をしてきた情報ですが、今回ようやく溜めていたものを書籍として紹介出来ることになりました。

　イメージが湧きやすいように多くの写真を載せていますので、遠いトルコに想いを馳せながら、現地の暮らしぶりを少しでも感じてもらえたら嬉しく思います。

食で巡るトルコ
içindekiler

チェコ

スロバキア

ウィーン◉　◉ブラチスラバ

オーストリア　　　　ブダペスト
◉

ハンガリー

ウクライナ

モルドバ

キシナウ
◉

スロベニア
◉
リュブリャナ　◎ザグレブ

ルーマニア

クロアチア　　　ボスニア・　　ベオグラード
ヘルツェゴビナ　　◉

ブカレスト
◉

サラエボ◉　　　セルビア

アドリア海　　　　　　モンテネグロ　　プリシュティナ　◎ソフィア

ポドゴリツァ◉　　コソボ

◉ティラーナ

ローマ
◉

イタリア

アルバニア

北マケドニア

ブルガリア

イスタンブール
○

ブルサ
○

ギリシャ

アテネ
◉

イズミル
○

エ
ー
ゲ
海

アンカ

コンヤ
○

アンタルヤ
○

ニコシフ
キプロス

地中海

トリポリ
◉

パレスチナ

カイロ
◉

リビア

エジプト

006

カザフスタン

ロシア

黒海

ジョージア

カスピ海

アルメニア
エレバン ◎

アゼルバイジャン バクー ◎

トルクメニスタン

トルコ

アダナ ○

テヘラン ◎

シリア

レバノン
ベイルート ◎ ◎ダマスカス

バグダッド ◎

イラク

イラン

◎エルサレム

スラエル

ヨルダン

サウジアラビア

=== トルコ基本情報 ===

国名：トルコ共和国　　　面積：780,576平方キロメートル
首都：アンカラ　　　　　宗教：イスラム教が大部分を占める
言語：トルコ語　　　　　在留邦人：1,765人
人口：85,279,553人　　　在日トルコ人：5,963人

トルコ料理ひとこと紹介

本書によく出てくるトルコ料理に使われる言葉のひとこと説明です。本文中に解説もありますが事前に知っておくとより楽しめるかと思います。

ブルグル………… 小麦を茹でたものを乾燥させて挽き割ったもの

ヤルマ…………… 生の小麦を挽き割ったもの（別名ドヴメ、ゲンディメ）

カヴルマ………… 肉を脂肪と一緒に炒め煮したもので、保存食にもなる

カイマック……… 乳を沸騰させて冷ました後に表面に溜る乳脂肪分

チョケレッキ…… ヨーグルトを沸騰させて凝固した乳製品

ロル……………… 乳を沸騰させ、レモン汁、ヨーグルトで凝固させた乳製品

ペクメズ………… ブドウの果汁や果実の茹で汁を煮詰めた濃縮シロップ

ケバブ…………… 肉、魚、野菜の焼き物料理の総称で、肉に関しては煮物に
　　　　　　　　　まで及ぶ

キョフテ………… 挽肉、ブルグルなどを練って形成し、調理した料理

マントゥ………… 小麦粉の生地で具材を包んで調理したトルコ式ラビオリ

ユフカ…………… 小麦粉の生地を薄く広げ、鉄板で焼いたパン

ドルマ…………… 野菜や果物をくり抜いて、挽肉や米を詰めて調理した料理

サルマ…………… 挽肉や米などを葉物で巻いて調理した料理

チョルバ………… スープの総称

ティリット……… 硬くなったパンをスープストックなどで柔らかくした料理

マルマラ地方
Marmara Bölgesi

1. エディルネ県
Edirne

2. クルクラレリ県
Kırklareli

3. テキルダー県
Tekirdağ

4. チャナッカレ県
Çanakkale

5. バルケスィル県
Balıkesir

6. ブルサ県
Bursa

7. ビレジック県
Bilecik

8. イスタンブル県
İstanbul

9. サカルヤ県
Sakarya

10. コジャエリ県
Kocaeli

11. ヤロワ県
Yalova

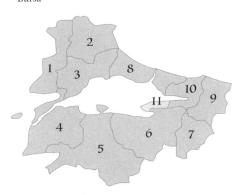

マルマラ地方

エディルネ県

Tava ciğeri ／料理：タワ・ジエリ
Edirne merkezi ／地域：エディルネ中心地

　エディルネの名物で最初に思いつくのはタワ・ジエリ（牛レバーのフライ）だ。エディルネの中心には、ここぞとばかりこの名物を売る店が軒を並べ、客を奪い合う。ほぼどこの店も平均的に客は多く、隣の店と重なる程、店の外にも椅子が並ぶ。多くの店の正面のガラスから揚げている作業が見える。このレバーの特徴は何といっても薄さ。新鮮なレバーをナイフで出来るだけ薄く切る。トルコ語ではヤプラック・ジエリ（葉っぱのように薄いレバー）という。その際には、膜や筋、血管も丁寧に取っておく。この作業が特に大事になる。というのも、処理をすることで20%はロスとなるが、レバーの臭味も取れ、食感も良くなる。それを丁寧に洗って、一晩寝かせる。揚げる前に小麦粉に均等にしっかりまぶし、ひまわり油で170〜180℃、30秒程揚げる。

　今回訪れた店エディルネ・ジエルの職人ムスタファさんは歴50年。彼自身はミディアムに柔らかめに揚げる。揚げすぎると、旨味そのものもなくなると語る。油でカリッと揚げた熱々のレバーは、臭味もなくとても食べやすい。そして、この皿と一緒に出されるのが、エディルネ郊外でギリシャ国境に近いカラアーチという場所で育つ唐辛子である。緑のうちに摘み取り、紐に通して乾燥させておいたものを素揚げする。辛いが、緑茶を煎ったような香ばしさと、スナック菓子のようなサクサク感がある。レバーの合間に、唐辛子をアクセントにかじり、アイランを飲む。言い伝えでは、バルカン半島のレバーを食べる文化が、このエディルネまで伝わり、ここで開花したのだという。

エリック・スユ
Erik suyu

夏に熟したスモモを砂糖と水で一緒に煮て、濾したもの。夏場にはひんやりとジュースにして飲み、冬にはマルメラットというペースト状のジャムにして消費。クズルジュック（セイヨウサンシュユ）、ヤバン・メルスィニ（ブルーベリー）、ヴィシネ（サワーチェリー）でも、同じように煮てジュースを作る。

オスマンル・マージュヌ
Osmanlı macunu

オスマン帝国時代から続くとされる水飴。古都エディルネだけでなく、人が多く集まる場所で売られている。マニサ県のメスィル・マージュヌが元で41種類のスパイスなどが入った効能のある飴だった。今は数種類のスパイスと色鮮やかにフルーツの果汁を使っているそうだ。味もサワーチェリーとイチゴ、バニラとバナナ、リンゴとキウィ、オレンジ、レモンの５種類。一本約100円。容器から飴を伸ばすと、カラフルな透明な色になる。木の串に一つ一つからませながら巻き付け、真ん中にあるレモンの果汁をつけてから提供する。もし着色料を使っていたなら、木の串に色が付くので偽物かどうか見分けるためらしい。子供には勿論人気だが、大人にもノスタルジーを感じさせる食べ物になっているようだ。温度が大事で冬は飴が固まらないように、トレイの下に湯を張りながら調整しているという。舐めると糸を引くほど柔らかく伸びる。

バーデン・エズメスィ
Badem ezmesi

アーモンドを潰しパウダーにしたら砂糖と水をシロップ状に煮詰めてからパウダーを入れ、火を入れながら練り上げる。エディルネにはオスマン朝時代に都があり、その時代から引き継ぐ代表的なお菓子の一つとして、現在でもエディルネの名物お菓子となっている。トラキヤ地方で栽培しているアーモンドは大ぶりでつまみに適したものとは違い、小ぶりで脂分が高いもので、特にこのようなお菓子に適している。ヘルワと呼ばれる小麦とシロップを練り上げたお菓子は、古くて簡単で美味しいお菓子として中東から東西に広がりを見せているが、その進化形ともいえる。

トルコの即席スープ、タルハナ

　9月中旬、エディルネを訪れた。この時期はちょうどルメーリ・タルハナと呼ばれる保存食が作られる最盛期だった。タルハナはトルコ全土を見渡すと3種類あり、中央アナトリア地方や東部で作られる小麦とヨーグルトを煮て、おにぎり状、又は平らに形成した後乾燥させたタイプ、ヨーロッパ側のエディルネを含むトラキア地方でよく作られる小麦粉、ヨーグルト、トマト、玉ねぎなどの野菜を練った後、小さくちぎり乾燥させたタイプ、そしてエーゲ海地方の内陸部・キュタヒヤ県の名物でもあるクズルジュックと呼ばれるセイヨウサンシュユの果汁と小麦粉、塩を足して粒状に乾燥させたクズルジュック・タルハナスの3種類である。どのタルハナも主に水に溶かして煮て、スープとして飲むのが一般的。

　今回知り合ったアイスンさんにタルハナ作りの過程を少し見せてもらった。材料は赤ピーマン（辛いもの甘いもの混在）、トマト、玉ねぎ、水切りヨーグルト、セモリナ粉、塩、トマトペースト、酵母（昨年作ったタルハナ、または発酵したパン生地）と小麦粉。野菜をプロセッサーに入れて細かくしたらそれを一度鍋で火を通し、水分を飛ばす。冷ました後に、タライにその他の食材を加えて一緒に混ぜ合わせ捏ねる。ただ「タルハナは1日にしてならず」で、すべての食材を混ぜた後、日本の味噌や漬物の糠床のように、8〜15日間毎日15分は生地を混ぜ発酵を促す必要があるからだ。適温を保つため毛布に包んでから、始めの数日間は毎日発酵が進んでいくので、タライの中の生地が膨れ上がる。それをガス抜きしながら捏ねると、

左・硬すぎず柔らかすぎずに乾燥させる
右・鍋に濾したタルハナを入れてとろみをつける

3日後には膨れなくなる。8日以上毎日続けることで、味も熟成していき、更に酸味も出始めるという。熟成させないと、材料が一体化せずに粉っぽさが残る味になり、タルハナ本来の味にならないのだそうだ。

そしてそれを小さくちぎり布の上に置き、乾燥させる。乾燥といっても、完全に乾燥してはいけない。石のように硬くなっては溶かすときに苦労するので、硬すぎず、柔らかすぎずの硬さまで乾燥させる。それをプロセッサーで細かくするか、木製のタライの縁に手のひらでこすり細かくする。

粒状になったら、再び日陰で乾燥させる。粒がダマにならないように、定期的に指で撫でながら、乾燥を促す。完全に乾燥したら、瓶の中で保存する。

アイスンさんによると、今から50年前、大家族で住んでいた当時は、バラエティに富む朝食もなかったし、そもそも時間もなかった。今のトルコにある西洋的な朝食スタイル（パン、サラダ、チーズ、オリーブ、ジャム、バター、卵、紅茶）は高価なので、ほとんどがスープで済ませていたそうだ。そして「このタルハナ・スープこそが、その代表的なものだったのよ」と教えてくれた。

作り方は、鍋にバターを入れ、タルハナ、トマトペーストを入れてよく混ぜ、熱湯を加えて混ぜるだけ。仕上げは、油に乾燥ミントを加え熱した香味油を上からかけて完成。とろみがあり程よい酸味のあるスープ。昔は大きなお皿に、硬くなったパンをちぎり置いて、その上からスープを流し込み、好みで白チーズ、炒めた挽肉をのせて食べていたそう。

今回アイスンさんは、特別に乾燥したものではないヤシュ・タルハナと呼ばれるものでスープを作ってくれた。ヤシュとは生という意味で、乾燥させていないペースト状のもの。生地を10日程捏ね、乾燥させる前の柔らかい生地。全ての量を乾燥させないで、いくらかを瓶に入れて冷蔵庫で保存している。

作り方は、ヤシュ・タルハナを水の中でもみながら溶かしていく。生の状態のものは水に溶けにくく、ダマも残るので濾す必要がある。鍋にバターを入れて、濾したタルハナを入れる。水を加えて温めると、とろみがついてくる。仕上げには白チーズをほぐしてトッピングにした。これで作るスープは野菜の香りや発酵したてのフレッシュ感が残る。自家製のタルハナだからこそ味わえる特別なスープだったので、貴重な体験だった。

白チーズをトッピングしてタルハナ・スープの完成

　アイスンさんは、実母が他界した後、自分も作れるようになろうと、親戚から改めて作り方を教わったという。昔、一つ屋根の下で暮らしていたので、お母さんの作り方を知っていたようだ。母のタルハナをそのまま受け継いで、毎年この時期になるとタルハナ作りをしている。

　村の生活から街でのアパート暮らしが急速に進んだトルコにおいて、冬の保存食はタルハナを始め、トマトペースト、漬物、ジャム、手打ちの乾燥麺などあるが、大量に作れないにしても核家族分だけ少量は作ることが出来る。その中でも、タルハナは時間も手間もかかる保存食。若者はもう作らず、マーケットで既製品を買うのがほとんど。アイスンさんは、「私がいずれいなくなっても、タルハナだけは娘や孫にも自分で作って食べて欲しいわ」と語った。

　ビタミンが豊富で、栄養価の高いタルハナ・スープは冬の時期には欠かせない食べ物。トルコにはかなり多くのスープが存在するが、保存食でもある即席スープがこのタルハナ。保存食の中でも別格の存在でもあり、特にこのエディルネにおいて、タルハナへの想いは格別のようだ。

トルコでクスクス作り

　トルコのヨーロッパ側に位置するトラキア地方のエディルネにやってきた。この地方には、第一次世界大戦後の1923年、トルコとギリシャが「住民交換」をし、ギリシャ領のイスラム教徒がトルコ側へ移住した。さらにブルガリア、バルカン半島の旧オスマン帝国領からトルコへの移住者も多い。

　この地方を旅していると、他の地方ではあまり目にしない食材に目が留まった。クスクスだ。クスクスは北アフリカ発祥の小麦で作った製品。パスタの一種ともいえるだろう。小さなビーズほどの粒で、それを茹でてマカロニのように食べる。ここまで小さい粒々をどうやって作るのか疑問が湧いてきた。

　そこで、エディルネ郊外の通称土曜日市場を訪れた。自家製の商品を売りにくる村のご夫人達が多いので有名な市だ。そこでクスクスや手打ちの乾燥パスタを売るギュルンセルさんと知り合った。一般的には、各家庭の冬の保存食の一つとして足りるだけの量を作るが、彼女のように、村で作った手作り製品を市場に売りに来たり、個人的な注文を受けたりして、収入源にしている。彼女と意気投合し、自宅でクスクス作りをみせてもらうことになり、2日後、市内から30分程バスで行ったタヤカドゥン村を訪れた。旦那さんがバスの停留所でお出迎え。ご夫妻とも、とても歓迎してくださった。聞くと、彼女の祖先も100年以上前、当時のオスマン帝国領のセラニック（現ギリシャのテッサロニキ）から移民してきた人達だそうだ。

　早速ギュルンセルさんは、作業場に案内してくれて、道具と食材を用意した。クスクスを作るにはテクネと呼ばれるブナの木を彫った桶のようなものが欠かせない。彼女が使ったのは一人用のテクネで、横幅1メートル、奥行き40センチで、高さ20センチ弱程。作業中ずれないように、ずっしりと重い。材料はイルミックと呼ばれるデュラムセモリナ粉（デュラム小麦を粗挽きしたもの）、卵、牛乳、塩、小麦粉。

　まず卵、牛乳、水、塩を混ぜ合わせ、なめらかになるまでしっかりと漉し、液体を作っておく。テクネにイルミックを入れて、この液体をふりかけながら、両手で楕円を描くように、リズミカルに右から左へともみ込んでいく。途中、小麦粉をつなぎで足しながらその作業を繰り返していくと、砂粒のようなイルミックが次第に大きくなる。それをカルブルというふるいにかける。段階的に2種類の網の目が違うカルブルを使い、ダマの大きさを均一にする。完成品は3ミリほど。カルブルに残ったものが完成。大きすぎるものは手で小さくし、下に落ちたものは更に大きく

クスクスを作ってくれたギュルンセルさん

していく。それを天日でムラなく乾かせば完成。

　クスクスは、トラキア地方の冬の保存食の一つで、９月頃にこのような作業はよく見られるそうだ。量が多ければ近所の人達を呼び、テクネを２〜３台並べ向かい合いながら５〜６人で集まって作る。各家が持ち回りで協力し合ったり、お金を出して一日雇ったりすることもあるようだ。

　ギュルンセルさんは、クスクスを作る際には、生のクスクスを茹でて食べるという。「乾燥させたものも勿論美味しいけど、生のクスクスはまた格別の味。だから今からご馳走するわ」と、早速鍋に湯を沸かし始めた。少しひまわり油を入れて、クスクスを投入。コップ１杯のクスクスに水がコップ４杯。茹でるとクスクスが水分を吸ってふくらみ始め、お粥状態になっていく。湯切りするかと思っていたのだが、クスクスは絶対に濾さないらしい。「この水分に美味しさと旨味があるから、捨てちゃいけないのよ」と言う。フライパンにバターを熱し、パンをちぎって炒め始めた。こんがりと香ばしく、甘い香りがし始めたら、それを茹でたクスクスの中に入れて、ザックリ混ぜ合わせたら完成。添え物には、ヨーグルト、おろしキュウリ、おろしニンニク、刻み青ネギを加えて混ぜたジャジュック。茄子の両面焼きやしし唐も添えた。

　この日はギュルンセルさんと旦那さん、孫のマフムットさんが加わり、クスクス

を囲んでの昼食となった。熱々のクスクスは塩粥に近いが、米と違いクスクスのもっちりつるつるとした食感が実によい。塩味のクスクス自体の素材が美味しくて、そこにバターの甘さ、パンの香ばしさのアクセントが加わっていて、シンプルな料理の中にもいろんな旨味を感じた。

　ギュルンセルさんは、「私は20歳の時からこのクスクスを作っているし、今ではこうして売っている。市販で売られている工場で作られた物よりも、いい食材を使っているし、工程も丁寧。違いは明らかよ。ここまで手がかかっているから、既製品のクスクスと比較して欲しくないわね」と誇らしげ。

　1キロ約650円。通常一家族2〜3人で年間10キロ程あれば足りるという。しかも8時間かけて、一日に乾燥したものを5キロ程作るのが精いっぱいだから、手間を考えれば決して値段は高くない。小麦のふすまも足しているし、卵、牛乳が入っているから、栄養価も高く、味も良い。

　彼女は「こうして自分の作ったクスクスが海外の人にも知られるようになればなと、ずっと願っていたのよ。不思議なものね。今日はその意味でとても嬉しい日だわ」と語ってくれた。決して贅沢な食事とはいえないが、手間をかけて作るクスクスを目の前に見て、その場で味わうことが出来たのは貴重な経験だった。

生のクスクスを
茹でて食べる

クルクラレリ県

マルマラ地方

Kırklareli köftesi／料理：クルクラレリ・キョフテスィ
Kırklareli merkezi／地域：クルクラレリ中心地

　キョフテ（肉団子）はトルコ人が大好きな料理の一つであり、全国津々浦々キョフテが名物になっているところも多い。キョフテと名のつく料理はグリルのほか、煮込み、揚げ物もある。その中でもやはりグリルが好みであり、批評の的になるのもまたグリルである。ただ、日本で食べるようなジューシィで肉汁がたっぷり出てくるハンバーグからすれば、一つ一つが小ぶりで脂も抜けたように見えるし、基本スパイスの種類も少ないので、物足りなさを感じるかもしれない。それは早く火を通し、肉自体の旨味を味わうという考えの元、炭火で焼いているところが多いからだ。

　クルクラレリの市内を歩くと、キョフテ屋がとても多いのを目にし、名物なのだと実感する。どこの店頭のショーケースにも、きれいに形成されたキョフテが皿いっぱいに盛ってある。ホテル近くのお店に入り、早速注文した。オーナーにお話を伺うと、一般的に肉は牛の挽肉とギョムレッキと呼ばれる網脂を合わせ2回機械で挽いたものに、パン、塩、玉ねぎを加える。スパイスは使わないのがクルクラレリ流だとか。この店は特別に羊の尾脂も気持ち程度加えて、旨味を足すのだという。足すといっても、食べた後によく意識して、ようやく感じられる程度。

　自信が持てる肉の旨味を消さないために、スパイスを極力入れない。肉の旨味、食感、焼き方など批評の項目にあげられるが、素材の良い肉を手にできる地元のオーナーは、「俺達はこんな恵まれた場所に住めて、幸運だよ」と、笑顔で語ってくれた。

Kırklareli

❊ マンジャ
Manca

揚げた茄子の中身を取って叩き、そこへ細かく刻んだパセリ、青ネギ、トマトを加え、ブドウ酢と塩で味付けした茄子のサラダ。エディルネ地方では、マンザナとして知られメイハーネなどの居酒屋で冷菜として出される。これもルメーリ（南バルカン）料理の一つでブルガリアから伝わったもの。

❊ ルテニツァとチュプリサ
Lütenitsa ve Çıprisa

ルテニツァはブルガリアからの移民の文化で、赤唐辛子や焼き茄子、トマト、赤ピーマン、人参を細かく切っておいて、スパイスと一緒に鍋でトロトロのペースト状になるまで煮たもの。パンに浸けたり、パスタのソースにしたりと使い勝手もいい。冬の準備に作る保存食の一つ。チュプリサは英語名セイボリー。隣国ブルガリアでは料理に多用される肉の臭味消しや、香りを加えるスパイスとして使われる。トルコで多用されるタイムより香りもきつい。このようなスパイスはスーパーでは売っていないので、ブルガリア系の移民は市場に買い求めに来る。

✳ ボザ
Boza

トルコでは冬の季節に入るとボザが売られる。バルカン半島では日常的に売られているそうだが、元は中東や中央アジアでも飲まれている。ここのボザはトウモロコシやキビ、小麦粉、砂糖、水を混ぜて煮て、冷ました後、酵母を加えて発酵を待つ。するとドロッとした状態になる。ほのかな穀物の香りと発酵して乳酸菌が作られることでレモンのようなさわやかな酸味がある。上にはシナモンとレブレビと呼ばれるひよこ豆を加工して煎ったものがのせられる。冷たい飲み物だが、体を温める効果もある。オスマン帝国時代、戦争の時には樽の中に入れて、すぐに栄養価の高いボザを飲んでいたという。

✳ ペクメズリ・カチャマック
Pekmezli kaçamak

トラキア地方の村の簡単料理の一つ。鍋にぬるま湯でトウモロコシの粉を溶かして塩を加え、ダマにならないようにかき混ぜる。火を加えていくと粘り気が増し、ぼってり、ねっとりした状態になる。好みで名物のテンサイのペクメズを上からたっぷりかけて混ぜながら食べる。ほかに、溶かしバター、白チーズを加えることもある。トウモロコシのほのかな甘味と塩味だけでは淡白すぎて食べにくいが、ペクメズなどを加えることで食べやすくなる。栄養価も高い。何人か集まれば、広めのトレイで作って、熱々をそれぞれがスプーンで取って食べる。間食として食べるのが一般的だそうだ。バルカン半島から伝わった料理とされる。

【ポイラル村】

テンサイでペクメズ作り

❖❖❖❖

　11月初旬、トルコのヨーロッパ側のトラキア地方にあるクルクラレリ県を訪れた。中心部から南東部にあるポイラル村ではテンサイ（砂糖大根）からペクメズ（濃縮シロップ）を作る時期に入っていた。乗り合いバスを降りるや、テンサイを山盛りに積んだトラクターが村へと入っていくのが見えた。雨がしとしと降り、気温も下がる中、そのトラクターの後を追うと、村の一角で蒸気が立ち込めているところにたどり着いた。そこが今回訪れたバイラックタル家である。この村にはテンサイのペクメズ製造所が点在し、合計15か所あるという。村の重要な産業であり、大事な収入源でもある。

　ペクメズは、ブドウ、リンゴ、桑の実、イナゴマメなどから作るが、通常各戸が一年間に自宅で消費できる程度の量をまとめて作るか、完全に工場で大規模生産しているかのどちらか。

　しかし、この村では数家族が協力し合って製造所を運営し、数世帯が年間の世帯収入を確保できる程の量を生産している。製造所を持てない状況ならば、テンサイを白砂糖に製造する工場に売る家族もあるという。

　製造場には深さ1.5メートル、直径1.3メートルの大鍋が二つと深さ30センチ、直径1.3メートルの浅鍋が5つ並べてあった。

　大鍋には底から20センチくらい水を入れ、砕いたテンサイを鍋の縁ぎりぎりまで750キロ入れる。それを薪で10〜15時間程茹でる。水が減ってくれば足しながら、

左、中・テンサイを山盛りに積んだトラクター　右・テンサイを大鍋で茹でていく

左・茹で加減を見る　中・アクを取りながら煮詰めていく　右・幹線道路の脇で売られているペクメズ

均等に柔らかくなるように混ぜる。大鍋を混ぜている男性がテンサイを味見させてくれた。食べるのは初めてだったので、大根自体がここまで甘いのかと正直驚いた。食感しかり味しかり、まさに砂糖大根と言われるだけはある。

　指でつまんで簡単にすり潰すことが出来るようになれば、これを隣にある大きなステンレスの網に移し替えて濾す。濾された汁はポンプで浅鍋に移される。そこから火を入れる。アクが出始めるので、それを取りながら6時間煮詰めていく。濃度が濃くなると、ペクメズは大きな気泡を作り始める。おたまですくって流してみて、おたまにペクメズが膜を張るようについたら頃合いだ。最後に布で濾して、冷ます。冷める段階でより濃さが増し、いい具合になるそうだ。出来たものを味見させてもらったが、黒蜜のようにずっしり甘い。

　750キロのテンサイから120キロのペクメズが出来るという。シーズンで10トン以上ものペクメズを作るというから数か月もかかる大変な仕事だ。しかも分業させシステム化させても1日に250キロが精一杯だそうだ。テンサイを順々に収穫しながらで、しかも天候も関係するから、4〜5か月はずっとペクメズ作りに従事するのだそうだ。それを1キロ入りのペット容器に入れて直売する。家族の大事な収入源なので、みんな一生懸命。「娘を大学に行かせているし、その為には作って売らないとね。簡単じゃないわよ。売らないと現金にならないけど、テンサイを工場に安く売るだけじゃ、生活できないわ」と婦人は語った。商店を経営するバイラックタル家は村を通る幹線道路の脇にある。行き交う車の目に付きやすいように棚にペクメズを並べてある。ポイラル村はすでにテンサイのペクメズで名を築いたせいか、通りがかりの車も止まり、何本も買っていく光景も目にした。鉄分を含み、血を作り、消化器官をよく働かせるなどの効能がある。そのまま舐めたり、パンにぬったりと、朝食には欠かせない。これからの冬の時期には体を温め、免疫力を高める為に、更に需要は高まる。

　数時間の滞在だったが、ペクメズで生計を立てる村の暮らしぶりが肌で感じ取れた。

ボスニア系との交流

～◆◇◆◇◆◇◆～

　トルコの北東部欧州側のトラキア地方に、自然豊かで緑が多いクルクラレリ県がある。7月上旬、中心部から更に北東にバスで2時間弱行ったデミルキョイという町を訪れた。トラキア地方はバルカン半島のまさに付け根に位置する。オスマン帝国全盛期には半島を征服しトルコ化やイスラム化を進め、衰退時には各国の独立が進み、多くのトルコ系やイスラム系の人々が現トルコ領へと移住した。地理的にも近く、環境も似ていることから、このトラキア地方を含め、マルマラ地方には多くのギョチメン（移民者）が定住していて、食文化も複雑でコスモポリタンともいえる。クルクラレリも同様に100年以上前に移住してきた人達の子孫が住む場所。

　今回この町に来たのは、クルクラレリの食文化を調べるにあたりバルカン半島からの移民の食事を見てみたく、知人からの数珠つなぎで、最終的にここデミルキョイに来ることになった。

　DAYKOという自然生活保護財団のプロジェクトの一環で設立された組織を紹介していただき、拠点となる施設に数日間泊まらせていただくことになった。エコツーリズムとして、人が自然と共存し生活することで、自分自身が自然界を守る存在になることを目的としたプロジェクト。会長のヌスレットさんから財団に関してのお話を伺った。デミルキョイは現在人口4000人程度。働き場所のないこと、交通の不便さ、病院等の施設の不足などで人口が流出。約3分の1となった。それでもここ近年のエコツーリズムへの関心から、多くの訪問者を受け入れてきたという。北側の黒海に沿うように走っているウストランジャ山脈のあたりは、かなり多くの植物が生息している。アマゾンのような水に浸かった森も存在。目を見張る程の環境システムをこの地域で見ることが出来るそうだ。トラキア地方でも特に北部は湿潤で様々な木の森が重なり合っていて、森が深い。交通の便は非常に悪く、陸の孤島だが、未開発のままで、壮大な自然が残っている地域。ありのままの自然を体感したい方には是非お薦めの場所。豊かな自然が相まって、ウストランジャ山脈の南に向けての山麓で育つ野生のタイムを食べる牛や羊、ヤギの肉は格別美味しく、その香りが肉にも乳にも影響し美味しいらしい。クヴルジュックと呼ばれる羊がこの地域で飼育されているが、この品種は他の品種と違って尾が細くて長く、脂分を尾に貯めないかわりに全体にいい具合に行き渡り、肉質がとても良いとの評判。トラキア地方が肉で有名なのは、こういう点からだった。養蜂業に関しても、ウストラ

ンジャ蜂で、それから取れる蜂蜜もまた有名。手つかずの自然が生み出す食材もま
た折り紙付き。
　今回ボスニアの料理を作っていただいたのは秘書のヌルハヤットさん。父親がボ

❈ ボシュナック・マントゥ
Boşnak mantı

ボスニア料理の中で一番有名な料理でもあるボスニア式のマントゥ。
バルカン半島で作られるものはトルコのマントゥよりも大きく、茹
でではなくて焼きにあることが特徴。生地作りは、小麦粉、塩、水
で練る。生地の表面に油（溶かしバター、マーガリン、サラダ油な
ど）をたっぷりぬりつけると、簡単に広げられる。具には牛挽肉、
特にあばらの肉だと更に美味しい。玉ねぎを混ぜ、塩、黒コショウ
で味付けする。正方形に切った生地で具を包み、包み口を下にして
トレイに隙間なく並べていく。オーブンで40分、焼き目を付けた
ら一度出して、表面にヨーグルトをぬり付け、更に10分焼き上げ
る。焼きならではの生地の香ばしさや旨味を感じるし、ヨーグルト
の水分も程よく抜けてクリーミィに仕上がる。マントゥも大きく、
その分ジューシィで美味しさも増す。

❈ ゼラニック
Zelanik

青菜の塩味ケーキともいえようか。具にはイラクサ、ほうれん草、
みじん切り玉ねぎ、卵、塩、カイマックを入れてよく混ぜる。生地
は別のボウルに卵、牛乳、ヨーグルト、カイマック、油を入れ、濾
し器でトウモロコシの粉を篩いながら加えて混ぜ合わせる。かなり
柔らかい生地。耐熱皿に生地を半分流し入れ、その上に具を敷き詰
める。具の上にも残りの生地を流しオーブンで焼き上げる。表面は
ホットケーキのようにさっくりしており、中はしっとり。

❈ カパマ
Kapama

バルカン半島からの移民が持ち込んだ料理。宗教上の祝祭日（バイ
ラム）でお客さんをもてなす特別料理。予めスライスした仔羊の肉
を鍋で煮てスープを取っておく。浅めの土鍋、又はトレイにバター
を溶かし、米を炒める。その上に肉をのせて、ひたひたになるまで
茹でた肉のスープを入れ、塩を加えて、オーブンに入れて炊く。仔
羊の脂とバター、肉の旨味で炊いたシンプルな田舎料理。アルバニ
ア式のピラフも同じ作り方で似ているが肉が鶏肉だった。

❋ ソカ
Soka

前菜や朝食に食べられる一品。牛乳もしくはチーズを作った後の残り汁を沸騰させた後、レモンやヨーグルトなどを加えて凝固させ、水切りしたもの。これをロルといい、塩を加えておく。それをしし唐のピクルスと混ぜ合わせる。保存瓶に入れておけば、発酵、熟成してピクルスのチーズ和えともいえる保存食となる。

❋ ウバルシャ
Ubaruşa

主食のパンの代わりになるもの。材料は小麦粉、塩、水のみ。かなり柔らかい生地にして、トレイに薄く伸ばす。オーブンで15分焼いた後、残りの生地を再びその上に伸ばして広げ、オーブンにまた入れる。欲しい分だけ、層状に作ることができる。食べる際には、焼きあがった生地は層状になっているので、それを手でちぎりながら、容器に入れる。別の容器に牛乳、カイマック、溶かしバターを混ぜ、白チーズを砕いて入れる。それを生地にかけて混ぜて食べる。

❋ イスリ・エトリ・クル・ファスリイェ
İsli etli kuru fasulye

白インゲン豆の煮物はトルコの家庭料理のトップ3に入るもの。一般的にはトマトペーストで煮込み、具は入れないタイプだが、ここでは燻製の牛肉と白インゲン豆を一緒に煮込む。旨味を加える食材に、トルコ各地で入れる食材が違う点は興味深い。もも肉を燻製した肉は硬いが、煮込むと柔らか。バターや赤唐辛子も加えて煮込んであり、甘さや辛さも程よく感じられるのがいい。

❋ ピタ（ボシュナック・ボレイ）
Pita(Boşnak böreği)

ピタはバルカン半島でボレッキ（焼きパイ）の意味。今でこそパイは麺棒などで生地を広げるが、これは昔ながらの方法ですべて手で広げる。生地はぬるま湯と塩、小麦粉のみで捏ねておく。耳たぶよりも柔らかい仕上がりで、広げる前に1時間程寝かしておく。生地をちぎり、バターを付け、両手で回転させながら生地を広げていく。それをトレイに置いて、真ん中から淵にかけて引っ張るようにして、更に薄く伸ばす。生地を何層にも重ねたら具にはほうれん草とみじん切り玉ねぎ、カイマック、塩。それを混ぜたものを生地の上に敷き詰めて、その上からも同じように生地をのせる。生地の端を淵まで引っ張り、押さえつけて具がはみでないようにして、卵をぬってからオーブンで焼く。

❋ ハジマクレ
Hacımakule

ボスニア人にとって欠かせないシロップ漬けのクッキー。卵、砂糖、オリーブオイル、油、ベーキングパウダー、バニラエッセンスを混ぜた後で、小麦粉を加え混ぜ合わせ生地を作る。手につかない硬さになった生地を形成し、表面にフォークで型を付ける。トレイに敷き詰めオーブンで焼き上げた後、熱々のシロップをかける。

スニアからの移民で母親はギリシャのテッサロニキからの移民。旦那さんはポマックと呼ばれるブルガリアからの移民家族だそうだ。ポマックとはバルカン半島の南部で、ブルガリアやギリシャにまたがり住んでいるスラブ系で、ポマック語を話すイスラム系の少数民族。バルカン半島のいろんな移民の混血で生まれ育ったので、彼女は移民の娘（ギョチメン・クズ）と自称している。彼女の母親は早くからボスニア系の人が住む村へお嫁に行ったので、そこで姑にみっちりボスニア料理を教わったのだという。上記がヌルハヤットさんが作ってくれたボスニアの料理の数々。

　後日、この町でポマックの老夫婦とも出会った。ブルガリアではチュプリサ（セイボリー）と呼ぶ香草をよく料理に使うそうで、庭でも栽培していた。昼食をごちそうになったキョフテ（肉団子）やお米入りのスープはトルコでは定番メニューだが乾燥させたチュプリサを加えていた。

　ボスニアから移住してきた人達にとっては、食卓にヨーグルトがないというのはありえないらしい。宗教的な祝祭日にもカパマ、ピタ、ハジマクレというお菓子は必ず作って迎えるそうだ。ボスニアでは毎週木曜日から金曜日にかけての夜に必ずパイを焼くという。金曜日はイスラム教にとって休息日に当たることから、その風習を今でもずっと続けているのだそうだ。肉や小麦粉を使った料理が多く、ヨーグルト、特にカイマック（乳脂肪）を料理に多用する。またオーブンを使った料理が多いこともバルカン半島からの移民の食文化によく見られる。

イスラム系の少数民族のポマックの老夫婦からキョフテをごちそうになる

テキルダー県

Ciğer sarması ／料理：ジエル・サルマス
Tekirdağ merkezi ／地域：テキルダー中心地

　ジエル・サルマスとはレバーを包んだ巻物料理という意味。羊のレバーを一度茹でてから小さく刻んでおく。バターで玉ねぎを炒めて、レバー、松の実、カラント、米を加えて15分程炒める。スパイスは黒コショウ、乾燥ミント、塩。骨から取った熱々のスープを使ってピラフを弱火で10分炊く。出来上がると、粗熱を取りディル又はパセリも加えておく。このピラフを包むにはギョムレッキと呼ばれる胃などの内臓を包む網脂が必要だ。羊一頭から約10人分のサルマが出来る。脂は茹でて巻きやすくしておき、四角に切った脂は、半球の型を使って敷いて、その上からピラフをのせて包む。閉じた方を下にしてトレイに並べてサルマの上に卵黄をぬり、少量の水を加え210度のオーブンで10分程度。「この料理の美味しさは、包んだ脂の旨味が溶けだして中にあるピラフに浸み込んでいくこと。手がかかる分、うまさも保証」と料理人のエンギンさんは語る。

　以前、隣国ギリシャでも同じ料理を食べたことがあった。オスマン帝国時代、バルカン半島の南部はルメーリ（東ローマ帝国の土地）と呼ばれていて、この地域の料理とされている。手の込んだ料理なだけに、食堂で食べられるのは珍しい。この店では毎日作っているようだが、週の決まった日に作っている店の方が一般的。ここテキルダーでは各家庭で宗教上の祝祭日の初日に作られ、お客さんにも振る舞われるそうだ。脂で包んであるので、味に大きな変化はないが、贅沢な一品であるには違いない。

❋ テキルダー・キョフテスィ
Tekirdağ köftesi

オスマン帝国時代にセラニック（現在のギリシャのテッサロニキ）から移住して
きた人達が持ち込んだとされる肉団子。仔牛のあばら骨の周りの肉を使って
作る。黒コショウ、クミン、塩、ベーキングパウダー、ニンニク、セモリナ粉
を混ぜ合わせて、焼いたもの。表面はこんがり、中はフワフワ。ソーセージを
食べているようだった。唐辛子ペーストと一緒に提供される。

❋ クイマル・カプスカ
Kıymalı kapuska

カプスカはトルコ語ではなく、バルカ
ン半島のスラブ系の言葉でキャベツを
意味する。薄く刻んだキャベツを玉ね
ぎ、挽肉、トマトペーストで煮たも
の。キャベツのピクルスの酸味のある
汁やレモン汁を加えたりするのがポイ
ント。

ビベル・ボラニ
Biber borani

長いしし唐の種を除いて、一口大に切り、油で炒める。お好みで写真のようにズッキーニを加えても良い。炒めた野菜は冷ましておき、おろしニンニクをヨーグルトに混ぜて野菜と和える。

ペイニル・ヘルワス
Peynir helvası

テキルダーの代表的なお菓子の一つ。メイン通りにはこれを売る店も多く、競い合っている。まず鍋に火をつけ、無塩のチーズを入れて溶かす。卵黄、もしくはサフラン水を加えて色をつける。そこにセモリナ粉を加えてぼってりと一体化させるように練る。最後に砂糖を加えて混ぜ合わせて完成。南東部のアドゥヤマンにも同じ名前のお菓子がある。使っている食材は似ていて、違いは工程。セモリナ粉に砂糖水を吸わせた後に、チーズを混ぜるのがアドゥヤマン式、セモリナ粉にチーズを混ぜたものに砂糖を最後に加えるのがテキルダー式。テキルダーの物は砂糖の結晶が残っており、とても甘い。アイスクリームをのせてちょうどよい甘さに感じる。マルマラ地方のチャナッカレ、バルケスィル県などにも似たお菓子がある。

メイハーネでの
魚介類の前菜各種

マルマラ海に面するテキルダーの港にて

❋

レヴレッキ・マリン
Levrek marin

生のスズキをオリーブオイル、レモン汁、リンゴ酢、マスタード、ニンニク、黒コショウ、塩を混ぜたものに浸し、冷蔵庫で1日寝かせたもの。

レヴレッキ・ボレイ
Levrek böreği

スズキをユフカの薄い生地に包んで、溶き卵にくぐらせた後、表面にゴマをつけて油で揚げたもの。

カラマル・ヤハニ
Kalamar yahni

イカと野菜をオリーブオイルで炒め、トマトペーストで煮たもの。

カシャールル・クム・ミディイェスィ
Kaşarlı・kum・midyesi

アサリの上にカシャールチーズ（とろけるチーズ）をのせてオーブンで焼いたもの。

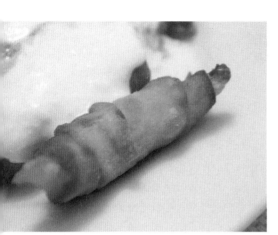

デニズ・ボルルジェスィ
Deniz böğülcesi

日本名はアッケシソウ。海のアスパラガスといわれている。茹でて、オリーブオイル、レモン、ニンニクを加えて混ぜる。

カリデス・サルマス
Karides sarması

エビを叩いてすり身にし、それをユフカの生地で巻いて揚げる。かなり小ぶりに作ってあり、ヨーグルトに浸けながら食べる。

バルック・ココレチ
Balık kokoreç

魚介類（スズキやサーモン、イカ、海老）などを小さく刻んで、黒コショウ、唐辛子フレーク、クミン、タイム、塩などと一緒に炒めたもの。しし唐やトマト、ニンニクなどと一緒に炒めても良い。ココレチに似せた料理で、近年定着してきた。

マルマラ地方

チャナッカレ県

Tumbi／料理：トゥンビ
Çanakkale merkezi／地域：チャナッカレ中心地

　チャナッカレで家庭料理や郷土料理を提供しているチャナッカレ・エヴィという
レストランでトゥンビという郷土料理を作っていただいた。

　この料理は小麦のふすまを取り除いて、砕いた小麦（現地名ギョジェ）に野菜を
入れて作った料理。ギョジェはぬるま湯に一晩浸けて、翌日圧力鍋で少し硬さが残
る程度に茹でておく。鍋にオリーブオイルを入れ、みじん切りの玉ねぎ、1センチ
角に切ったトマト、2センチ角に切った茄子を炒める。そこに湯を切ったギョジェ
を加えて、黒コショウ、唐辛子フレーク、塩、水を加え水分がなくなるまで、じっ
くり煮る。更に冷ましながら、水分をとばす。片手で握れる程度の大きさで楕円状
に形成し、トレイに並べる。オリーブオイルとトマトペーストを混ぜたものを表面
にぬって、オーブンで表面に焼き目が付く程度に火を加えて完成。

　味は焼きリゾットに近く、麦を使っているので、食感もプチプチ、モチモチして
いるのでより美味しく感じた。ふんだんに入れた茄子がとろけるように柔らかく存
在感を示し、味に深味を持たせている。村では簡単な料理が多い中、ここまで手が
込み、旨味がある料理に驚いた。ギョジェは、トルコの食文化では欠かせない食材
の一つでもあるし、この食材を軸にかなり多くの料理が出来る。その中でもスープ
や麦粥のケシケキはその代表。このトゥンビは、そこからもう一段階手を加えてオー
ブン焼きし、一手間加えている。決して派手な料理ではないが、素朴で美味しい
料理という言葉が本当に相応しい料理だった。

✳ ストゥル・ギョジェ
Sütlü göce

ふすまを剥いだ小麦（ヤルマ）を砕いたものをクルック・ヤルマという。現地名はギョジェ。オリーブオイルで炒めたみじん切りの玉ねぎに、ギョジェ、トマトペースト、黒コショウを加え、牛乳で煮た後、乾燥させ、篩にかけて細かくした保存食材の1つ。使うときには、ぬるま湯を加えて柔らかくして、スープ、マントゥやボレッキ（焼きパイ）の具にする。

✳ マフィシ
Mafiş

小麦粉、水、塩だけで練った生地を1ミリ程度の厚さで広げる。長方形に切ってから、蝶ネクタイのように真ん中をつまむ。それを油できつね色に揚げて、冷たいシロップの中にくぐらせる。このお菓子には特に形にこだわりはないようなので、作り手の好きなように形成し、揚げることが出来る。砕いたクルミをふりかけ、お好みでシュガーパウダーをかけても良い。アラビア語で無い、終わりという言葉から、美味しすぎて食べ終えた、無くなったという所から名が付いた説がある。

ソーアンル・バスマ
Soğanlı basma

バスマとは押さえつけるという意味で、発酵させたピデ生地をトレイに広げて、具を置いて包み、平らに押さえてオーブンで焼いたもの。具は玉ねぎをスライスして、オリーブオイルで炒め、塩、唐辛子フレーク、黒コショウ、乾燥ミント、パセリを加える。具を包んだ後、卵黄をぬって、上からゴマをふる。焼く前に二次発酵させてから、180度でこんがり焼く。焼きあがったら、コップ半分の水を全体にふりかけ、布巾をかぶせてしっとりさせる。惣菜のピザパンのようで、玉ねぎの甘さとスパイスの香りが引き立つ。

チロズ
Çiroz

産卵後、やせ細り脂身のないサバを紐で吊るして干した保存食。この地に住んでいたルム（ギリシャ系）の人から伝わった食べ物。食べるときは一度炙って、骨や皮を取った後、オリーブオイル、ブドウ酢に入れて身が柔らかくなれば、お酒に合う前菜の完成。メイハーネ（トルコの居酒屋）の定番料理の一つ。

真夏が旬の小イワシを楽しむ

　7月上旬、トルコ西部のダーダネルス海峡を挟んでアジア側とヨーロッパ側の両方にまたがるチャナッカレ県を訪れた。ヨーロッパ側のゲリボルは、アジア側と結ぶフェリーの発着港でもある。ここは90年程前、魚の塩漬けが商売として始まり、その後缶詰の製造でにぎわったことで、小イワシ（サルダルイェ）が有名になった場所。缶詰製造は衰退したが、町中には小イワシの塩漬けやオイル漬けの缶詰が売られており、小イワシの町の歴史を感じさせる。

　この時期に訪れたのは6月中旬から9月末までが、小イワシの脂のノリがいいと聞きつけたからだった。毎年、市が開催する小イワシ祭りも20回を越える。小さな港を囲むように露店が並び、グリル焼きした魚がパンにサンドされ、来客に配られるそうだ。

　街中の魚屋では店員が荷車を押し港へと向かい、今朝獲れたての小イワシを積んで戻ってきた。10センチ強程の大きさ。この時期1キロ約750円で3人家族にはちょうどよい量。4人なら1.5キロを買っていくそうだ。小イワシのシーズンになると魚屋にとってメインに売る魚となるし、お客もまたそれを楽しみにして買っていく。魚は庭やバルコニーにあるグリルで焼くのが主流で、調理法は軽く粗塩をして、網焼きする。買ってきたそのままの状態で焼くのが現地流。旨味を洗い流すのはご法度らしい。両面を焼くと、不思議なことに鱗や皮が一緒にツルッと剥けて、中の身が食べやすくなる。そのまま手でほぐしてもいいし、口に持っていき、かぶりつ

左・アジア側とを結ぶヨーロッパ側の発着港のゲリボル　中、右・小イワシは魚屋の人気商品

左・獲れたての小イワシ　中・ゲリボル・バルック・レストランのメフメットさんに作ってもらう
右・買ってきたそのままの状態で網焼きにするのが現地流

くのもいいだろう。

　また、もう一つのお勧めは、新鮮な小イワシに塩をまぶして、ブドウの葉で巻いて焼くやり方である。今回ゲリボル・バルック・レストランの料理長メフメットさんに作っていただいた。トルコにはサルマというお米をブドウの葉で巻いて煮た料理が有名だが、そのブドウの葉を小イワシに巻くのである。この調理法は見たことがなく珍しい。調理は至って簡単で、塩漬けしたブドウの葉、またはフレッシュの葉を魚に巻いて網焼き、又は鉄板焼きする。ブドウの葉も小イワシも夏の時期に旬を迎えるからだろうか。これらを組み合わせるという発想に至ったのがとても興味深い。

　塩漬けしたブドウの葉で巻くことで蒸し焼き状態になり、旨味を外に逃がさない。旬の脂の旨味も直に感じられるから旨味も倍増する。また、トルコでは庭でブドウを栽培している家庭も多く、もぎたてのフレッシュな葉で巻いて焼けば、魚の身に直火が当たらずじっくり火が通るし、ブドウの葉の香りも魚に移り、美味しくなるそうだ。

　メフメットさんによると、一番脂がのった旬の7〜9月はグリルが向いているし、冬にはブーラマといって、浅い鍋に野菜などと一緒に蒸し焼きにしているそうだ。また、産卵後で脂分が少ない時季には、油で揚げたりするのが向いているという。小イワシは、血液をサラサラにし、動脈硬化を抑える働きがあるとされる「オメガ3」という脂を豊富に含んでいるため、「とても栄養価が高いので、子供にも早い段階で食べさせるんだ」と語った。旬を迎えた夏の時期、ゲリボルの小さな港はイワシの匂いで包まれている。

小イワシをブドウ
の葉に巻いて焼い
た料理

マルマラ地方

バルケスィル県

Saçaklı mantı ／料理：サチャックル・マントゥ
Balıkesir markezi ／地域：バルケスィル中心地

　バルケスィルの人気店、メガ・ユルドゥズのオーナー、スィナンさんと郷土料理に詳しいメラムさんの協力でサチャックル・マントゥを紹介していただいた。サチャックとは、例えばマフラーなどの端に飾られるひらひらしたもの、フリンジのことをいう。小麦、牛乳、卵、水で練った生地を丸めて棒で伸ばし、それを棒に巻き付けた後、棒を引き0.5ミリ幅に切る。これをバラバラにほぐすとサチャック、丸めた状態だとサカンドゥルックという名に変わる。

　まず鶏肉を茹でてスープを取り、肉は繊維状に裂いておく。ソースは別の鍋にオリーブオイルでトマトペーストを炒め、鶏スープ、塩を加える。大きなトレイに焼いたサチャックを敷いて、裂いた鶏肉、予め茹でたひよこ豆を重ねておき、その上から熱々にしたスープ状のソースをかける。蓋をして10分程蒸らして麺にスープを吸わせたら完成。食べる際は、刻みパセリと黒コショウを多めにかけていただく。

　食卓の真ん中に置いて、大きめの木製のスプーンで食べるのが昔の食べ方。これもティリットと同じく、保存食と家畜の肉を組み合わせた村でのおもてなし料理。地域によっては、肉を使わずに、オリーブオイルで炒めた玉ねぎをのせたものも存在するそう。ピクルスやヨーグルトと一緒に食べるのが一般的。バルケスィルはマントゥの種類が多いことで有名だが、ラビオリや餃子とはかけ離れたこの料理もマントゥの一種。トルコ料理の幅広さを実感した。

✳ ジベス
Cibes

キャベツやカリフラワーを畑で刈り取った後に、再び生えてきた時の状態のものをいう。変色しないように、短時間で蓋をせずに茹でて、レモンとオリーブオイルでサラダとして食べるのが一般的。

✳ デニズ・ウルンレリ・メゼレル
Deniz ürünleri mezeler

エーゲ海に面するアイワルックのメイハーネでは、魚介類を使った冷菜や温かいメニューも豊富。定番メニューもあるが、店独自のオリジナルの前菜がある。エビやタコ、イカをニンニクと炒めて、ユフカ生地で巻いて揚げたものや、イカにサーモンとチーズを和えて詰めた冷菜。また、町の魚屋で見つけたウニは牛乳瓶１本分で約1000円。居酒屋では４皿分。オリーブオイルとレモンを搾って食べるのが一般的。ウニの味を知っている人はトルコでは珍しいが、そこはさすがエーゲ海だ。

❄ クル・ユフカ・ティリディ
Kuru yufka tiridi

バルケスィルはティリットも有名。ドゥルスン
ベイという市でクル・ユフカと呼ばれる薄焼き
のパンを乾燥させたものを肉汁に浸して食べ
る。昔は冬の時期、家にお客が来るという時に
は家畜を切り、その肉を煮て、冬の保存食用に
作っておいたクル・ユフカを割って、上からか
けて食べていたという。冬、家にあるもので豪
華な料理として考えられたもの。県内では主に
結婚式に食べられるティリットが有名で、その
際はピデパンを使う。お好みで黒コショウ、パ
セリを散らして食べる。

❄ カイマックル
Kaymaklı

バルケスィルの名物お菓子の一つ。ユフカ
と呼ばれる薄焼きパンを焼いて、三層重ね
る。それをトレイに移し、底面に焦げ目を
つける。三層ずつを二組作り、その上から
シロップを流して、一時間程生地にシロッ
プを吸わせる。水牛のカイマック（乳脂
肪）をたっぷり入れて挟む。カイマック入
りのシンプルなミルフィーユで、表面はカ
リカリして濃厚なカイマックが口の中で溶
けて広がる。見た目以上に食感がよく、カ
ロリーを気にしなければ、カイマック好き
にはたまらない。量り売りなので、お好み
の量を注文できる。

ブルサ県

İskender kebabı ／料理：イスケンデル・ケバブ
Osmangazi ／地域：オスマンガーズィ市

　ドネル・ケバブはトルコのファストフードとして定着している。ドネルとは「回る」という意味で、垂直に立てた串に何層も肉を重ねて肉の柱を作り、それを回しながら焼いて、焼きあがった表面の肉を削ぐ。ブルサにあるイスケンデル・ケバブは、ドネル・ケバブの代表的な料理。

　昔から回しながら肉を焼く理由は、羊の丸焼きのように火をおこした上に横に倒して焼くのが、元々の焼き方。ただ提供する際には逆に平等に切りにくい。「水平に焼く」から「垂直に焼く」という発想の転換は、一説にはオスマン帝国時代19世紀中頃らしい。ケバブを考案したイスケンデル氏もまさに肉の塊を縦にすることを考えた。焼きにくいが、縦にすることで上から下へナイフを下ろすと、横式の時よりもはるかに薄く削ぐことが出来る。現在、トルコ国内でもスィノップ県のスルック・ケバブ（羊の丸焼き）やエルズルム県のジャー・ケバブは、昔ながらの横式を続けている。一方で、縦式のドネル・ケバブはトルコ、そして全世界へと広がりを見せた。薄く削ぐことで一気に大勢分を短時間で削ぐことが出来、ファストフード化を早めたといっても良い。イスケンデル・ケバブは、肉は7割が挽肉で3割が肉というのが、いいバランスだという。マリネした仔羊の肉と肉との間に挽肉を挟むように肉の塊を形成。燻った炭でじっくり時間をかけながら表面を炙る。マリネした仔羊の肉は一人前が100グラム。皿にはピデパンの上に削いだ肉をのせトマトソースをかける。小鍋で泡が立つまで熱したバターを、食べる直前に目の前でかけてくれる。添えてあるヨーグルトと混ぜながら食べるとさらに美味しい。

※ **ヒンディ・エトリ・ケレヴィズ**
Hindi etli kereviz

セロリの根を七面鳥、人参、玉ねぎ
と一緒にオリーブオイルで炒め、オ
レンジの果汁と砂糖を加える。仕上
げに卵の黄身とレモン汁でとろみを
つけた煮込み料理。この仕上げの方
法を「テルビイェする」と言い、黄
身が凝固しないようにスープで薄め
てから加える。セロリもオレンジも
フレッシュな香りで肉の旨味と合
う。訪問先の家庭でいただいた料
理。

※ **イェル・エルマス**
Yer elması

日本名キクイモ。食感はレンコンの
ようで、エーゲ海地方ではオリーブ
オイルで煮て冷菜として食べること
が多い。でんぷん質がほとんどなく
低カロリー、繊維質を多く含み、糖
尿病に良いと市場では売り文句にし
ていた。

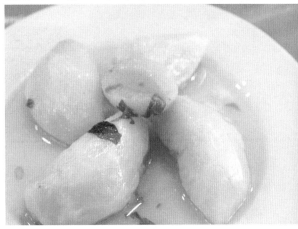

ユムルタ・ドルマス
Yumurta dolması

フドゥレルレスと呼ばれる、祝いの行事に作られる。一年を二つに分け、5月6日から11月8日までを夏の季節としている。5月6日は冬が終わり夏の始まりを意味し、自然が目を覚ます時期で、キリスト教徒でも祝われる。ゆで卵の卵黄を取って白チーズ、パセリと混ぜ合わせて、再び白身の窪みに詰め直す。溶き卵にくぐらせて、オリーブオイルで両面を焼く。

エンギナル・ドルマス
Enginar dolması

アーティチョークのガクの部分をすべて取り除き、中にあるチャナック（器の意味）を出す。変色しないようにレモン水に浸しておく。オリーブオイルで軽く炒めて、レモン、塩、砂糖で煮る。別の鍋でグリーンピース、じゃがいも、人参のミックスベジタブルも同じように煮る。チャナックの窪みを上手く使って、そこに野菜をのせて、上から刻んだディルをのせて完成。アーティチョークは鶏肉やキノコとも相性が良いので、上にのせる具も好みで変えても良い。今ではチャナックは缶詰として売られているので、年中食べることも出来る。

ピデリ・キョフテ
Pideli köfte

イスケンデル・ケバブから派生した食べ物。提供スタイルもほぼ同じ。ピデパンの上に肉をのせ、トマトソースと溶かしバターを上からかける。ヨーグルトも添えてある。上にのっている肉が削いだドネルか肉団子かの違い。コスパを考えると、こちらを選ぶのも良い。

ジャントゥック
Cantık

ジャントゥックと呼ばれる小ぶりな挽肉のせパンをよく目にする。ブルサ市内ではピデよりもこれが主役。これは元々タタール人の文化だそうで、ジャンタイマックという隣同士肩を寄せ合うという意味からきているそうだ。具を入れ閉じた状態の生地をちぎりパンのように生地をくっつけて並べてから焼く。今は、具を上に見せるようにしていて形が変わっている。

✳ ケマルパシャ・タトゥルス
Kemarpaşa tatlısı

小麦粉と無塩チーズ、卵を混ぜて生地を
作る。昔は一度オーブンで焼いてから、
糸を通して吊るして干していたという。
保存食の一つで、急に家にお客さんが来
た時などは、鍋に砂糖と水でシロップを
作り、生地を入れて、15分間触らない
でじっくり生地にシロップを吸わせてか
ら冷ました後に、好みでクルミをのせて
食べる。市場では既製品のもの、手作り
のものどちらも売っていた。今は、昔の
ように自分で生地から作ることはかなり
少なくなった。

✳ ケスターネ・シェケリ
Kestane şekeri

マロングラッセはトルコで製造
し始めてから100年近く経つと
いう。トルコで栗といえばブル
サやアイドゥン、スィノップ県
が有名だが、マロングラッセに
おいてはブルサが名産地として
確立している。シロップ漬けだ
けでなく、ペーストや砕いたも
のをチョココーティングしたも
のも多く売られている。

ビレジック県

Mercimekli mantı ／料理：メルジメッキリ・マントゥ
Bözüyük ／地域：ボズユック市

　マントゥはトルコ式のラビオリといえる国民食。一般的にはその中身は挽肉を入れるのだが、ビレジック県ではそれ以外に、ひよこ豆や緑レンズ豆、じゃがいもを具に加えるという点に驚いた。

　レンズ豆を具にするのは、県南部のボズユック市でより食べられ、隣県エスキシェヒールでも作られている。ボズユックの火曜日に開かれる大きな市でも、挽肉入りのマントゥよりもレンズ豆を入れた方が多く売られているのに目を引いた。

　このマントゥは具を生地で包んだ後に、一度オーブンで焼き目をつける。これだけで食べても、カリッと香ばしく、スナックとしても食べることが出来る。この地域にはブルガリアやバルカン地方からイスラム系の人が移住してきた影響から、すべてのマントゥは具を包んだ後トレイにきれいに並べた後に、一度オーブンに入れて調理する。そうすることで保存食ともなるし、生地が香ばしくなり味も良くなるという。

　また、包み方も少し変わっている。四つ角を合わせる包み方ではなく、二つに折りたたみ真ん中を少し開ける形にした舟形というのも面白い。焼いたものを茹でて、皿にあげ、お好みでニンニク入りヨーグルトをかけていただく。市場では500グラム約300円で売られている。ラビオリの中に潰した小豆を入れた感じ。昔、貧しい時代に、肉の代わりに豆を入れるのはあって当然のように思えるが、意外とトルコの他地域では見受けられなかった。

✳ ノフットル・マントゥ
Nohutlu mantı

オスマン帝国時代から続く家庭料理の一つ。具も挽肉ではなく、ひよこ豆。一
晩水に浸けておいたひよこ豆を、翌日塩を加えて柔らかくなるまで茹でて、粒
が程よく残る程度に潰す。生地は普通のマントゥのように、小麦粉、塩、卵、
水を加えて練る。薄く広げて2.5〜3センチ程の正方形に切って形成。具を詰め
て丸いトレイに油をぬって包んだマントゥをきれいに並べて、オーブンできつ
ね色になるまで、20〜30分焼く。食べる際には、トレイごと火にかけて沸騰
した湯をかけて、生地に水分を吸わせる。好みでトマトソースやニンニク入り
のヨーグルトソースをかける。オーブンで焼きあがる際は、ひよこ豆の穀物の
香りがキッチンに漂う。ビレジックの中心ではマントゥといえば、挽肉よりも
ひよこ豆の方が好まれるようだ。

イスタンブル県

Midye dolması ／料理：ミディイェ・ドルマス
Kadıköy ／地域：カドゥキョイ

　イスタンブルにはいくつかの路上販売があるが、ミディイェ・ドルマス（ムール貝のピラフ詰め）もその一つ。トレイの上に何百と積み重ね、場所を選びながら移動して歩く売り子をよく目にする。大きさが違うものを一つずつ注文出来て、レモンを搾ってもらってその場で立ち食いする。食堂やメイハーネでは5個でいくらというように注文することができる。近年アジア側のカドゥキョイではこのミディイェ・ドルマスがブームとなり、路上での一人売りの時代から、大きな専門屋台へと変貌している。また、レモンを搾る時代からソースをかけて味変を楽しみながら食べる時代へと変わって来ている。

　作り方は、みじん切りの玉ねぎを油で炒め、松の実、カレンズ、米、砂糖、塩、オールスパイス、シナモン、黒コショウを加え、更に炒める。そこへ熱湯を加えて芯が残る程度の硬めのピラフを作る。ムール貝は殻の汚れ、ひげを取り、よく洗っておく。ナイフで殻を開けたらピラフを詰め、閉じる。鍋にムール貝を敷き詰めて、少量の水を加えて蓋をして蒸して仕上げる。このムール貝は、海老、ロブスター、牡蠣などを含めイスタンブルの征服者スルタン・メフメットの時代に宮廷で多く消費され、宮廷の調理場でも好まれて使われていた。また、玉ねぎを多用し、オールスパイス、シナモンも使うアルメニア人の食文化からイスタンブルの食へと入っていった料理の一つ。

ミディイェ・タワ
Midye tava

ミディイェ（ムール貝）をタワ（フライパン）で揚げたイスタンブルの名物の一つ。アジア側のカドゥキョイでは、店頭で揚げているところもある。茹でて殻を剥いたミディイェを小麦粉にまぶし、それを串に刺しておく。炭酸ソーダに浸してから油で揚げる。衣に関しては、小麦粉、卵、炭酸ソーダを混ぜたものにくぐらせるなど、人によってまちまち。これにはタラトルソースが添えられていて、作り方は食パンの耳をとったもの、おろしニンニク、レモン、砕いたクルミ、塩、オリーブオイル（お好みで水切りヨーグルト、マヨネーズ）をブレンダーに加えてソースを作る。衣にソーダを使うことで仕上がりもカリカリしている。串のまま提供したり、パンの間にタラトルソースと一緒に挟んで、サンドイッチとしても売られたりしている。タラトルソースはビザンツ時代にも食べられていたそうで、現在はソースとして食べ続けられている。

カラマル・タワ
Kalamar tava

イカの輪切りのフライは、メイハーネの人気メニューの一つ。イカの皮を向いて、中身を処理して輪切りにしたら、ボウルにイカを入れて、塩、シュガーパウダー、ベーキングパウダーを加えて混ぜる。そこに炭酸ソーダを混ぜて一晩寝かせる。こうすることでイカの食感が柔らかくなる。それに小麦粉をまぶして油で揚げる。これにもタラトルソースが添えられていて、揚げたてのサクっとした衣の食感にしっとりしたイカによくあう。

カリデス・タワ
Karides tava

メイハーネで、メイン料理の前に食べられるメニュー（アラスジャック）の一つ。フライパンでニンニク、しし唐、ニンジン、パプリカなどの野菜を炒めエビを加える。そこにたっぷりのバターを加えて炒め、塩、黒コショウ、唐辛子フレーク、タイムを加えて味を整える。好みでチーズのトッピングも可能。濃厚なバターにエビの旨味が合わさり、パンを浸して食べても美味。店によっては玉ねぎ、トマト、マッシュルームが入っていたりなど、多少の違いはある。

✳ カドゥンブドゥ・キョフテ
Kadınbudu köfte

カドゥン（貴婦人）のブドゥ（太もも）の肉団子料理の意味。19世紀のオスマン帝国時代から食べられている挽肉料理。フライパンでみじん切りの玉ねぎ、半分の量の仔羊の挽肉を炒める。冷ましたら、もう半分の挽肉をしっかりと練る。茹でた米、刻んだパセリ、塩、黒コショウ、好みでクミンを加えて混ぜる。冷ました後、小判状に形成したら、小麦粉、溶き卵の順にくぐらせて油で揚げる。前の日に残った白ご飯を加えても良い。大きめに形成した肉団子をしっかりと肉に火を通すために半分火を通している点、白ご飯をしっかり入れている点、溶き卵でコーティングして揚げている点が特徴。昔からの定番料理の一つだが、近年は以前よりもこの料理の優先順位は低くなり、食堂でもあまり見かけなくなった。

✳ カルシュック・ケバブとクズ・ピルゾラ
Karışık kebabı ve Kuzu pirzola

いろんな種類の肉を串焼きにしたミックスシシケバブ。スパイスに漬けこんで串焼きにした鶏の胸肉、手羽肉、仔羊肉、仔羊の挽肉がワンプレートにずらり。また、ピルゾラはラムチョップのこと。肉屋に併設されているレストランのラムチョップは質もよく焼き加減も絶妙で、臭味は一切なくとても柔らかかった。

✳ イマム・バユルドゥ
İmam bayıldı

イマム（イスラムの僧侶）がバユルドゥ（気絶した）という意味。夏の時期にたくさん収穫できる安い野菜でこんなにも美味しい料理が出来ることに驚いたということ。茄子料理が数多いトルコ料理の中でも名が通っている。野菜のみで肉類を使っていないため、ヴィーガンにふさわしい料理の一つ。スライスした玉ねぎ、しし唐、赤ピーマンをオリーブオイルで炒めて、塩、砂糖、黒コショウ、刻んだイタリアンパセリを加える。茄子を丸ごと油で揚げた後、真ん中に窪みを作り、炒めた野菜をのせる。トマトソースをかけてオーブンで軽く焼いたら完成。冷ますと野菜の甘味がより引き立つのでお勧め。カルヌヤルックはこの料理の肉バージョンで、上にのせている野菜の代わりに挽肉を炒めたものをのせて、オーブンで焼いたもの。

✳ イスリム・ケバブ
İslim kebabı

メイン料理の一つとして目を引く料理。中に入れる具の肉団子は挽肉におろした玉ねぎ、パン粉、卵、黒コショウ、クミン、塩を加えてよく練る。大き目に丸めてフライパンで焼く。茄子は縦にスライスして油で揚げたら、十字に茄子を置く。焼いた肉団子を真ん中に置いたら、茄子を順番に上に持ち上げながら包んで、スライストマトとしし唐を挟み、爪楊枝で閉じる。それをトレイに並べてトマトソースをかけてオーブンで焼いて完成。イスリムは蒸気の意味で、当初蒸気で調理していたことからこの名がついた。

✿ バルック・エキメッキ
Balık ekmek

イスタンブルのB級グルメの一つのバルック（魚）エキメッキ（パン）。エミノニュの港のサバサンドとして長年にわたり、名物として観光客に支持されている。船上にある鉄板の上で焼くか、揚げ焼きしたサバをトルコの美味しいパンの間にレタス、玉ねぎと一緒に挟んで提供。好みで塩とレモン水をかけて頂く。その近くにはピクルス屋もあり一緒に食べると良い。初めてトルコに訪れた約30年前は小さな舟の上で大揺れしながら提供していたが、今では名物にふさわしく、どっしりと貫禄のある舟に代わっている。パンが新鮮でカリッとしている午前中に訪れるのがお勧め。

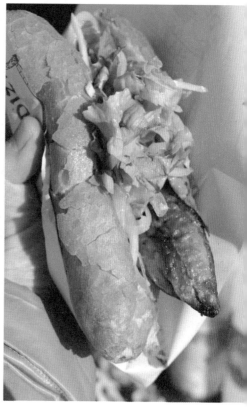

✿ ヒュンキャル・ベーンディ
Hünkar beğendi

ヒュンキャル（皇帝）のベーンディ（お気に入り）という名の料理。仔羊を炒め、みじん切りの玉ねぎとニンニクを加える。サルチャを加えたら、熱湯を入れてしばらく煮る。具材が柔らかくなったら、しし唐、赤パプリカ、トマトを加え、塩、黒コショウを入れて味を整える。一方で、フライパンに小麦粉をバターで炒めた後、刻んだ焼き茄子を加えてよく混ぜ一体化させる。そこに牛乳とチーズを足し、塩、黒コショウで味を決める。よくかき混ぜながらドロッとした状態になるまで煮る。このソースを皿に盛り、その上に煮込んだ肉を載せて完成。ベシャメルソースに焼き茄子とチーズを加える発想に驚いたし、トマト味の煮込みをよりまろやかに、深い味に変えてくれる。

051

✳ スィミット
Simit

トルコのB級グルメのシンボル的存在。生地を捻りながらリング状にして、ペクメズ（ブドウ濃縮シロップ）に浸した後に、たっぷりのゴマをまぶして石窯で焼き上げたパン。シンプルな味だが、香ばしいゴマとペクメズの味が小麦の味を引き立てて、食感ももっちり。空腹時には、噛みしめて食べるとよりその美味しさを実感する。港にある屋台や頭に積み重ねたスィミットをのせて売り歩く光景をイスタンブルではよく見かける。朝食にこれとチャイだけで済ますも良し、カイマックやジャム、蜂蜜などをぬっても、白チーズや野菜を挟んでサンドにしても良し。

✳ プロフィテロール
Profiterol

イスタンブルに来たら必ず訪れるのが、インジというお菓子店。トルコに15歳の時に来たアルバニア生まれのルカ・ズゴニディスが見習いから修行をはじめた後、イスタンブルのイスティクラル通りにインジというお店を開いた。ここの名物はプロフィテロールで小さなシュークリームの上に溶かしチョコレートがたっぷりかかっているお菓子。職人が一人前ずつ皿に盛ってくれる。カスタードクリームというよりも牛乳クリームに近く、見た目よりもはるかに甘さは控えめ。チャイや名物のレモネードと一緒に食べるのがおすすめ。

✳ メシュール・タトゥルジュ（お菓子の名店）
Meşhur tatlıcı

オスマン帝国時代から続く老舗お菓子屋のハフズ・ムスタファ。イスティクラル通りに面したお店のウィンドウには鮮やかなお菓子があり、観光客の目を引き付けている。ピスタチオをカダュフで巻いて揚げたお菓子を社のように積み上げたものや、バクラワもピラミッド状に積んだもの、色鮮やかに並べたロクムにも目が留まる。オスマン帝国時に回帰させるように、職人はトルコ帽を被っている。さすがイスタンブルと納得できる店の演出と商品力に、お客は絶えない。

✳ ベイオール・チコラタス
Beyoğlu çikolatası

イスティクラル通りがあるベイオール地区にはナッツがふんだんに入っているチョコレートが名物。ピスタチオ、ヘーゼルナッツ、アーモンド入りがそれぞれあり、味もビターとミルク入り、ホワイトチョコレートが選べる。板チョコにどれだけ多く入っているのかを見せて陳列してあり、とても購買意欲を掻き立てられる。80年以上変わらない懐かしい味と看板にも書かれている。

トルコの居酒屋メイハーネ

·⫷◇⫸◈⫷◇⫸·

　トルコには居酒屋ともいえるメイハーネがある。イスラム教で禁じられているお酒が飲めるのは、政教分離を掲げているためで、本人の価値観や見識に任せている側面があるからだ。メイハーネはペルシャ語の語源で、「メイ」はお酒やワインの意味、「ハーネ」は家の意味を表す二つが一緒になった言葉だ。オスマン帝国時代以前のローマ時代から異教徒達が築き上げた文化である。トルコは、お酒に関しては港町がある場所では至って寛容である。港町で国内最大都市のイスタンブルにはこのメイハーネが本当に数多い。私もイスタンブルに訪れる度にいろんな店巡りをする。このように生活の一部になっている地域がある一方で、内陸になれば保守的な傾向が強くなり、酒とは全く縁のない生活をしているところもある。それが同じ県内でもその傾向があるのには正直驚く限りだ。

メイハーネで楽しむひととき

さて、メイハーネに欠かせないものを紹介したい。それはラクと呼ばれる酒だ。グラスでもボトルでも注文出来、キープする常連客もいる。これはブドウから作られた蒸留酒で、そこにアニスの香りが付けてある。蒸留することでアルコール度も高くなり45度に近い。それを細長いラク用のグラスに注ぎ、氷と水で割って飲む。アルコール度数が38度以下に下がると白濁するため、ライオンミルクと異名を持つ語源はここにある。これはアルコール中に溶けているアニスの成分が、水を加えることで、水に溶けにくい成分が白い物質として見えるからだそうだ。

　トルコの人達にとってラクは国民酒。実際、酒の話になると、特に男性からラクが飲めるか、飲めないかという質問が来る。ラクが好きだと答えると、一気に仲良くなれる。どこの国でも国民酒を好きになってもらうというのは嬉しいものだ。

　ラクのお供として、メロン、スイカと白チーズがあれば、後は何もいらないという人が多く、私も実際そう思っている。スイカや黄桃も含めて果物に世界で一番合うお酒はラクだと断言したい。アルコール度は高いが、アニスの香りと甘めな口当たりのおかげか、果物を食べてラクを飲むと、なぜかスルっと喉を通る。

　また、メイハーネに大事なのは、料理よりもおしゃべりということをよく聞く。この場で楽しいひと時を過ごし、酒を介して愉快なおしゃべりや議論を交わす時間を共有することが欠かせない。加えて、メイハーネで働く人に聞いたことを思い出した。メイハーネにおける食は「チリンギル・ソフラス」と呼ばれる。チリンギルとは鍵を意味する。つまり、お酒を介してお互いを知る内に打ち解け合い、本当の自分が出せるようになる。大事な秘密や問題さえもこの食を通じて、話してしまう。心の扉の鍵を開けて、本来の姿で打ち解け合うことが出来る食の場という意味だそうだ。

　このような時間を楽しむことこそ、メイハーネの真髄である。仕事に、政治に、サッカーの話題に加えて、トルコ人は冗談も上手。そこにクラリネットやアコーディオンなどの楽器を弾く流しの演奏家が、その場を更に盛り上げてくれる。メイハーネで笑いを共有しながら過ごすひと時が、私にはたまらなく楽しい。

トルココーヒーとその魅力

·‹⊙×⊙×⊙›·

「一杯のコーヒーには40年の思い出がある」という言い回しがトルコにはある。ごちそうした一杯のコーヒーであっても、相手にはいつまでも大切な思い出となるという意味。ただ飲むだけの関係性ではなく、人々が社会や暮らしと共に築きあげたトルココーヒー文化に触れる。

　コーヒーがオスマン帝国と深く関係していたことは、あまり知られていないのではないだろうか。アフリカのエチオピア原産で、その後対岸のアラビア半島のイエメンに伝わった。当時はイスラムの神秘主義の修行僧が目を覚ますための飲み物だった。イエメンがオスマン帝国領になり、皇帝に献上されたのがきっかけでコーヒーが持ち込まれたのが1543年頃。世界で初めてコーヒー店がオープンしたのはイスタンブルの旧市街のタフタカレ。人が集まり、交流し、語り合う文化的な社交の場所で提供されるようになり、会話を繋ぐ潤滑油としての存在を確立していった。カフェ文化の始まりは、ヨーロッパのベネチアとイメージしがちだが、コーヒー文化が定着し始め、開花したのはイスタンブル。原点はまさにこの地だといえる。その後、1600年代にヨーロッパへと伝わっていく。

　トルココーヒーは特徴があって、その一つにとても細かく挽いた豆を使う。専門店でも購入できるが、街中でコーヒーの良い香りがしてくるなと感じると、ぬいぐるみが上下に動き、トントンと臼でコーヒー豆を挽く、とても愛らしい光景を目にする。

左・中・コーヒー文化が定着し開花したのはイスタンブルから
右・臼にコーヒー豆を入れ、上下につきながら豆を挽く

そしてトルココーヒーの淹れ方は一番古い煮出し方式。細かく挽いた豆をジェズベと呼ばれる銅製で伝導性が良い小鍋で煮だす。トルココーヒーは、煎り立て、挽きたての新鮮なものを使う。ジェズベの中に水、75ccから100ccと、コーヒーの粉（水の10分の1の量　水75ccであれば7.5グラム）、好みで砂糖を入れてよくかき混ぜる。サーデ（砂糖なし）、アズ・シェケルリ（少量）、オルタ・シェケルリ（程ほど）、シェケルリ（甘い）と段階があるので、作る前に伝える必要がある。それを火にかけ、かき混ぜずにしばらく待つ。表面の淵から内側に向かって濃厚な泡が立ち、溢れそうになったら、火から下ろしてカップに分ける。注いだら、粉がカップの底に沈殿するのを待ってから、その上澄みだけを飲む。フィルターで漉していないので、気をつけて飲んでも多少は粉が口に入ってくる。エスプレッソほどの濃い味や強い香りはないが、独特の匂いがあり、やさしくて飲みやすい。

　トルコでは20世紀に入ってコーヒー豆の輸入価格が高騰し、その代替品としてお茶の栽培が始まった。その結果、チャイの文化が一気に花開いた。その一方で、オスマン帝国全盛期にバルカン半島（ボスニア、セルビア、ギリシャなど）を支配したときに伝わったコーヒーは、ギリシャではギリシャコーヒー、ボスニアではボスニアコーヒーとして飲まれている。本家のトルコよりも日常生活で飲まれている印象だった。

　栄華を極めたオスマン帝国の時代から続くコーヒーは、普段飲みするお茶とは少し違い、よりおもてなしの飲み物としての位置づけがある。

　トルコでは昔からコーヒーにまつわる風習がいくつかある。例えば男性がとある女性を気に入ったとする。花婿になるために、男性は女性の家に両親、仲人と共に出向く。2人はそこで会い、皆で話をした上でコーヒーを提供する。女性側が男性を気に入れば砂糖を、断る際には塩を加えて提供する。直接言葉で断るのは失礼で、相手の家族に敬意を払いながら、間接的に断る。塩味のコーヒーを飲んだ男性は、それを理解し家に帰る。つまり彼女を諦めるということになる。

　また、恋愛で好きになった人である場合にもコーヒーでもてなされる。上手に入れることで、花嫁の技量が問われることになる。また、男性のコーヒーのみに砂糖ではなく、塩を入れる。ここでは花婿側が、この状況で塩入りのコーヒーに平静を保てるかどうかが逆に問われる。飲んで吐き出さなければ、花嫁の為なら苦労も共

左・熾き炭でトルココー
ヒーを作る　右・焼き砂
の上でコーヒーを作る

にする器があると理解される。

　コーヒー占いについても少し書いておこう。上澄みだけを飲むコーヒーは、カップの底に粉が沈殿する。皿を上にかぶせ、願いを込めて手前に回しながら上下をひっくり返す。数分待つことで、底にあった粉が、皿へと流れ落ちる。カップの内側には、粉が流れ落ちた模様が出来、その模様や形から未来を占う。魚、蝶、道、ハートなど、それぞれに意味があり、それから未来を予知する。トルコでは、人生において、「占いを信じてはいけないが、占いなしの人生もつまらないもの」という言い回しがあるほどで、特に女性達は占いを楽しんでいるようだ。誰でも占える訳でもないが、私も旅で偶然見てもらえる機会があると、好奇心で見てもらっていた。不思議にも当たる出来事が多くて、この占いに特別な想いを持っている。占いが出来、話題が広がり、人との距離感を縮めてくれる飲み物も珍しい。

　このようにトルココーヒーは占いで日常生活に程よいアクセントをつけてくれるし、特別な場面で欠かせない存在である。コーヒーが生活の中でいろんな顔を見せ、暮らしに寄り添ってくれているのは心強い。

　近年のグローバリゼーションで世界的なコーヒーチェーン店がトルコにも広がっているが、トルココーヒーの存在が忘れられている訳では決してない。商品としても、以前にも増して豆自体にこだわる傾向にあるし、熾き炭や焼き砂の上で作るところも増えてきた。家庭では最近電化され始めている。専用のジェズベに粉と水だけ入れて機械に装着すれば、自動で十分美味しいコーヒーが出来る。お客さんが来ても手間いらずで、さっとおもてなしが出来る。時代は変わって来たなと実感してしまうと共にトルココーヒーの進化も感じられる。

　トルココーヒーは2013年にユネスコの世界無形文化遺産に登録された。オスマン帝国が関わってきた歴史を振り返りながら一杯のコーヒーを頂いてみるのも、いいかもしれない。

サカルヤ県

Islama köftesi ／料理：ウスラマ・キョフテスィ

Adapazarı ／地域：アダパザル市

　サカルヤ県の中心アダパザルを歩いていると目に留まるのがウスラマ・キョフテスィの看板。ウスラマとはしっとりしている、湿気ているという意味。直訳するとしっとりした肉団子なのだが、どうも頭の中で想像が出来なかった。真相を確かめようとmykという専門店に向かい、店主のバハッティンさんに謎を解いてもらった。

　そもそもこのキョフテは約100年近く前にバルカン半島から移民した人が作り始めたという。この店は約50年これ一筋。ウスラマのしっとりという謎は肉団子に関するものではなかった。パンを数日間置いて乾燥させて、スープに浸してグリルで焼くことからこの名がついている。鍋に油を入れ、塩、赤唐辛子パウダーを入れてなじませ、その後に牛骨スープを加える。スライスしたパンをグリルで両面に焼き目を入れ、二度浸けしては、また焼く。仕上がりはフレンチトーストのようにしっとり。肉は適度の脂がある牛の挽肉を使う。黒コショウと塩、パン粉を加えて、二度挽いたものを小判型に形成する。勿論炭火で焼くが、キョフテ自体小さめなので、表面に脂が出始めたら、焼き過ぎないように注意が必要。何人分もの注文があるから早業が求められる。

　食べ方に特徴はないが、牛骨スープを吸ったパンと、こだわりのキョフテを堪能できる。トルコの特に西部には、バルカン半島から移住した人が始めたとされる有名なキョフテがあり、これもその一つ。イネギョルやテキルダーのキョフテはトルコでも全国に名を知らしめたが、このウスラマ・キョフテスィはまだまだこれから。

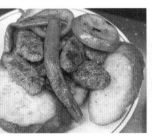

マルマラ地方

コジャエリ県

Mancarlı pide ／料理：マンジャルル・ピデ
Kandıra ／地域：カンドゥラ市

　コジャエリ県の北部カンドゥラ市へ。もう少し行くと黒海というあたりで、緑も多い場所。ここはマンジャルル・ピデが有名。マンジャルとは、この地域でほうれん草や葵の葉、フダン草などの食用の葉の総称。マンジャルを刻んで、みじん切りの玉ねぎ、パセリ、好みでエキシミックと呼ばれる熟成させた白チーズ、又は塩漬けにしたチーズを混ぜ合わせて具材を作る。

　日常、ここの住民は行政が設置している地区の共同窯でパンを焼いたり、マンジャルル・ピデを作ったりするそうだが、急を要したり量が必要な場合は、中の具だけ家で作って、パン屋に持って行き、ピデ生地で包んで焼いてもらう。パン屋で見学していると、年配の女性がピデを作ってほしいと、具材のマンジャルを持参。昼時にお客さんが来るので、このピデでもてなしたいということだった。たくさんできたので、その方から一つ買わせてもらった。このようなピデは食堂にもパン屋にも売っていない。まさに家庭の味でもあり、生活に根付いた郷土料理そのもの。食べると、ピデというよりは生地が厚めでもっちり、高菜の惣菜パンのようだった。

　村の畑や庭で採れる旬の葉物を具として包んだピデ。家にあるもので作り、出来る限りのおもてなし料理。肉を入れない素朴な味だが、どこか日本のお焼きにも通ずる。親から作り方を受け継ぎ、今でもこうして生活の一部になっている郷土料理。

Column:Kocaeli
【イズミット市】

綿菓子の食感

　トルコ北西部のマルマラ地方コジャエリ県の中心の街、イズミットにやって来た。ここはピシマニエという綿菓子のようなお菓子が名物だ。隣県のカスタモヌ県では別名チェキメ・ヘルワと呼ばれる。チェキメは引く、ヘルワは甘いお菓子の意味である。数人が生地を引いては、重ねる作業を繰り返して作るところから、この名がつけられたそうだ。

　ここイズミット市内には何軒かの製造所があり、その一軒にお邪魔して見学させてもらった。作業はテンサイ（砂糖大根）から抽出した砂糖を、釜でドロッとした状態まで煮詰めることから始まる。職人が頃合いを見て、それを台の上に流して冷まし、鼈甲色の柔らかい飴状にする。一方で、小麦粉に植物油、もしくはバターを加え、熱を入れながら攪拌機で混ぜてミヤーネを作り、それらを仕上げの台の上にのせる。ここで大事なのが、ミヤーネと飴状の砂糖を同じ温度から冷ますことである。ミヤーネを飴にぬり付けながら、引っ張りながら伸ばし、二重にしては、また伸ばす作業を繰り返す。

　本来ならすべて手作業で行っていたが、現在は機械が真ん中から外へと押し出しながら伸ばすので、職人は機械に合わせて、生地を手繰るだけでよい。鼈甲色の飴もそのうちクリーム色になり一体化し始めると、徐々に繊維状になる。最後には綿菓子のようにフワフワに仕上がっていくのはとても不思議だった。それを冷ましたら出来上り。

ピシマニエの製造所を見学

061

ここは製造所なので衛生面に気を付けるため手袋をしているが、本来は仕上げの頃合いは、すべて指先の感覚だという。

　出来立てをいただいてみると、口の中でスーッと溶けていく。子供の頃に食べていたタマゴボーロの味に近く、懐かしさも込み上げる。小麦粉が油で加熱してあるので、コクもあり、甘さも適度。実にシンプルな材料だが、調理方法一つで、とても興味深いお菓子に姿を変えるものだ。昔の人はよくこの組み合わせとバランスを発見したと感心してしまう。

　昔、産業が少ないカスタモヌ県から現金収入を稼ぐために、交通の要所でもあるイズミットへピシマニエを売りに来ていた。「食べたら一つの後悔、食べなければ千の後悔！」とのうたい文句で売っていたらしい。そこで、ピシマン（後悔）をイェ（食べろ）という所から、この名がついたという説があると聞いた。また羊毛に似ていることからペルシャ語のペシミー（羊毛の意）から来ているという説もある。昔は夜の長い冬の時季、大勢の人が作業をするために各家に集まっていた。ぐるりと輪になって座り、歌を歌ったり、おしゃべりをしたりしながら作っていた。今では特別なイベントでもない限り、昔のやり方で作る人はほとんどいないという。機械化が進み、簡単に作ることが出来、安く食べられるようになった。イズミット近隣のドライブインの施設でも所狭しとピシマニエが並べられ、イズミットの名物として多くの人が買っていく。

　簡単に作ることが出来、多くの人に安く食べられるようになったのは、時代の流れ。ただ、ピシマニエの製品だけは名物になったが、その背景にあった団欒の機会が減り、文化が忘れられそうなのは、少し寂しい気がする。

左、中・クリーム色になり一体化していくと繊維状になる　右・ピシマニエの完成

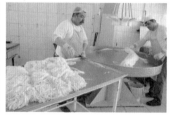

黒海地方

Karadeniz Bölgesi

1. ボル県
   Bolu

2. カラビュック県
   Karabük

3. バルトゥン県
   Bartın

4. カスタモヌ県
   Kastamonu

5. スィノップ県
   Sinop

6. チョルム県
   Çorum

7. サムスン県
   Samsun

8. オルドゥ県
   Ordu

9. アマスヤ県
   Amasya

10. トカット県
    Tokat

11. ギレスン県
    Giresun

12. トラブゾン県
    Trabzon

13. ギュムシュハーネ県
    Gümüşhane

14. リゼ県
    Rize

15. アルトヴィン県
    Artvin

16. ゾングルダック県
    Zonguldak

17. デュズジェ県
    Düzce

18. バイブルト県
    Bayburt

ボル県

Keşli cevizli mantı／料理：ケシリ・ジェヴィズリ・マントゥ
Bolu merkezi／地域：ボル中心地

　ボルで食べたマントゥがとても気に入ったことを憶えている。生地は一般的なマントゥと同じように小麦粉、卵、塩、水でこねる。具は挽肉、みじん切り玉ねぎ、唐辛子フレーク、黒コショウ、塩を混ぜて作る。生地を薄く伸ばし四角に切った後に具を置き三角形に折りたたむ。この料理は仕上げのトッピングとしてケシを使うことに特徴がある。

　ケシとは脂分を取った後の乳で作ったヨーグルトを濾して水をしっかりと切ったうえで塩と混ぜ、形成し乾燥させたものである。塩を混ぜることで長期保存できる。発酵が進んでいるのか、なんとなく酒粕に近い味がする。この料理は、ケシを削り、バターできつね色になるまでしっかりと揚げて、それを茹でたパスタの上に砕いたクルミと一緒にかけたもの。バターとの相乗効果だろうか。ケシを揚げるだけで、香りが立ち、焼きチーズのような香ばしい風味と味がする。食感もカリカリとして、発酵しているのに変に臭くなく、ぎゅっと濃厚な味となっていた。まさにチーズフレーク。食材としてもとても使いやすそうだ。更に、産地でもあるクルミを砕いてふりかけることで更にパスタに絡んで旨味が増す。シンプルな郷土料理だが、淡白な味を劇的に変えてしまう魔法の食材のケシに感動し、一気に虜になってしまった。

✳ ケシ
Keş

ケシは牛、羊、水牛のどの乳を使っても良い
が、年中確保できる牛乳から作ったヨーグルト
で作ったものが一般的。ヨーグルトを布で水分
をしっかりと濾す。スズメ・ヨーグルト（水切
りヨーグルト）になったら、その後塩と混ぜ合
わせる。形成して、布をかぶせて風通しの良い
ところで4〜5日ほど乾燥させる。ナイフで切
れる程度に水分が抜けたら完成。

✳ ケシ・クザルトマス
Keş kızartması

メンゲンの調理学校でいただいた料理。柔らかめの
ケシをスライスしフライパンで両面焼きしたもの。
味も濃厚で、食感は豆腐ステーキのようにフワフワ
柔らかい。ケシに関する言い回しを教えてもらっ
た。「きちんとした味覚を持っているなら、朝っぱ
らからケシを食べなさい」。これは、ケシを知らず
して味を知っていると言うな。ケシを知らない人
に、その味を知るべきだという意味だそう。それだ
け、ケシがこの地域に根付く食材だということが分
かる。

✳ メンゲン・ペイニリ
Mengen peyniri

牛の乳を低温に温めて、シルダンマヤ
ス（チーズ酵母）を加える。固まった
ものをすくい上げ、重しをして水分を
よく切る。このチーズは焼いた方が美
味しい。歯ごたえもあり、脂分も多
く、こってり。メンゲンでの消費が多
く、トルコ国内にあまり出回っていな
い。

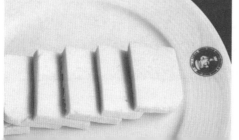

黒海地方

カラビュック県

Kuyu kebabı ／料理：**クユ・ケバブ**
Safranbolu ／地域：**サフランボル市**

　サフランボルで印象に残った食事といえば、クユ・ケバブ。クユとはトルコ語で井戸を意味する。井戸のような深い穴の中で火を燃やし窯を熱くして、羊の皮や内臓、頭を除いた胴にヨーグルトをぬり、穴に逆さに吊り下げる。その後、鉄板の蓋を閉め、土で密封する。2時間程経つと仔羊の蒸し焼きが完成する。

　4月になると仔羊が食べられる時期。サフランボル滞在中、宿のオーナーがレストランでクユ・ケバブを食べようと提案してくれた。時期がまだ早いため、毎日は焼いていない。焼く日には連絡してもらうように予めレストランに伝えておいてくれて、今回ちょうど焼きあがるタイミングを見せてもらうことが出来た。穴はレストランの庭に作られていて、蒸気が逃げないように土でかぶせられた熱々の鉄板の蓋を外すと、中から一気に蒸気が飛び出した。まさに巨大な手作り圧力鍋のよう。穴が大きければ、その分だけ蒸気もまわり、肉の仕上がりが良くなるそうだ。3メートルはある穴の中をのぞくと、底には羊の肩の部位が丸ごと落ちていた。胴とそれらを鉄板にのせて、店へと持ち入った。お客は好きな部位を早い者勝ちで注文できる。限られた部位は売り切れ御免。宿のオーナーは、あばら骨あたりの部位を選んでご馳走してくれた。羊特有の匂いは少ししたのだが、これに塩、タイム、唐辛子フレークを好みでふりかけて食べるので、臭味も緩和される。肉は蒸し焼きだけあって、骨からポロッと取れ、肉が繊維状になるまで柔らかく仕上がっていた。

✻ サフランボル・ロクム
Safranbolu lokumu

ロクムは15世紀ぐらいから食べられているトルコを代表するお菓子。以前は蜂蜜やペクメズで作られていたが、後に砂糖とスターチを練り合わせたものに変わっていった。サフランボルのロクムは特に有名で、砂糖の量も少なめで、甘さで喉が痛くならない。岩から噴き出しているきれいな水が美味しさの秘密らしい。種類も豊富で上品。お茶請けにお勧め。

✻ ゼルデ
Zerde

世界遺産のサフランボルはその名の通り、サフランがボル（たくさん）というだけにサフランの産地。お米を茹でて砂糖を加える。サフランを水に浸し、色と香りをつけて、スターチでとろみをつけたライスプリン。お好みでレーズンやナッツをトッピングしてもよい。

ビュクメ
Bükme

サフランボルで有名な包み焼きピデのビュクメ。ビュクメとは、折りたたむという意味。具には炒めた玉ねぎ、挽肉と刻んだほうれん草、塩、黒コショウを混ぜ合わせる。発酵させた生地を長細く伸ばし、具を置いて、両サイドから折りたたんで包む。溶き卵を表面にぬって窯で焼く。

ペルヒ
Peruhi

トルコにはマントゥと呼ばれるトルコ式のラビオリがあるが、これも似たもので、具は肉ではなくて水切りヨーグルトやチーズが入っている。茹でた後は、バターを溶かしてドライミントを加えて香味油を作り、上からかけたもの。

黒海地方

バルトゥン県

Pirinçli mantı ／料理：ピリンチリ・マントゥ
Bartın merkezi ／地域：バルトゥン中心地

　ピリンチリ・マントゥはお米の具が中に入っているトルコ式のラビオリ。一般的なマントゥは挽肉を小麦の生地で包んで茹で、湯を切ってからニンニク入りのヨーグルトをかけて食べる。ここバルトゥンのマントゥは大きな特徴が二つある。

　一つ目は、生地の中に米を入れるということ。トルコでお米の位置付けは日本のように主食ではない。米文化の視点で見ると、小麦粉の生地の中に米を詰めるというのは違和感があるが、トルコのごはんはピラフとして油や塩を入れてあり、パラパラとしているために具としても使い易い。みじん切りの玉ねぎと挽肉を炒め、炊いたピラフを合わせて味をつけ具を作る。生地を薄く伸ばして３センチ角に切って具を置き、四つ角をてっぺんで合わせるように閉じる。

　二つ目の大きな違いは、茹でるものが一般的なのに対して、バルトゥンのマントゥはオーブンで焼くことである。包んだマントゥをアルミのトレイにきれいに並べて焼いた後、前もって作っておいた鶏や牛から取ったスープを上からかける。その後、焼いたマントゥが十分にスープを吸うまで、もう一度オーブンに入れて温める。食べる際はヨーグルトをかけて食べる。挽肉を生地で包んでいて同じマントゥを名乗っていても、一般的なマントゥとは食感、味、香り、すべてが別物。茹でたマントゥのようなのど越しの良さはないが、香ばしさと生地がスープを吸った旨味はある。焼いたマントゥを初めてここで知り、私の中で衝撃を受けた料理の一つとなった。

✼ ウスプット・カヴルマス
Isput kavurması

3月中旬バルトゥン市内の火曜市で売られていたウスプットと呼ばれる山菜。質も様々だが、1キロ120円程。街中の家庭料理屋でウスプットの卵とじを食べた。小さく刻んだ後で、一度茹でて硬く絞る。それをみじん切りの玉ねぎとポロネギを炒めた後でウスプットを加え、最後に卵でとじる。蕗、わらび、ウドを足して割った感じ。春の季節の到来を象徴する黒海地方の山菜。別名ガルディリッキ。

✼ ハルシュカ
Halışka

トウモロコシの粉と塩、油、水を鍋に入れ、焦がさないように火を入れ練り上げたもの。スプーンですくって皿に盛り、仕上げには溶かしバターと唐辛子フレークをかける。卵焼きのようにフワッとした食感。トウモロコシの甘さと香りが際立つ。お好みで、塩の代わりに砂糖、トッピングにクルミをふりかけることもあるそうだ。村のシンプルなメニュー。

✻ アマスラ・イェメッキレリ
Amasra yemekleri

黒海沿岸のアマスラは歴史も古く、小さな岬には家が肩を寄せ合い立ち並ぶ。黒海に沈む夕日も美しい風光明媚な場所。海水浴も出来、レストランもあるので、家族連れで訪れる。アマスラに来れば魚を食べることをお勧めする。タラの一種のメズギットを揚げてもらった。黒海地方らしく、トウモロコシの粉でコーティングして揚げる。この他30種類程の野菜が入った名物アマスラ・サラタスやデザートには蜂蜜とクルミがかかった水牛のヨーグルトはセットでおすすめ。

✻ プン・プン・チョルバス
Pum pum çorbası

黒海地方の食材でなくてはならないムスルウヌ（トウモロコシの粉）を使ったスープ。ムスルウヌ、水、牛乳を鍋に入れ、ダマにならないように弱火でじっくりと加熱する。とろみがつくと、鍋からポコポコと気泡の音が鳴る。その音からプン・プン・チョルバ（スープ）と呼ばれている。仕上げは溶かしバターとミントの香味油をかけてもいいし、パストゥルマと呼ばれる牛の生ハムを加えて、味に深味を出してもいい。原価のかからない、黒海地方で一番シンプルなスープ。硬くなったパンを砕いて入れて食べることもある。

黒海地方

カスタモヌ県

Banduma／料理：バンドゥマ
Kastamonu merkezi／地域：カスタモヌ中心地

　カスタモヌ県は小麦と肉の料理が多い県で、バンドゥマはその代表的な料理。浸すという意味からこの名が付いた。ユフカという薄焼きパンを焼いて、切ってロール状に巻き、一晩おいて乾燥させておく。鍋に七面鳥または鶏肉を入れ、塩を加えて茹で、スープをとる。七面鳥は鶏肉よりも旨味があるため、より好まれている。乾いたユフカを一つずつ温かいスープに浸して皿に盛り、砕いたクルミをふりかける。その上に骨からほぐした肉をのせ、上から溶かしバターを垂らす。

　通常食べるユフカは1週間分程度まとめて作る為、どうしても数日経つと乾燥してくる。それを上手く応用して考えられた料理。パンをスープに浸して、食感や味を変えたもの。バンドゥマのユフカも逆に焼き立てだと美味しくない。スープに浸けるとベトベトし食感を失う。古いほうが程よくスープを吸収しながらも、パンの食感は残っていて、よく考えられていると思う。

　家にある限られた食材だけで作り、農作業に従事していた人の力の源の一つだったそうだ。シンプルな村の生活がこの料理を食べることで想像できる。食材全てが手作りであり、飼っている家畜であり、自然にあるもので成り立つ。今回は郷土料理店で1人分を注文したので、小奇麗に盛り付けられているが、本来は大きなトレイに盛り付け、みんなで食べるのが習わし。

❋ カスタモヌ・スィミディ
Kastamonu simidi

トルコの国民食のパンであるスィミットは、一般的にはゴマが表面についているが、ここの物は何もつけないで焼く。その為、「裸の」とか「はげた」スィミットといわれる。硬く仕上がっていてゴマがついてない為、古くなっても使い道があるのが利点。ティリットには、このスィミットが使われる。そのまま食べることは勿論、スープを吸わせて再利用するには適している。

❋ イネボル・ドネリ
İnebolu döneri

ドネル・ケバブはどこにでもあるなか、炭火で焼いているものを見たのはここが初めてだった。今ではほとんどがガスで上中下部分で簡単に火力調節が出来る。それをすべて炭火で行う。火力も蓋をしたり炭火を減らしたり、とても丁寧な仕事が求められる。ファストフードとして数をこなすというより、質の良い仔羊肉を炭火焼してピラフと一緒に提供。イネボル市にあるこの店は老舗として県外からも支持されている。

※ **スィイェズ・ブルグル**
Siyez bulguru

ブルグルは小麦を茹でて乾燥させ、挽き割ったもの。市場で目を引いた食材。遺伝子の掛け合わせをせず残っている種類の一つだという。染色体の数も14と少なく、小麦の原種だそう。カスタモヌにだけ栽培し、現在では貴重な小麦として知られ始めている。

※ **ティリット**
Tirit

ティリットとは、トルコの至る所で食べられる料理で、少し硬くなったパンを再利用するという目的で考えられたもの。カスタモヌのスィミット（輪状の固焼きパン）を適度にちぎって皿に敷き詰め、牛のスープを上からかける。柔らかくなったら、上からニンニク入りヨーグルトと炒めた挽肉をのせる。仕上げは溶かしバターをかける。パンをスープで柔らかくして食べるという点では同じ。地域によってパンの形や硬さ、食べ方に違いがある。

※ **エキシリ・ピラフ**
Ekşili pilav

婦人達が集まる日や夕方5時頃お腹が空いた時間に食べることが多い。ブルグルと多くの緑野菜、特にブドウの葉、イラクサ、青ネギ、ディル、葵などを加え、ヨーグルトを薄めて一緒に煮る。ヨーグルトで酸味がある（エキシリ）ので、この名がついている。ピラフと名がついているが実際は具だくさんのスープ。

※ **エトリ・エキメッキ**
Etli ekmek

ジデ市で食べた名物の一つ。小麦粉と塩、水のみで練った無発酵の生地を円状に広げる。半分に挽肉をびっしり敷き詰め、折りたたむ。具が生の挽肉なので生地の真ん中に切れ込みを入れて焼く。仕上げは溶かしバターを表面にぬって完成。沿岸の町にも関わらず、魚よりも肉の方が名物だったことにも驚いた。

※ **ヤプラックル・エキメッキ**
Yapraklı ekmek

黒海沿岸のイネボルで見つけた変わり種のパン。カララハナ（ケール）を多く消費する黒海地方だからか、カララハナの葉を一枚、パン生地の底に張り付けて焼いたもの。葉の香りと味がついて美味しい。ビジュアル的にもインパクトが大きかった。

❋ **エルマ・エキシスィ**
Elma ekşisi

酸味の強い青リンゴを煮て、果汁を搾り、更に煮詰めてペクメズよりも濃いペーストを作る。ペクメズとは違い酸味を残す。濃く煮詰めてあり保存も2〜3年と長い。このペーストを水で薄めてエーシと呼ばれるドリンクを作り飲むのが風習だそうだ。カスタモヌのコーラと呼ばれるほど、広く飲まれている。

❋ **ウルヤニ・ホシャッフ**
Üryani hoşafı

乾燥させた果物を砂糖と水で茹で、冷やしたものをホシャッフ、生の果物を使えばコンポストと呼ばれる。ウルヤニと呼ばれるスモモの品種で、特にカスタモヌ産は質がいいとのこと。その皮を剥いで乾燥させたものを使う。味と香りはまさに梅。消化機能によく、便秘にもいいという。ホシャッフは具を食べるというよりは、香りが移ったシロップを飲むもの。夏の時期、体が熱を持つ時には、喉をひんやりと通り、体を冷やしてくれる。

❋ **カシュック・ヘルワス**
Kaşık helvası

トルコのお菓子の中で、家庭にあるもので簡単に出来るお菓子の一つ。ウン・ヘルワスと同じで、これはカシュック（スプーン）を使って食べやすい大きさに形どったもの。小麦をバターでよく炒めて一体化させる。キャラメル色になったら砂糖のシロップを加える。水分が飛ぶまで火を入れながらかき混ぜる。栗きんとんの食感に近い。

干し肉の保存食

❖❖❖❖❖

　カスタモヌ市の中心を歩いていると、何軒かの干し肉屋を目にした。パストゥルマと呼ばれる生ハムのようなものや、スジュックと呼ばれるサラミが店内にずらりと吊るされているのですぐに分かる。カスタモヌ県は黒海に面した県でありながら、その中心は内陸に位置している為だろう。ここの名物のようだ。

　コルコルオールという専門店に入り、店主のアリさんに様々な質問をしてみた。干し肉のなかでもパストゥルマは、牛の背中の部位やフィレ、モモに塩を擦り込み、寝かした後で一度洗い、天日干しする。チェメンと呼ばれるニンニク、赤唐辛子、スパイスのペーストでコーティングするが、処理した肉にぬって、乾燥させる工程を数回繰り返す。

　そもそも干し肉は中央アジアの遊牧民のトルコ人が移動する際に、馬の袋に入れ、押し付けること（トルコ語でパストゥルマ）で、水分が抜け、肉を長期間食べられるように乾燥させていたのが原型らしい。

　話を伺って初めて知ったのだが、ここはカイセリ県に次ぐ生産地で、スィワス県とともに三大産地でもあるらしい。内陸部なので干し肉を作る上で適した乾燥した気候で納得もいく。10月から11月は、秋に日中と夜の寒暖差が少なく、パストゥルマを乾燥させるために適した時期になるのだという。店主曰く「いろんなパストゥルマがあるが、工場で生産したり食材に保存料を加えたりせずに、自然食材と天

干し肉にする工程を見学。スライスは機会を使わず、職人の手によっておこなわれる

パン屋でパストゥルマル・エキメッキを作ってもらう

日干しの製法で作っている。工程に必要な乾燥期間は1か月で長いが、その分味は保証するね」と力説した。スライスも機械は使わない。職人の技で薄く切ることで「食感もとても柔らかいんだ」と続けた。

　カスタモヌではどんな食べ方をするのか尋ねると、パストゥルマル・エキメッキという。店主は早速、パストゥルマをナイフで薄く切り、そこにみじん切りの玉ねぎとミックススパイスを加え混ぜ合わせた。それを近くのパン屋さんに持っていけという。そこで小麦粉の生地を丸く薄く広げ、窯で焼いてもらう。これに入れるパストゥルマはチェメンをつけていないもの。スパイスがきつすぎるからだ。少し塩辛く感じたが、生地はカリカリで美味しかった。せっかくなので、現地の人がよく食べる産地ならではの裏技を使って裏メニューを試していただきたい。

　このほかパストゥルマはそのまま食べることはもちろん、卵とじやピザの具にも使う。トルコの国民食でもある白インゲン豆の煮込みにも、コクや旨味を足すためにも使われる。パストゥルマを使った料理で私が大好きなものはパチャンガ・ボレイという春巻き。ユフカと呼ばれる薄い生地にパストゥルマ、角切りチーズ、しし唐を置いて丸めて油で揚げる。半分に切ると色合いもきれいだし、ちょっと癖のある干し肉とチーズがマッチする。

　パストゥルマの名産地といえば、誰もがカイセリ県と口を揃える。全国区となったカイセリのパストゥルマの陰に隠れているが、国内市場に広げていないからこそ、カスタモヌ独自の製法や味にこだわりを貫けているのだと感じた。

　リング状の地元のパン（カスタモヌ・スィミディ）と一緒に朝食として食べることも勧められたので、翌朝、街のランドマークでもあるカスタモヌ城へと登り、街を一望しながら食べたのだった。

カスタモヌ・スィミディと一緒に食べるのもおすすめ

スィノップ県

Sırık kebabı ／料理：スルック・ケバブ
Durağan ／地域：ドゥラアン市

　スィノップ県名物スルック・ケバブのスルックとは竿を意味する。それを羊の胴に突き刺して、火の前で回して作る羊の丸焼き。今回ベシル家が経営する店で見学させてもらった。生後6か月程度の仔羊をきれいに処理した後、最低一日は冷蔵庫で熟成させる。スルックと呼ばれる1.5メートル程の長い棒を羊の後部から頭へかけて突き刺す。スルックは火に強く耐久性もあることから、20年物の松やナラの木を使う。それに脚は組ませるが、回す時に胴体が空回りしないように、しっかり脚は針金でスルックに固定する。内臓部分は空洞になっており、そこに一握りの塩を擦り付ける。中は空洞の状態で、糸でしっかり閉じたら下処理は完了。

　翌朝、火入れが始まった。昨日スルックに差した仔羊を、まず3段になった棚の下段に置く。一番小さい仔羊を7時に火を入れ始めて10時に。2つ目は大き目の物を7時半にかけて11時に時間差で仕上げる。仔羊の大きさもまちまちなので、大きい羊を焼く際は、外ばかり焼けて、中が生焼けにならないよう、火の位置を変えながら調整する。1時間半ほどで脂が滴り落ち始め、それから段々と熱が肉の中へ入っていく。最後の仕上げにはまた強火にして表面に焼き目をつける。焼き上がりの肉は、シンプルに塩と黒コショウをふりかけて食べる。横に寝かせて焼くことで、12キロの子羊から4キロの脂分が落ちるという。縦型のドネル・ケバブよりも脂が落ち、ヘルシーな上、柔らかいし臭味もない。一日に仔羊2頭、青空市場が開かれる木曜日には3頭を焼くそうだ。

✳ スィノップ・マントゥス
Sinop mantısı

スィノップのマントゥは、一度に二つの味が楽しめるお得な一皿となってい
る。正方形に切った生地に挽肉を入れて三角に折り、茹でて湯切りする。皿に
盛り、左側はニンニク入り水切りヨーグルトとトマトソースをかけて、右側は
砕いたクルミを一面にふりかけて、溶かしバターをかけてある。

✳ スィノップ・ピデスィ
Sinop pidesi

スィノップのピデは、2個の溶
き卵に予め炒めた挽肉、又は白
チーズを入れて混ぜる。それを
ピデ生地に流し込み焼く。出来
上がりはふんわりオムレツ状に
なっており、ボリュームもあ
る。隣市のゲルゼでも食べられ
る。

✳ レヴレッキ・ブーラマ
Levrek buğulama

レヴレッキはスズキでブーラマ
は蒸し焼きの意味。アルミの鍋
で玉ねぎ、ニンニク、トマトを
炒めて甘さを出した後で、スズ
キのぶつ切り、パセリを加え
る。蓋をして蒸し焼きしながら
火を入れる。味付けは黒コショ
ウ、塩のみだが、旨味が一体と
なって美味。

✳ スィルケリ・プラサ
Sirkeli pırasa

ポロネギを10センチ程度に切って、一度軽く
塩茹でする。それを湯切りして、小麦粉にまぶ
しフライパンで焼き目がしっかりつくまで両面
焼く。一方でヨーグルトとおろしニンニク、ブ
ドウ酢、塩、水を混ぜソースを作っておく。ポ
ロネギとソースをフライパンに流し入れ、煮込
み、冷まして食べる。冬の料理で、夏には茄子
でも応用できる。

✳ スィノップ・ノクル
Sinop nokulu

街のパン屋さんで見かけるノクル。パン生地を広げ
て、じゃがいも、チーズ、挽肉、クルミとレーズンな
どの具を入れる。それをロール状にした後、渦巻き
状、棒状に形成して焼く。朝食によく食べられる。隣
県のサムスン県バフラにも同じノクルが存在するが、
こちらはふっくら総菜パンや菓子パンに近い。

黒海地方

チョルム県

Kuru mantı ／料理：クル・マントゥ
Çorum merkezi ／地域：チョルム中心地

　クル・マントゥは乾燥したマントゥ（トルコ式ラビオリ）を意味する。マントゥは通常茹でるものに対して、これはバターでしっかり揚げる。揚げた時にカリカリとなるように、生地は発酵させず、油と酢を加える。薄く伸ばして、丸く型を抜いた後、それに具を詰める。具は、一般的なマントゥは生の挽肉を使うのに対して、一度玉ねぎと一緒に炒めたものを使う。具の包み方が変わっていて、丸い生地の淵を親指と中指を使い摘まむようにして花をかたどるように7〜8つの弁を作りながら閉じる。それを反対にして大きなトレイに円を描くようにきれいに並べる。そこに溶かしバターを流し、ガスコンロで下から火を当てて揚げていく。揚がってきたら、トレイを回し他の場所にも火を当てる。斜めにしてバターを抜いた後、トレイを重ねひっくり返し、またバターを流し入れて裏の面も同じように揚げる。

　揚がったマントゥは花園のように美しく、見とれてしまう程。この時一つの迷信があって、ムラが出来れば「ナザル・デーディ」と言って、何か悪いものがそうさせたという迷信もあり、逆に、マントゥが綺麗に出来た部分を独身の男性に食べさせて「あなたにいいお嫁さんが来ますように」と願う風習もあるそう。カリカリに仕上がったマントゥは、小鍋に移してトマトソースで5分程火を入れてソースを吸わせる。提供する際は、お好みでニンニク入りのヨーグルトをかけていただく。多々ある粉もの料理の中でもマントゥは手間がかかり、愛情を一番に感じる料理。この料理は更に一手間も二手間もかかっている。

🍳 チャタル・アシュ
Çatal aşı

緑レンズ豆とヤルマを入れてスープを作る。
仕上げに溶かしバターに乾燥ミントを加えて
香味油を作り、上からかける。チャタルとは
フォークという意味で、アシュは食事やご飯
を意味する。なぜスープなのにフォークが名
前についているのか。元々フォークですくえ
るほど具があるという所から来ているそう
だ。チョケレッキを薄焼きパンで巻いたもの
と一緒に食べる。

🍳 ヒンゲル
Hingel

チョルムのヒンゲルは日本人には食感も味も
馴染みの水餃子に近いと感じた。生地ももっ
ちりで、噛むと程よく肉汁がじわっと出てく
る。マントゥよりもかなり大きく、閉じ方も
ひだが多く特徴がある。ヒンゲルは地域で具
に違いがあり、挽肉、じゃがいも、チーズ、
カヴルマと呼ばれる炒め煮した肉が具として
入っている。また名前が地域によって微妙に
違うのは、コーカサスの元々の名前の発音が
トルコ語では難しいからだそうだ。

🍳 ヤヌチ
Yanıç

生地を発酵させ、鉄板で焼いた薄焼きのパ
ン。トルコでは同じく鉄板で焼く薄焼きパン
のギョズレメが主流で、それは発酵させな
い。ヤヌチもギョズレメも、具に挽肉やチー
ズなどをお好みで入れ、半月状に折りたたん
で焼く。ヤヌチは生地を発酵させている分、
食感はもっちりとしている。

❊ デューン・チョルバス
Düğün çorbası

結婚式のスープの意味。酸味のある水切りヨーグルトを使ったスープで具には米が入っている。このスープの特徴はトッピングにある。ククルダックと呼ばれ、小麦粉、卵、塩、水を硬めに練って、小さな玉を作り、バターできつね色にカリカリとなるまで揚げたもの。食べる時にそれをスープに数個のせて食べる。食感にアクセントをつけるので飽きさせない。また酒粕のように癖のあるスープを和らげてくれる。

❊ チョルム・マントゥス
Çorum mantısı

マントゥを包む生地で、中身を何も入れずに、四方を頂点で合わせ風呂敷包みにして、オーブンで焼き目をつける。これをボシュ・マントゥ（空っぽのマントゥ）という。トマトソースでしばらく煮て、炒めた挽肉とパセリをかけて食べる。具を生地で包む手間が要らない時短用のマントゥ。

❊ クズルジュック・トゥルシュス
Kızılcık turşusu

8月下旬に訪れた時はクズルジュック（セイヨウサンシュユ）が熟す時期。これをピクルスにするのは初めて見た。きれいに洗った後に専用の容器に入れ、ニンニク、しし唐、レモン、塩、ブドウ酢、水を入れる。1か月で食べられる状態になるそうだ。この地域では未熟のアーモンド（チャーラ）、未熟のスモモ（エリック）、マルメロ（アイワ）などもピクルスにしている。

❊ カルン・スクマ
Kalın sıkma

バクラワの生地のように、透けるほど薄く伸ばしたら砕いたクルミをふりかけ、太めの伸ばし棒に巻いた後、左右から縮める。カルンは太い、スクマは圧縮するを意味しており、この名がついている。細い伸ばし棒を使って作ったインジェ（細い）・スクマもある。オーブンで焼いた後、シロップをかけて染み込ませる。噛むと生地がガラスのようにパラパラと砕ける。見た目にも自然な動きがあって、見るにも美しい。

❊ ギュル・ブルマス
Gül burması

バラ（ギュル）のようにひねる（ブルマ）ところからこの名が付いた。薄く伸ばした生地にクルミを散らし、折りたたんで長細くする。それをバラの花に見立ててロール状に丸めてオーブンで焼く。焼き上がりにはシロップをかける。

❊ レブレビ
Leblebi

レブレビとはひよこ豆をいくつもの工程を経て、最後に専用の窯で煎って、香ばしくした豆のおつまみ。チョルムはレブレビの名産地の一つで、店も至る所に点在。専門店には、砂糖でコーティングしたものなど種類は豊富。シンプルなものが定番で、表面の香ばしさと、噛んだ時のポロポロと粉になるような豆の食感が特徴。トルコのミックスおつまみの中には必ず入っている。

結婚式の定番料理

◦ᐧ᭥᠁᭥ᐧ◦

　黒海地方中部チョルム県の中心から北西へバスで１時間程行った場所にイスキリ
ップという田舎町がある。この地の伝統料理「イスキリップ・ドルマス」の存在を
知り、早速訪れた。この料理は夏冬関係なく調理される大鍋料理で、特に夏の結婚
シーズンには、大勢の来席者の空腹を満たすのに欠かせない料理。イスキリップ式
のドルマ（詰め物料理）という意味で、この地方で代々継がれているお米料理であ
る。

　私は８月末に現地を訪れ、職人のタヒルさん達３人に密着し、結婚式の為の準備
をちょうど見学できた。まずはピラフ作りにとりかかる。このピラフには割れにく
いという点でアクチェルティックという品種のお米が使われ、熱湯に塩を入れたも
のに米を入れて吸わせておく。30分程浸したら塩気がなくなる程度にすすぎ、ザル
あげする。大鍋にバター３キロとオリーブオイルを１キロ入れて、２キロのおろし
玉ねぎをじっくりあめ色になるまで炒めたら、水、塩、黒コショウ、米を加える。
その後、薪をくべ底が焦げないようにかき混ぜながら水分を吸わせていく。硬めの
ピラフが出来上がると、かき混ぜ、蒸気を飛ばしパラパラにする。粗熱をとったら
ジャーと呼ばれる布袋に詰めてひもでしっかりとくくる。

　次に、直径１メートルで深さ70センチ程度の大鍋が持ち込まれた。その鍋の底に
脂身の少ない牛のモモ肉と背中の部位を20キロ、玉ねぎを４個、バター500グラム
を入れて、岩塩、黒コショウを適量加える。

　そこに三脚の高台を置いて、その上にトレイをのせて、布袋に詰めたピラフを置
く。水はトレイの下まで加え、鍋の蓋をかぶせて、蓋の淵をしっかりと小麦粉を練

職人さん達による結婚式用のピラフ作りを見学

左・蓋の淵を練った小麦粉で隙間がなくなるように閉じる
右・大鍋がずらりと並ぶ。この日は約1500人分のピラフが作られていた

った生地で隙間がないように閉じる。蓋にある小さな穴から蒸気が出る仕組みとなっており、自家製の巨大な圧力鍋のよう。肉を柔らかく煮込みながら、ピラフに蒸気を当てることで肉の旨味や香りが移るという。

　始めは強火にし、1か所設けてある穴から蒸気が出始めたら、弱火にして朝まで15時間火を入れる。これを朝まで見守らなければならない。この時期は結婚式も多く、職人は何か所も掛け持ちして、火の調節の為に転々と見て回る。ガスするところもあれば、薪するところもある。その日も掛け持ち先にも同行した。多いところでは、大鍋が10個も並んでいた。一つに大鍋でも150人分程度というから、単純計算しても1500人分。ずらりと並んだ大鍋でじっくりと蒸し上げる様子は圧巻だ。これが大きなフェスティバルとなると何十もの大鍋が並ぶそうなので、更に驚いた。トルコでは結婚式の招待客は当日何人来るかわからない状態で前もって準備するので、人脈や経済状態でその量が変わる。用意される大鍋の数で必然とその背景がわかってしまう。

　翌朝、職人は無事に出来ていることに祈りを捧げ、蓋をあける。一気に蒸気が噴き出した。そしてピラフの下には、一晩煮こまれ、柔らかくなった肉とスープも出来上がっている。袋からピラフを出して、蒸気を逃がすために混ぜて、パラパラの食感にする。最後の盛り付けでは、大皿にピラフを盛り、スープを垂らし、裂いた肉をピラフにのせる。

　結婚式の来客には、この料理の他に、パスタ入りのトマトスープ、アイラン（塩入のヨーグルトドリンク）、ジャジュック（ヨーグルトとキュウリのサラダ）、小麦粉をバターで煎って砂糖を加えて練ったお菓子のウン・ヘルワスでもてなされる。7〜8人掛けのテーブルの真ん中にピラフが置かれるや、招待客達は一斉にスプーンを伸ばす。そして、ジャジュックと交互に食べ始める。特にジャジュックは、他の地域では珍しく、中にブドウ酢が入っている。鼻を衝くほどの匂いがあるが、こ

の酢が食欲を増進させるとともに、消化も助け、食べるペースも上がる。サラダというよりもピクルスを食べている感覚で、言われる通り、淡白なピラフにメリハリをつけてくれる。味が気に入ったお客は、チップを入れてお皿を返し、お代わりを求める。ただ、大きくないイスキリップの田舎町では、知り合いの結婚式が重なることもよくあるので、何か所となると、1日で何回もピラフを食べるという現実に直面する。

　この料理には歴史があって、数百年前から作られているそうだ。オスマン帝国時、皇帝や兵士をもてなしたところ、たいそう気にいったそうで、その後宮廷料理となり、イスキリップの料理となって引き継がれているのだという。オスマン帝国時代には何千何万もの兵を連れて遠征に行く際、このような大きな鍋も持って行った。その際に作られていた食事のひとつがイスキリップ・ドルマスである。決して、味自体は複雑ではないが、手間も時間もかかった料理で、且大勢の人に同じように振舞うことが出来る料理である。先祖代々から引き継がれている郷土料理で、今でも先祖の魂をそのまま引き継いでいる料理ともいえる。今回お世話になったタヒルさんは「昔は3人程だった職人もイスキリップの宣伝効果とメディアのお陰で、トルコの各地に需要を持てるようになった。そして職人の数は20人以上になり、次世代への後継の育成も順調」と語った。昔と変わらない圧巻の仕込みと、招待客の食べっぷりがとても印象的なイスキリップの旅だった。

左・イスキリップ・ドルマスの完成
右・イスキリップ・ドルマスがテーブルに置かれると、一斉にスプーンが伸びる

黒海地方

サムスン県

Bafra pidesi／料理：バフラ・ピデスィ
Bafra／地域：バフラ市

　黒海沿岸を旅している時、ホテルで何気なく観ていた旅番組で、いきなり目に飛び込んできたのが、このバフラのピデだった。今までのピデの概念を完全に崩された。とにかくここへ行って食べてみたいと思った。杖のように細長く、70～80センチはある。楕円形に広げた生地の真ん中にあらかじめ炒めた挽き肉と玉ねぎを、塩コショウのみで味付けした具を置く。上下の生地を合わせて閉じ、左右を引っ張って細長くする。窯入れした後、一度取り出しピデの向きを変えながら焼き目を確かめる。出来上がると、閉じていたところに包丁で縦に切れ目を入れて、隙間に手でたっぷりのバターを擦り込んでいく。村で作られた手作りの濃厚バターを使用。手にべっとり取ったのに、スーッと生地に入り込んでいくのがわかる。チーズを使わない素朴なものだが、飽きない。通常具がたっぷり見えたピデが多い中、黒海地方では具を予め調理した後で、生地の中に入れて包んで焼くピデもある。挽肉を予め炒めておけば、すぐに悪くはならない為。それをピデの具として焼く場合には、生地の中に包んでおかないとすぐに焦げてしまう。どうしてこんなに長くなったのかはわからないが、細いので最後までカリカリとした食感が続くのがいい。シンプルで食材が少ないだけに、バランスが強く求められる。

　広く愛され、人が多く集まるイベントや葬儀の日、急なお客さんが来た時などは、大量のピデの注文が入る。今では商標登録を取り、バフラ式ピデとして、ブランドを確実なものにしているのが現状だ。

✳ ノクル
Nokul

発酵させた生地を薄く広げ溶かしバターをぬり、ふんだん
に砕いたクルミとレーズン、砂糖を散らし、ロール状に巻
いていく。それをトレイに並べ、卵をぬりオーブンで焼
く。洋菓子のようで、トルコのシロップ漬けの焼き菓子の
ように甘すぎず食べやすい。バイラムの時期によく食べら
れる。隣県のスィノップ県でもノクルという同じ食べ物が
あり、食材はほぼ同じだが、似て非なるもので、パンに近
く、柔らかい仕上がり。

✳ ムスル・チョルバス
Mısır çorbası

スープといっても水分は少なく、具だくさ
ん。黒海地方の人はこのスープで育ったとい
っても過言ではないそうだ。乾燥させたトウ
モロコシに白インゲンやうずら豆を加えて塩
のみで、長時間じっくりと柔らかくなるまで
火を入れる。トウモロコシのほのかな甘さと
香りとバランスを取るように塩加減が大事。
村の家に必ずある食材で作られる定番料理。
ヨーグルトをのせていただく。挽肉や鶏肉を
加えても良い。ムスル・ケシケイ（トウモロ
コシの粥）ともいう。

❋ ス・ボレイ
Su böreği

小麦粉と卵、塩、水で練った生地を薄く伸ばして、それを一度茹でるのが特徴。それをトレイに何層にも重ねる。間に具として白チーズとパセリを混ぜたものを具にするほか、サムスン県では炒めた挽肉と玉ねぎをたっぷり挟むのが人気。上にも同じように茹でた生地でかぶせて、最後はオーブンで焼く。表面は卵焼きのようにこんがりで、もっちりした食感。シンプルなので、具と生地とのバランス、塩加減が大事で、生地の旨味が味を決めるようだ。

❋ カイパンジャック
Kaypancak

小麦粉と卵、塩で練った生地を薄く広げて、鉄板で軽く両面を焼く。2センチ角の正方形に切ったら、茹でる。別鍋にバターで炒めた挽き肉にトマトピューレ、黒コショウ、唐辛子フレーク、塩を加えソースを作る。ニンニク入りのヨーグルトソースをかけた後、トマトソースをその上からかける。お好みでドライミントをふる。トルコのラビオリ・マントゥと同じ食材で作られるが、挽肉を生地で包む手間がないため、より簡単。生地は保存食として常温で10日間程、乾燥させたものを使えば、いつでも短時間で出来る。

水牛の乳製品 ロクムに感動

〰〰〰

　黒海地方沿岸のちょうど真ん中に位置するサムスン県バフラ市に立ち寄った。そこで知り合った実業家ハミットさんに、町を案内してもらった。一般的に黒海地方は平野が少ないため、海からすぐ山となるが、バフラは川が下流に運んできた土が堆積してできた広いデルタ地帯にある。デルタは農業地として利用され、多くの野鳥が住む楽園としても知られる。毎年多くのコウノトリが巣作りのため飛来してくるそうだ。私が訪れた４月下旬、デルタの湿地帯ですてきな光景を目にした。それは一面にパパトヤ（ナツシロギク）が咲き誇り、水牛が気持ちよさそうに水浴びをしている様子で、本当に感動的だった。

　水牛は体温調節の為に、沼地や湖の中に好んで入る習性があるという。また、水中の草を食べることで沼地の乾燥を防いだり、足跡に魚達が巣を作ったりすることにより、バフラの豊かな生態系を保つのに一役買っているそうだ。

　水牛の乳から美味しいヨーグルトやバターが作れるほか、カイマックも取れるそうだ。カイマックとは、乳を沸騰させてから冷ました後、上部にたまる乳脂肪分。日本でもクロテッドクリームとして売られており、パンにぬり、蜂蜜を垂らして食べると絶品だ。牛よりも水牛の乳から取れるカイマックは濃厚で、量も摂れる。ましてや、こんな大自然の中で放牧された水牛なのだから美味しさは保証付き。バフラでは、このカイマックを使った料理、ロクムが有名。早速、郷土料理を提供しているザルパという店を訪れ、調理の様子を見学させてもらった。

湿地帯に咲き広がるナツシロギクの中で水浴びする水牛

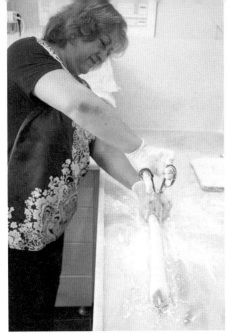

左・伸ばした後、はさみでサイズに切る店主のフェルダさん
右・口の中に入れると、あっと言う間に溶けてなくなるバフラのロクム

　そもそもロクムは、トルコの甘いお菓子を象徴する一品でトルコ全土で広く売られている。英語名を「Turkish Delight」と言い、トルコの悦びを意味する。アラビア語が語源で、喉の満足という意味。サイコロ状で柚餅子のようなものが一般的で、噛み応えがあり弾力性もある。しかし、ここのものは少し形が違うようだ。

　まず砂糖、水で煮詰めたものにコーンスターチとレモンの粉を加える。粘り気のあるわらびもちのような生地を作り、冷ました後、数日間寝かす。麺棒で伸ばし、水牛の乳から取ったカイマックを置いて巻き、継ぎ目を合わせる。これを長く伸ばして、輪切りにしてから提供する。

　指でつまむと落ちそうなほど柔らかく、日本の求肥に近い。口に入れると、あっという間に溶けてしまう。まさに生クリーム大福。トルコのお菓子の甘さは喉に残るものだが、それもない。素材の美味しさもだが、生地とカイマックが口の中で同時に溶けていくのも美味しさを感じる要因の一つ。気が付いたら、5切れも食べてしまった。

　バフラではこの店を含め、数軒でしかロクムを作っていないそうだ。店主は「カイマックはあまり日持ちしませんが、保存料を入れないのがポリシーです。さらに少量生産ですが、品質にはこだわっています」と胸を張った。ロクムの奥深さを感じるとともに、これからもこのこだわりを持ち続けてほしいと願った。

耳たぶに雪が落ちる頃

・◦◦◦◦◦・

　黒海中央部サムスン県の内陸部にあるハウザは温泉で有名な場所。夏に訪れた時、ハウザ市長の秘書をしているオスマンさんと出会った。「ここには名物のガチョウ料理があるけど、旬は冬だから、その時期に改めて君を是非招待したい」と言ってくれた。この地域では「耳たぶに雪が落ちる頃、ガチョウの季節の始まり」と言われるそうだ。ちょうど12月中旬から、卵を産む2月中旬までの約2か月半がその旬にあたる。寒くなり産卵時期に合わせて、脂を体内に蓄積するために美味しくなるという。

　1月中旬、オスマンさんから改めて招待を受けた。ハウザ市長と関係者一同が集まり、ガチョウのティリットを食べる親睦会があるとのことで、オスマンさんが気を利かせてくださり、前もって知らせてくれていた。トルコ料理の調査をしている日本人というので、市長さんもぜひ日本でも紹介してほしいし、是非作る工程も見て、食べてくださいとおっしゃってくれた。

　サムスン市内にある沿岸から内陸に入り、標高が上がるにつれ山々は雪化粧。峠を越える頃には吹雪いていた。やはりハウザ市は寒い。訪れた場所は町の集会所のような場所で、部屋の一角には暖炉があり薪が燃やされていた。その前に処理されたガチョウが吊され、竹の竿の先でクルクル回しながら表面を炙っている。その下には大きなトレイが置かれ、ガチョウの脂がポタポタと滴り落ちていた。時には木のスプーンですくっては皮の表面に流すことで、皮をカリカリにすると同時に、中の肉を柔らかくするのだという。本来真夜中から焼き始め4〜5時間かけて朝までおしゃべりしながら焼くのが風習のよう。今回は会食の時間に合わせ、前もって焼き始めていた。

　ガチョウが焼きあがると、別の担当者が肉を骨からほぐす。「ここが一番美味しいんだ」と、こっそりとこんがり焼けた皮を手渡してくれて、一足早い味見となった。それだけでもガチョウの脂の旨味を堪能できるほどだった。一方ではユフカと呼ばれる薄焼きパンを何枚も用意し、ガチョウから出た油をぬって染み込ませ、三角形に切り分けておく。

　同時にブルグルはピラフにして、仕上げにも脂を混ぜ込む。浸み込ませるのがティリットという料理の醍醐味で、パンとピラフのダブルパンチだ。ユフカとピラフの調理が進み、だんだんと料理が一つになっていく。

最後の仕上げに入った。70センチ程のお盆に、まずピラフが真ん中にどっさり盛られ、その周りにユフカ、そしてガチョウの肉がピラフの上に敷き詰められる。そうなると準備は整った。総勢30人、3つのお盆の周りを、それぞれ隙間なく囲む。食前の神へのお祈りを済ませると、腕まくりした手が、一斉に真ん中に伸びていく。ユフカを手に取り、ピラフと肉を掴むように巻いて口へと運ぶ。ピラフがポロポロ落ちても、手が脂でべとべとになってもお構いなし。この料理は手でガッツリと食べるところにも醍醐味がある。

　この料理で一番大事なのは脂分。なので、ガチョウの血抜きをした後、内臓まで取ってしまうとせっかくの脂分まで抜けてしまうので、一度寒い場所で脂分を固まらせる必要があるというから驚きだ。ガチョウの脂は鶏肉よりかなり濃厚だが胃もたれしないので、どんどんいける。この脂は体を温める効果もあり、内陸で寒い地域には理にかなう食べ物だ。

　合間でピクルスをかじりながら食べ進めると、今日の出来栄えに評論があちこちから飛び交いはじめる。こうして旬の料理を一緒に食べ、みんなで喜び合う光景に、何か親近感を感じた。この光景は日本でいうと鍋に当たるだろうか？　特にハウザの村では各家庭で飼っているガチョウを月に数度、持ち回りで提供して作って食べるというし、"ガチョウのティリットの夕べ"と題して、年に一度ハウザ出身者が各県から一堂に集まりティリットを食べながら、同胞との一夜を楽しむ。旬のティリットは食を楽しませるだけでなく、人とのつながりに一役かっている。私はこの後、オスマンさんと温泉に入り、ガチョウがつなげてくれた縁を深め、語り合った。

左・吊るされたガチョウをクルクルまわしながら表面を炙っている
右・ピラフが盛られ、ユフカが周りに置かれ、ガチョウの肉を上に敷き詰める

アルバニア系との交流

・≪◇≫◇≪◇≫・

　以前サムスン県バフラ市を訪れた時に、アティラさんという県内の旅番組を制作
しているメディアの方と知り合った。数日後、彼の番組に出演させてもらうことに
なり、100年前にバルカン半島から移住してきたアルバニア系の人々が住む村を訪
れることになった。しかし、その時はすべてセッティングされて、数十分で別の場
所に移動するというハードなスケジュールで、村の人と会話すらできなかった。

　そこで、改めてバフラのその村へ訪れたいと相談すると、バフラにはアルバニア
人協会があるということがわかった。

　1912年のバルカン戦争時、イスラム教徒がイスタンブルをはじめ、イズミル、ブ
ルサ、そしてサムスン県のバフラ市に分かれて移住。アルバニア系（トルコ語では
アルナウット）の多くはバルカン半島のコソボからの移民で、サムスン県には現在
移民者が25,000〜30,000人程度いる。バフラには30か所程の村に分かれて移住した
そうだ。その後、彼らの為の人脈を繋ぐためのコミュニケーションや相談の場とし
て協会が設立されたそうだ。

　協会の会長さんでもあるセバハッティンさんにアルバニア料理の調理現場を拝見
したいと懇願したところ、よろこんで引き受けていただき、早速翌日に村へ訪問す
る流れになった。その村はエセンテペ村で、バフラ市の隣の市でオンドクズマユス
にある。オンドクズマユスは1988年までバフラ市に属していた。

　会長さんの奥さんの実家、ハリム・サーラムさんの家で行われることになり、近
所の方や親戚の方も集まって、3種類の料理を作っていただいた。本当なら、今の
時期はたばこの栽培で忙しいのだが、日本からの訪問というので、みなさんとても
歓迎してくださった。また、当日には日本人が村を訪問し料理を習うというのを聞
いたサムスン県の新聞記者が逆取材をしたいと、わざわざ村まで来てくださり、翌
朝の地方紙に掲載して下さったのは、良い思い出となった。

　早速調理が始まった。今回作っていただく料理はアルバニアの言葉でそれぞれフ
リヤ、ラクヌル、ミショレズの3種類。フリヤはパンの一種だが、とても時間と手
間がかかるもの。特別な時に食べるものでもないそうだが、手間がかかるので、何
か集まりがないと作らないという。このパンの作り方にはかなりの衝撃があった。
庭で火をおこし始めたのだが、その上にドーム状で、傘のような鉄を上にかぶせ、
その上にも炭を置いて、熱を加える。その横には、トレイと、小麦粉、塩、水を混

ぜ合わせて作った生地と、牛の乳から取ったカイマックが用意されていた。ドロッとした生地をスプーンですくい、トレイの縁から真ん中へ向かって生地を流し置いていく。放射状になるようにトレイ一周それを続ける。一回りすると、先ほど熱していたドーム状の鉄を、そのままトレイの上にかぶせた。かなり高温に熱せられた鉄の蓋で生地の表面を焼くのだという。下側を熱するのではなく、上だけを熱して焼くのも面白い。上から火を加える際にこのようなやり方をするのはバルカン半島ではよくあるのだそうだ。暫くすると、表面に焼き目が出来る。そして、表面にカイマックをぬりつける。小麦の生地に脂分をぬりつけることで旨味も増すとともに、食べる時に一枚一枚簡単に取れやすいという。脂をぬらないとすべてがくっついてしまうからだ。2周目からは、互い違いになるように生地を置いていき、隙間なく重ね焼きする。この工程をトレイの淵まで続けていくと、見事なパイ状のパンが出来る。これもパイ層を作る一つのやり方。これには正直驚いた。トレイの淵いっぱいまで重ね焼きすることを考えると、本当に時間と手間がかかるものだ。一枚一枚はがしやすいので、大人数でテーブルを囲んで食べる際には理にかなったものではないだろうか。

左・傘のような鉄をかぶせて熱を加えていく
右・パイ状のパンが完成

2つ目はラクヌル。ポロネギ入りのパイ。トルコではアルナウット・ボレイ（アルバニア式焼きパイ）と呼ばれる。アルバニアの食文化でパイは重要な位置を占めるそうで、中の具も様々で、その種類も多いという。その中でもポロネギ入りは、アルバニア系の大好物の一つ。アルバニア系は大のポロネギ好きで、これがあれば何も要らないといわれるぐらい。このパイを作るというと、国外の親戚でさえもこのために帰ってくるかもしれない。そこまで愛しているのだという。また逆に、トルコでもポロネギ好きを見つけるとアルバニア系だとわかる基準にもなるそうだ。それだけ彼らのポロネギ愛はすごい。小麦粉、塩、水で練った生地の塊を綿棒で丸く広げ、中心を残して、放射状に切れ目を入れる。サラダ油をぬって、一枚一枚中へと折り込んでいく。それを二度ほど繰り返すことで、生地がパイ状になる。その生地を二つ作る。パイを層状にするには小麦の生地と油分をなじませて折り重ねていくが、このような工程は初めて見た。一つを広げてトレイの底に敷く。その上に、予め切ったポロネギとカイマック、塩を混ぜ合わせておいた具を全体に敷き詰める。もう一枚の生地を広げて、上にかぶせるように置く。淵の生地を中に向かって織り込むようにして、一周させ閉じる。仕上げにはもう一度表面にカイマックをぬりつける。これでもかというほどカイマックが登場する。これもバルカン半島の食文化の特徴の一つらしい。カイマックなくして美味しいパイは出来ないそうだ。それをオーブンの中へ入れて20分程。見事なパイが出来上がった。熱々のパイを切り分け、サービスする。バイラムの時に親戚子供が大勢集まると、この中に小銭を一つ忍ばせておく習慣もあるため、子供達は競って食べるのだそう。

　3つ目はミショレズ。トルコ名はアルナウット・ピラウ（アルバニア式ピラフ）。予め用意するものは、米を水に30分程浸しザル上げしておく。また圧力鍋で骨付きの鶏肉を煮てスープを取り出す。トレイのまま直火にかけ、そこへバターとサラダ油を加え、玉ねぎのみじん切りを炒める。程よく、きつね色になれば、サルチャを少し加える。そこへ米を加えて、油が全体になじむように混ぜる。米の一粒一粒に油が回ったら、鶏のスープをおたますくいながらひたひたになるまで加える。そのうえに圧力鍋で茹でた骨付きの肉を等間隔に置いて、オーブンへ。これも30分程で仕上がる。オーブンもストーブと兼用できるものだし、オーブン料理が多いバルカンの食卓には欠かせない道具であるといえる。サービスする際は肉を骨から外し、

アルバニア系の料理が並んだ食卓

ピラフと共に皿に盛りつける。この料理には自家製のキュウリや白キャベツのピクルスやアイラン（塩味のヨーグルトドリンク）が必須。また、バイラム（宗教的祝祭日）の初日の朝食には必ず作られるものだそうだ。

　8人掛けのテーブルに3つの食事と、ピクルス、アイランが並べられ食卓が組まれた。まずは男性陣が座り先陣をきる。女性陣が皿に盛りつけして振舞ってくれた。年配者の中にはアルバニア語しか話せない方もいて、まだまだ移民の歴史が浅いことを知らされたと同時に、一方で、トルコの一般的な食文化との融合により、だんだんと失われつつあるという話も伺った。今回訪れた家の若い娘さんは、既に母親から調理の仕方を教わっているようだったが、世代が変わっても、アルバニア系の人達のアイデンティティを示す愛される料理をこれからも引き継いでいって欲しいものだ。

　農繁期で忙しい時期で、数時間の滞在だったが、思い出深い交流となった。

左・フリヤを一枚一枚手ではがしながら食べる
右・ポロネギ入りのパイはアルバニア人の大好物

オルドゥ県

Kavurma çeşitleri／料理：カヴルマ・チェシットレリ
Ordu merkezi／地域：オルドゥ中心部

　オルドゥ市内のホテルのレストランにビュフェがあり、そこで食べた様々なカヴルマがとても気に入った。カヴルマは炒めるという意味で、カヴルマと素材名で、○○炒めになる。サラダ油でみじん切りの玉ねぎを炒めて、メインの素材を加え、塩を加えれば完成。黒コショウ、唐辛子フレーク、ニンニクを入れるかどうか、最後に溶き卵を加えてかき混ぜるかどうかなどは個人の好みによる。

　黒海地方では旬の素材をシンプルな調理で味を楽しんでいる。素材の美味しさを極力邪魔しない。その中でもディケンウジュ（棘の先）は特にお気に入り。調べによるとサルトリイバラ科となっている。棘をもつ植物なので採るのが大変。春頃に市場に出回る植物。茹でた後、玉ねぎと一緒に炒める。細いアスパラガスに似て、食感もコリコリしていて美味しい。パズ（フダン草）も同じく炒め物として、主に食べられる。白チーズと一緒に食べると相性が良いそうだ。蕗に似ているウスプット（別名ガルディリック、日本名ルリジサ）や、種類が豊富な天然キノコもカヴルマの代表的な素材。緑豊かな地域だから、これら以外にもカヴルマに出来そうな旬の野草や山菜がきっとあるだろう。地味ではあるが、カヴルマは一年を通して、新鮮なもの、塩漬け、酢漬けどれでも使うことが出来、黒海地方の食卓のベースになっている。

✳ カララハナ・サルマス
Karalahana sarması

カララハナは広い葉のケールの種類。巻物料理に向いており、黒海地方全域で食べられる料理。トルコのサルマ（巻物料理）といえば、ブドウの葉で作るが、黒海地方はブドウの栽培はあまり向いていない。その一方でケールは植える時期をずらせばほぼ年中採れる。具はブルグル、米、挽肉、乾燥トウモロコシなど好みによって様々。

✳ ムスル・エキメイ
Mısır ekmeği

黒海地方の食卓に欠かせないパンであり、象徴でもある。トウモロコシの粉、小麦粉、塩、砂糖、ベーキングパウダー、サラダ油、湯を入れて混ぜる。生地は水分をかなり感じる程度で柔らかい。これを型に入れてオーブンで焼く。外側はガリガリの仕上がりでかなり香ばしく、中はしっとりだが、詰まっていてずっしりと重い。粒々感も感じられて、トウモロコシの素材が生かされている。少量でもとても食べ応えがある。

🐝 ケスターネ・バル
Kestane balı

トルコは養蜂業が盛んだが、栗の木が多く茂る黒海地方中部から東部地域、またマルマラ地方のブルサで栗の花の蜂蜜が有名。色が茶褐色で濃厚。ティースプーン程度を舐めることでせき、気管支炎、ぜんそくに効能があるそうだ。しかし別名デリ・バルといって、多く食べると、病にもかかり、頭がおかしくなり狂ってしまうとのこと。

🐝 ウスルガン・ヤーラシュ
Isırgan yağlaşı

イラクサを茹でてブレンダーでペーストにして、トウモロコシの粉を少しずつ加えて、混ぜながら、とろみをつける。おろしニンニクを入れて、塩で味をみる。好みで熱したバターをかけても良いし、唐辛子フレークをふりかけても良い。かなり濃厚でぼってりとした仕上がり。パンに浸けて食べたり、ポタージュのようにスプーンで食べたりする。

天然キノコの収穫

·=◇◆◇=·

　各地域を旅する際、まず現地の特徴を知るために市場へ向かう。町にもよるが、大抵週に一度は大きな市場が開かれる。一般的な野菜や果物は、業者が県外から運んできて売っているが、野草やキノコなどの天然の食材は、田舎に住んでいる村人が持ち込んでくる。市場は現地の食卓にあがる食材を目の当たりに出来る場所でもある。

　9月初旬、黒海地方中部オルドゥ県を訪れた。いつものように村人が持ち込む区画を見てまわると、様々なキノコが他の食材よりも目を引いた。村人が自ら収穫して売りに来ているようで、種類も量もまちまちだった。

　黒海地方は、東から西まで沿岸に沿って高い山地が連なっているため、そこに雲が当たり多くの雨をその地域に降らせる。結果、他地方よりも湿潤な気候で、森林が多い地域となっていて、季節毎に旬のキノコが出回ることで知られている。

　ここの市場で売られているキノコは、今まで見たことのないものばかり。名前を聞いてもよくわからない。現地名だからだろうか、専門家でない限りどんな味で、どんな食べ方をした方が美味しいのか見当もつかない。ただネーミングは楽しめた。見た目がサンゴのような細く枝分かれしたものはゲリン・パルマウ（花嫁の指）、黄色く杯の形をしたタヴック・マンタル（鶏のキノコ）、丸く平らな天笠に似たジャポン・シャプカス（日本の笠）と呼ばれる大きなキノコも印象的だった。オルド

フンドゥック・マンタル、塩漬けのキノコなどの食材を売る女性

上・タヴック・マンタル（鶏のキノコ）
下・ジャポン・シャプカス（日本の笠）

ゲリン・パルマウ（花嫁の指）

ゥ県で一番人気はフンドゥック・マンタル（ヘーゼルナッツ・キノコ）で、ヘーゼルナッツが産地のオルドゥ県では、その畑で生育するキノコだそうだ。7～9月の時期1キロ約千円。香りも松茸に近い香りがした。

　旬を迎えたキノコは大量に出回り、多くの人はこれらを保存するという。黒海は乾燥した地域ではない為、塩漬けして保存させるのが一般的だ。周りを見渡すと、確かにプラスチックの大きな容器に多くのキノコが入ったものが売られている。

　塩漬けに向く品種と向かない品種があるそうだが、キノコを茹でて、茹で汁と岩塩を容器に詰めてある。調理の際には、一晩水に漬けて塩抜きしてから使う。

　地域の家庭やレストランでは、キノコは炒め物として食卓にあがる。フライパンにバターを入れ、みじん切りの玉ネギに火を入れた後、スライスし一度茹でてザルあげしたキノコを加え、塩、黒コショウ、唐辛子フレークで一緒に炒めたらマンタル・カヴルマス（キノコ炒め）の完成。

　キノコの代わりに山菜を使っても良いし、黒海ではこのカヴルマという炒め物が定番の料理としてよく見受けられた。好みで仕上げに卵でとじても良いし、オムレ

フンドゥック・マンタル
を売る男性

ツにしても良い。その他、同じく玉ねぎとキノコを炒め、米と一緒に蒸し焼きしたら、パラパラとサラダ感覚で食べられる郷土料理のディブレや、肉厚の天然キノコをふんだんに使ったキノコピザも絶品。

　トルコのスーパーではマンタル（キノコ）というと、栽培のマッシュルームが一般的だが、広域に渡って豊かな森林がある黒海地方では、やはり天然キノコは格別。トルコでも天国という単語をよく使うが、まさにこの地域はキノコ天国。黒海地方は決して豊かな食文化がある地域とはいえないが、天然の素材の旨味を引き出すシンプルで素朴な味が、実に美味しく感じられた。

　キノコに関しての余談だが、トルコのスーパーではマッシュルーム以外にも平茸や椎茸も売られ始めているのに目を引く一方で、日本においてはトルコ産の松茸も20年近くに渡り、輸入販売されている。

左・容器に入れて売られてもいる
右・マンタル・カヴルマス（キノコ炒め）

ジョージア系との交流

　トルコ黒海地方中部にあるファトサには、ジョージア系の人々が多く暮らす。19世紀にオスマントルコとロシア帝国との争いの中で逃れたイスラム教徒が移り住んできたそうだ。

　週に一度開かれる青空市場を散策している際に、コリアンダーのシード、生のコリアンダーを見かけたし、更にはジョージア料理に欠かせないザフラナ（マリーゴールドを乾燥させて粉にする）、フェヌグリークも売っている。以前ジョージアを訪れ、市場に行った時トルコ以上にスパイスの種類があって、隣国なのにスパイス使いが違うのだなと感じたものだった。

　トルコの料理ではあまり使われないスパイスだけに、明らかに異文化の食がこの地で引き継がれているかを容易に感じることが出来た。市場で売られているということはそれだけ需要があるということ。

　今回ファトサで家庭料理の店を経営するエミネさんご夫妻と知り合い、村へ訪れた。遠くにファトサ市内を展望でき、黒海も臨める場所。家に到着すると、旦那さんが庭を案内してくれた。ブドウがなっており、その果汁を持ってきてくれた。黒海中部から東部ではコクル・ウズム（香りのあるブドウ）というブドウが出回っていて、この家でも栽培している。他地方では見かけないブドウで、味は巨峰に近い香りをもつ。黒海地方は湿潤で雨も多く、気温も内陸程上がらない気候だがそれで

左・ファトサではジョージア料理に欠かせないようなスパイスも多く売っている
右・ファトサ市内、黒海を見渡せる

左・黒海中部から東部に
かけて出回るブドウのコ
クル・ウズム
右・ジョージア料理に欠
かせないザフラナ

　も育つ品種らしい。完熟なものを使うことで、茹でて漉すと、鮮やかな紫色の果汁となり、これを冷やして飲む。この果汁にスターチとトウモロコシの粉を加えて作ったプリンは黒海東部リゼ県でペペチュラとして有名で、隣国ジョージアでもペラムシという名前で存在する。イスラム系の人達なので、このようにジュースやプリンにするのが一般的だが、自家製ワインを作っている人もいるらしい。

　夕食はジョージアの代表的な料理、ロビイェを家政婦のリアさんが担当。ロビイェは、一晩水に浸したうずら豆をローリエ、しし唐と一緒に茹でる。その後、刻んだ玉ねぎ、トマト、ポロネギ、パセリ、ミント、コリアンダー、すり潰したニンニクを順に鍋に加えていく。クルミを多用するジョージアでは、これにも細かく砕いたクルミを加える。味は、唐辛子フレーク、塩のみで味付けする。豆は潰れるほど柔らかく煮る方がいい出来となる。基本的に油は使わない料理。他の豆では出来ない為、この料理にはうずら豆を使うようだ。

　食べる際はピクルスとジャディと呼ばれるトウモロコシの粉を練って焼いたパンが添えられる。家庭では小さく形成したものをフライパンで焼いた方が短時間で出来るが、パン屋の窯で焼いたものもある。また、ロビイェに似た料理でパリ・ロビイェというのがある。パリは黒海地方で多用される食材のカララハナ（ケール）の意。それをすり潰してロビイェに加えてある。これらの豆料理には、新鮮なコリアンダーやパセリの香りがかなり効いているので、ぼってりしている豆料理でも、食

家政婦のリアさんがロビイェを作ってくれた

左・トウモロコシの粉を練って焼いたパンのジャディ
右・カレーのようなグルジュ・カヴルマス

欲が進む。生のコリアンダーは独特の香りがするためトルコではあまり好まれないが、隣国ジョージアでは欠かすことが出来ない定着した食材というのも興味深いところだ。

　スパイスを多用する点で記憶に残っている食べ物がある。朝食にビベル・トズというペーストを頂いた。赤ピーマンのペーストにおろしニンニク、コリアンダーパウダー、クミンパウダー、乾燥紫バジル、黒コショウ、唐辛子フレーク、塩、細かく砕いたクルミを混ぜ合わせたものだ。トーストの上にぬって食べたのだが、旨辛ペーストとストーブの上で焼いたサクサクのトーストとの相性が抜群だった。

　そして驚きだった料理がグルジュ・カヴルマス（ジョージア式の炒め物という意味）。ここで知り合ったジョージア人の結婚式に招待された時のこと。参加者に配られたメイン料理で、一口食べた瞬間衝撃の美味しさだったのを憶えている。なぜカレーが？　と思ってしまうほど似ていて困惑したほど。あまりの美味しさに提供している方に材料を教えてもらったところ、スパイスが似ていることに納得した。あらかじめトウモロコシの粉にバターを加えて香ばしくなるまでフライパンでしっかり煎っておく。一口大に切った牛肉を鍋で茹で、みじん切りの玉ねぎ、おろしニンニクを加え、赤ピーマンペーストを入れてしばらく煮る。そこへ煎ったトウモロコシの粉、細かく砕いたクルミでとろみとコクを加え、コリアンダーパウダー、黒コショウ、ニゲラ、乾燥させたマリーゴールドパウダーで香りと色を付ける。最後は塩で調整。辛くはないがコリアンダーが効いた爽やかなカレー味。コクも申し分ない。周りを見ると、ピラフを添えて食べる人もいて、私も真似てみた。まさにカレーライスのようだった。

　結婚した彼らはジョージア系移民の５世以上になるので、普段はトルコ料理を食べているそうだが、このような特別な日には、まだまだジョージア料理が振る舞われる。特に手間と材料がかかるこの料理は彼らにとってジョージア民族を象徴する。母国を離れて、移住した国でも、節目節目でこうして引き継がれている。

アマスヤ県

黒海地方

Bakla dolması ／料理：バクラ・ドルマス
Amasya merkezi ／地域：アマスヤ中心地

　黒海から内陸に入ったアマスヤ県のレストランで味わったのが、郷土料理のバクラ・ドルマス。ドルマは詰めるという意味がある食べ物で、ブドウの葉に具を入れて煮たもの。クルック・ヤルマ（砕いた小麦）、玉ねぎ、パセリ、サルチャ、塩、黒コショウ、唐辛子フレークを混ぜ合わせて具を作り、ブドウの葉に具をのせて、バクラ（そら豆）を二つに割って、その一つを乗せる。それから、葉を内の方へと折り込んで、五角形に包む。

　鍋に牛や羊の骨付き肉を置いてから、順に敷き詰めて、水を加えて煮る。骨からのエキスがドルマに浸みていい味になる。これもこの料理を美味しくする秘訣の一つ。一口サイズで食べやすく、程よい硬さになったそら豆がアクセントとなって、初めて食べる私には、おまけが付いている感じで楽しみながら食べることが出来た。

　隣にいたお客さんから、この料理に関する小話を聞いた。「ある女性が別の町からアマスヤにお嫁さんとしてやってきた。そして、アマスヤの郷土料理でもあるバクラ・ドルマスを姑から習うことになった。作っている際、姑が目を離している間に、つまみ食いをしてしまう。あまりに美味しくて、ついつい何度も手が伸びてしまう。見つかってはいけないと、急いで食べる。大鍋でぐつぐつと煮ているドルマは熱すぎて、仕舞にはのどを大やけどして死んでしまった」。トルコらしく、料理の美味しさを滑稽に表現した小話がある程土地に根付いている。

✳ チチェッキ・バムヤス
Çiçek bamyası

アマスヤのオクラ煮込みは花オクラといって、実がなり始めて間もない状態の小さいものを採って調理する。紐に通して乾燥させたり、瓶詰としても保存される。玉ねぎと肉を炒めた後、トマトペーストを加えて、レモンと塩で味を仕上げる。一つ一つが小さく、粘り気を出さないのが、上手に出来たものとされる。粘り気がほとんどのないので食べやすい。

✳ トイガ・チョルバス
Toyga çorbası

アマスヤで食べたトイガスープはアマスヤだけでなく、中央アナトリア地方でも食べられるヨーグルトスープ。スズメと呼ばれる水切りヨーグルトを使う。ひよこ豆、ヤルマが入っており、仕上げには溶かしバターにドライミントを加えた香味油をかける。

アマスヤ・ヤールス
Amasya yağlısı

ケシの実とクルミを細かく砕いたものを油と混ぜておき、それを小麦粉の生地を広げた後に表面にぬって生地を重ね折りして鉄板で焼いたもの。作り方はカトメル（層状になった焼きパン）と同じ。油（ヤー）を生地に加えるところからこの名が付いた。

ケシケキ
Keşkek

ケシケキはトルコの広い地域で食べられる麦粥である。主に結婚式や祭りなどの特別な日に大鍋で作られることが多いなか、アマスヤでは頻繁に家庭でも食べる。ここでは土製の壺に具材を入れて、パンを焼く石窯で約8時間調理する。主に日曜の朝や家族が集まった時、各家庭で下準備して、パン屋の窯で仕上げてもらう。肉とバターがかなり粘り気をもった麦と一体となっており、仕上げにトマトソースと更にバターをかける。メルズィフォンという町では数軒の食堂で朝からケシケキを出している。朝からは胃に重たいが、働く男達はこれでパワーをつけるようだ。

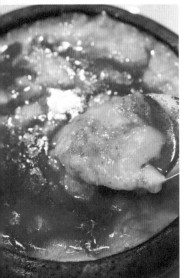

黒海地方

トカット県

Tokat kebabı／料理：トカット・ケバブ
Tokat merkezi／地域：トカット中心地

　トカットの名物の一つにケバブがある。ケバブ専用の窯があって、ヨズガットの
フルン・ケバブ用の窯と似ている。窯の真ん中に串に刺した野菜や肉を吊り下げる
ようになっていて、左右から薪を燃やして焼いていく。

　両方から火を当てることでムラなく焼けると同時に、ちょうど真下に溝があって、
肉を焼くときに脂がこの下に落ち、溜まる仕掛けになっている。溜まった脂は、焼き
上がった際に再度表面にぬるために必要。余分な脂を除くというのではなく、旨味
は全て無駄にしない。

　串に刺す前に、肉や野菜に軽く塩をして馴染ませておく。そして串に刺すときに
も決まりがある。尾脂、じゃがいも、茄子、じゃがいも、肉、茄子、じゃがいも、
肉、茄子の順で刺していくのだが、焼いていくと一番上の尾脂の旨味が下にゆっく
り垂れながら野菜に染み込んでいく。肉の旨味を一滴も逃さない。付け合わせのト
マトとしし唐は別の串に刺して焼く。出来上がると、ラワシュ（もっちりした薄焼
きパン）に肉と野菜をお好みで包んで食べる。食べる際に各自で塩や胡椒をふりか
ける程度。肉の脂が染み込んだ野菜がポイントで、肉と一体化して口の中が満たさ
れる。特に茄子がなければ、このケバブは成立しない。仔羊、野菜の美味しさ、串
に刺す順番、オリジナルの窯、すべてが計算され出来上がった料理。

✳ バット
Bat

とある家に招待され、夕ご飯をご家族と一緒に食べることになった。トカットの郷土料理の一つ、バットは緑レンズ豆を使ったトマトベースの冷たいサラダ。夏の時期にはとてもひんやりいただける。トルコは夏向けの冷たい食べ物が少ない。地中海近くのメルスィンにバトゥルックというキャベツの冷や汁があるが、これもその兄弟分といえる。食材を汁に浸ける、浸かるという意味。バットはブドウの葉に硬めのパンと一緒に包んで食べる。勿論パンをバットに浸し柔らかくして食べても良い。

✳ マフレプ
Mahlep

トカット周辺でよく採られるマフレプ。挿し木をする前のさくらんぼの小粒の果実。果肉をお酒にするほか、乾燥させた種を噛むと中から真っ白な仁が出来てくる。香りは杏仁に近く、ひんやりさせる効果がある。トルコでは主に、この仁を粉にしてお菓子に加え香りを足す。

✺ バジャックル・チョルバ
Bacaklı çorba

バジャックル・チョルバは直訳すると、脚のスープ。中にある乾麺（ケスメ・マカルナ）を脚に例えている。鍋にみじん切りの玉ねぎ、ニンニク、トマトペーストを炒め、熱湯を加える。茹でた緑レンズ豆を加え、黒コショウ、唐辛子フレーク、塩で味を調整。乾麺を加え、柔らかくなったら、仕上げにはバターを溶かして、ミントを加えて香味油を作りスープの上から流し入れる。

✺ チョケレッキリ・ピデ
Çökelekli pide

チョケレッキと緑野菜を混ぜた具とバターをのせて焼いたピデ。店によって、緑野菜はパセリ、ほうれん草、青ネギがあるがお勧めは青ネギ。発酵が進んで少し酸味があり癖のあるタイプのチーズだが、ネギがその臭味をとるので、とても食べやすかった。

黒海地方

ギレスン県

Dible ／料理：ディブレ
Giresun merkezi ／地域：ギレスン中心地

　トルコではお米をよく食べるが、お米料理の中でも異色であり、私の好物である
ディブレ。黒海地方東部で多く食べられているが、ギレスンにはディブレの種類が
多く、とても満足したことを覚えている。ディブレの種類の一つ、ケールでの作り
方は、まず刻んだケールと米を軽く茹でてザルあげしておく。鍋でみじん切りの玉
ねぎ、人参を油で炒めたら、ケールと米を加える。弱火でじっくり調理し、野菜の
水分で蒸し焼きする。最後はざっくり全体を混ぜながら水分を飛ばして完成。モロ
ッコインゲンやパプリカの場合は玉ねぎと野菜を炒めて、予め水に浸しておいた米
を入れて、少量の水で蒸し焼きする。

　仕上がりは、野菜炒めとピラフを和えたものをイメージした方がわかりやすいか
もしれない。野菜と米の割合8対2程度。野菜の方が多いのに加えて、米もパラパ
ラとしているので、和えたという感じが適切に思える。スプーンですくって食べて
みると、サラダ感覚で、お米料理でこんなに軽く食べられることに少々驚いた。食
材もそれぞれで、カララハナ（ケール）、ガルディリック（蕗に似た山菜）のほか、
モロッコインゲン、赤パプリカ、カタクチイワシでも作るようだ。なんといっても
見た目が鮮やかで、熱々を食べても、冷まして前菜のメニューとしても美味しい、
お勧めする食べ物である。

✳ **キラズ・カヴルマス**
  Kiraz kavurması

ギレスンはさくらんぼの有名な産地で、山形県寒河江市と姉妹都市を結んでいる。塩漬けは黒海地方の定番の保存方法だが、さくらんぼの塩漬けは産地ならでは。塩抜きして、玉ねぎとさくらんぼをバターで炒めたもの。ほんのり甘く、香りもあり、なるほどと唸った一品。

✳ **サカルジャ・クザルトマス**
  Sakarca kızartması

サカルジャは、わけぎとニンニクの掛け合わせのような野菜で、一度茹でて搾って適当な長さに切る。溶き卵、トウモロコシの粉、塩を混ぜてフライパンで焼く。自然の甘さを十分感じる美味しいオムレツ。冬から春にかけて自然に生え、村の人が市場に売りに来る。

117

トラブゾン県

Mezgit buğulaması ／料理：メズギット・ブーラマス
Akçaabat ／地域：アクチャアバット市

　ブーラマとは蒸すという意味。魚の種類が豊富な黒海では、まず旬で脂がのっている魚にはウズガラ（網焼き）をする。その次は、トウモロコシの粉をまぶしてフライパンに並べて両面を焼く食べ方。これらの食べ方は実に人気があり主流で、ブーラマはその次。主に魚はメズギット（小鱈）やバルブンヤ（ニシヒメジ）、レヴレック（スズキ）で、比較的白身魚をこの方法で調理する。アクチャアバット市のフェヴズィ・ホジャという魚専門レストランで食べた料理。

　浅目の鍋にサラダ油を入れ、魚を並べる。トマトの皮をむいてピューレ状に下ろし、魚の上にかける。しし唐、にんにく、塩、唐辛子フレーク、バター、パセリをのせ、蓋をして15分ほど蒸し煮する。多くの水分で煮るというのではないので、仕上がりはほとんど水分が残らない。食べる際には好みでレモンを搾る。イスラム教なのでワインは使わないが、トルコ版アクアパッツァといえる。パンを浸し、旨味を浸み込ませながら食べることが出来るのがいい。小鱈は小さくて骨も多いが卵があるし、身も骨離れがいい。味は淡泊なので、トマト味がよく合う。脂っぽい魚料理に飽きた時に、さっぱりと美味しく食べられる料理。

　トラブゾンの魚屋は食堂を併設しているところもあり、そういう場所では自分で好きな魚を選んで、ブーラマを指定すれば作ってくれる。

✳ エキシリ・パラムット
Ekşili palamut

パラムットはカツオ、エキシリは酸味のあるという意味。スライス玉ね
ぎ、角切りトマト、刻んだパセリを混ぜトレイの底に敷く。カツオの切
り身をのせて、上からも野菜で覆う。バターを加え、お好みでレモンや
酢を加えオーブンで焼く。カツオは脂がのらない時期には揚げ物に、の
っているときには網焼き、その間ぐらいの期間にはオーブンで焼いて食
べた方が良いと魚屋の人がアドバイスしてくれた。

✳ ハムスィ・クシュ
Hamsi kuşu

ハムスィ（カタクチイワシ）は、冬
の時期に脂がのり、シーズンの終わ
りにはサラムラという塩漬けにして
保存する。夏場にこれを塩抜きして
料理に使う。その代表的なものがハ
ムスィ・クシュ。トウモロコシの粉
を繋ぎにカタクチイワシ、玉ねぎ、
青ネギ、お好みでパセリ、ディルを
加えハンバーグ状に形成して、フラ
イパンで両面焼きする。通常はこれ
で完成だが、好みで仕上げに溶き卵
を流すこともある。

✳ ラケルダ
Lakerda

魚の塩漬けのことで、パラムット（カツ
オ）やトリック（大カツオ）のものをい
う。冬に脂がのり、大量に獲れるときに
はラケルダにして保存する。血抜きを十
分にしてから粗目の塩をしっかりまぶ
す。その後、塩水の中に入れる。1か月
ほどで出来る。食べる時には5時間以上
は真水に浸けて塩を抜く。身をほぐし
て、サラダのトッピングや茹でたじゃが
いもと食べることが多いのだそうだ。メ
イハーネでは塩抜きしてオリーブオイル
をかけた冷菜として提供される。これは
スペインから移民してきたユダヤ人が伝
えたといわれている。

✳ アクチャアバット・キョフテスィ
Akçaabat köftesi

キョフテ（肉団子）の種類の中でもグリルにしたものは
各地で名物になる程人気。これもその一つ。このキョフ
テは牛のあばら肉と前の腕あたりの肉を使い、網脂と一
緒に挽肉にする。肉の旨味をいっさい邪魔しないように
香辛料が入っておらず、塩のみ。トラブゾン・エキメイ
のパン粉、ニンニクを加えて練る。個人的な意見だが、
浸み出す脂の旨味が一番美味しいと感じた。黒海地方の
草を食べた家畜の肉は良質で、その素材の美味しさを十
分引き出している。

✳ クルラングチ・チョルバス
Kırlangıç çorbası

黒海沿岸では、魚を使ったスープをよく見かける。スズ
キやサケ、クロダイ、特にクルラングチ（ホウボウ）を
使ったものは格別旨味があって美味しいといわれる。ま
ず、魚の骨も身も一緒に茹でて、そのスープを取り出
し、身も骨から丁寧にほぐす。そのスープを使って、ク
リームやトマトベースのスープを作る。魚スープの中で
もこの魚は珍しいので、運良く出会えば、食べるように
している。

✳ カイガナ
Kaygana

カイガナはオムレツとチヂミを足して割ったような食べ物。溶き卵と小麦粉、トウモロコシの粉、パセリを混ぜたものを生地にした薄焼き卵状の料理。ここではカタクチイワシを始めに火を通した後で、生地を上から流し入れる。具は野菜でもよいので、応用が効く。朝食として食べられる。

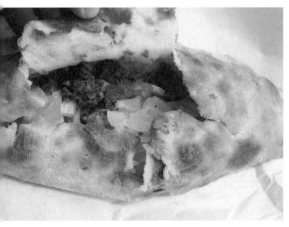

✳ カヴルマル・ピデ
Kavurmalı pide

黒海地方のピデは美味しいというのはトルコでも知られている。好みにもよるが、生地が厚くもっちりとしている。黒海地方東部のピデの中でもカヴルマルというのは代表的なピデ。予め牛肉を予め炒め煮したものとみじん切りの玉ねぎを具にしてピデ生地で包んで焼き上げる。包んで焼くことで具が焦げることがない。生地の真ん中を開けると、中から肉の香りが蒸気と一緒に飛び出す。内側の生地が肉の香りも吸っている。味は塩のみで味付けされており、周りの生地をちぎって肉をつまんで食べる。

✳ トラブゾン・エキメイ
Trabzon ekmeği

トラブゾンで有名なパンは、エキシマヤ（酸味のある酵母）を使う。小麦粉を練って寝かせて、発酵させて作った天然酵母。酸味のあるものだが、これを使うと、パン生地の発酵は遅いが、味に旨味が出るそう。キメも細かい生地で、しっかりと偏りなく焼けているので、腹持ちもいい。押さえてもしっかり元に戻る程弾力性がある。日持ちするのが特長で、夏の時期、高原に家畜を連れて移動する際には欠かせないパンだそうだ。街道沿いにパン屋があって、乗り合いバスや路線バスも立ち寄って運転手、お客共々このパンを買う程。

✳ トラブゾン・ブルマス
Trabzon burması

層状の焼き菓子なので、バクラワのように薄い生地を作る。小麦粉、卵黄、塩、牛乳、サクサクさせる為に酢を加えて練る。一枚一枚向こう側が透ける程広げる。砕いたヘーゼルナッツと砂糖を散らし、麺棒にロール状に巻いて、生地を両端から縮めてから焼く。シロップをかけて吸わせて、馴染めば完成。

✳ ハムスィキョイ・ストラジュ
Hamsiköy sütlacı

ハムスィ村で有名な焼きライスプリン。鍋に牛乳、砂糖を温め、茹でた米を加える。スターチと卵黄を混ぜたものを鍋に少しずつ加えながらとろみをつける。これを容器に入れてオーブンで焼く。このライスプリンはとにかく生地が柔らかいのでカスタードクリームのようにトロッとしている。表面はオーブンで焼いているので黒くカラメル状。トッピングには砕いたヘーゼルナッツがのせてある。飼料ではなく野草を食べた牛の乳が美味しさの秘密だそうだ。

ハムスィの季節到来

＊❖❖❖❖❖＊

　トルコ北部の黒海沿岸を旅する時に、必ず食べたい一品がある。ハムスィと呼ばれるカタクチイワシがそれだ。トルコで、黒海の魚で何が好きかと聞かれれば、誰もがハムスィと答える。体長12cm程度の小さなイワシだが、一度食べると病みつきになる。このほど、黒海地方東部で最大の街・トラブゾンでその味に触れた。漁は９月から解禁され、海水が冷たくなり始める10月中旬からたくさん獲れ始め、春までが旬の魚だ。寒い地を好むイワシにとって黒海は、北に位置する隣国ジョージアやロシアへ回遊する道筋にある。寒い時期が長く続けばトルコ近海に留まり豊漁、温暖ならばすぐにロシアへ北上してしまう。地元の人は、ここで獲れるハムスィについて「黒海沿岸だけでもここ東部のものは、西部やイスタンブルで獲れるものと味に違いがある」と自慢し、断固譲らない。

　というのも、寒ければ寒いほど、ハムスィも脂分を体に蓄えるために、味もよくなっていくからである。トルコの中でも寒い地である黒海東部のハムスィこそ、最高の魚だと、みんなが胸を張る。

　この時期になると、魚屋は大売出しをかけ、トラックから箱を積み下ろしては店頭にびっしり並べる。売り子が「どうぞいらっしゃい、今年のハムスィが入ってきましたよ～」「やっとハムスィの季節が到来だよ～」と、魚市場は一気ににぎわう。お客も、待ってましたとばかりに店頭へと集まってくる。

ハムスィが入ってくると、お客さんがどんどんと集まってくる

左・にぎわう魚市場。みんなハムスィを買って帰っていく
右・旬の季節、魚屋はハムスィでいっぱい

　店頭に立つ売り子は、ここからが腕の見せ所だ。箱に入ったハムスィを一つ一つ取って真っ赤なエラを人差し指で引き出してみせる。新鮮さをアピールするためだ。エラを出すと、あーっと大きな口が開くのだが、何匹も並べた光景は、まさにイワシが合唱しているかのようで、とても滑稽で愛らしい。ハムスィが出始めの頃は、1キロ約700円と相場は高いが、初物ということで、買いに来たおじさんもおばさんも「今晩のおかずはこれで決まりだ！」と数キロの袋を片手に家路につく。

　骨離れが良いので、内臓だけ取り除けば、フライパンに並べて、蒸すなり、揚げるなり、焼くなりと簡単に調理が出来る。売り場によっては、わざわざ内臓を除いたものまであるから、アパートの台所で煩うこともない。

　出始めは、まだ脂のノリも少ないので、トウモロコシの粉をまぶし、フライパンにきれいに放射状に隙間なく並べて、両面を多めの油で焼き、レモンを搾って食べるハムスィ・タワがお薦め。脂がノリ始めたら、ウズガラといって網焼きをして、余計な脂を落として食べるか、ヘルシーにいくなら、ソースを加えて蒸し焼きにするのもよい。これをパンに挟んだり、クレソンやルッコラ、青ネギを添えて食べたりするのが一般的だ。無論ハムスィを使った料理は数多いが、これらがトップ３ではなかろうか。

　食卓の真ん中に置いてしまうと、一斉に手が伸びて、無口でほおばる姿を何度見たことだろう。勿論指まで美味しい油でベトベトにはなるが、これが美味しい食べ方。

　初物が出始めたり、ハムスィの値段がかなり安くなったりする時には、大々的なニュースの見出しになる程、庶民の食卓とかかわりが深い。トルコ国内でハムスィ程、旬を求められ、待ち焦がれた時期の到来で、食卓に欠かせない魚はない。安い時期に大量に買っておいて、塩漬けしておけば来年まで保存できる。寒さが一段と増すこれから、更に街はハムスィと共に活気づいていく。

ギュムシュハーネ県

Siron ／料理：スィロン
Gümüşhane merkezi ／地域：ギュムシュハーネ中心地

　黒海東部沿岸から一つ山を越えた内陸にギュムシュハーネ県がある。ギュムシュハーネではスィロン、アルトヴィンにかけてはスィロル、エルズィンジャンではスッルンと呼ばれる。至ってシンプルな食べ物で、保存食を使った簡単な料理。小麦粉で作った生地を薄く伸ばして鉄板の上で水分が抜ける程度に焼き、それをロール状にした後に輪切りに切ってから、オーブンで焼いて乾燥させる。これで保存食として完成する。市場でも村の人が作った自家製スィロンを売っていて、小麦製品を扱う店でも売っている。これさえ買っておけば、時短で簡単に出来る。

　食べる時に一度水やチキンスープなどを加えてからふやかし、大きめのステンレス性のトレイに縦にして隙間なく並べる。その表面にニンニク入りのヨーグルトをかけて、オーブンに入れてから、表面が乾く程度まで温める。仕上げには溶かしバターを上から垂らす。

　しっとりとした生地になっているので、ほとんど噛まずに食べられるのがいい。フォークで突き刺し、一つずつ口へと運ぶとちょうどいい大きさなのか、病みつきになってしまう。冷静に考えると実に淡白な味に思えるが、ヨーグルトの酸味もほどよく抜けてクリーミィさが増し、濃厚なバターの香りが食欲を増進。結果、予想以上に食べたのには我ながら驚いた。冬の季節には欠かせない、この地域の保存食を生かした料理。隣国ジョージアから伝わって来たともいわれる。

❋ キョメ
Köme

特産の桑の実の果汁を使って、蜂蜜、牛乳、小麦粉、スターチを加えて加熱しピューレ状にする。前もって、くるみに糸を通して50センチくらいにしておいたものをピューレに浸けた後、乾燥させる工程を何回か繰り返すとキョメが出来る。ゴムのようにかなり噛み応えがあり、噛むほど素材の味を感じる。また、これらは男性の精力を上げるための効果があるそうだ。キョメは他地域ではジェヴィズリ・スジュックの名で広く知られていて、ブドウの果汁で作られることが多い。

❋ ペスティル
Pestil

キョメと同じく桑の実のピューレを使う。これに砕いたヘーゼルナッツを混ぜる。布にヘラでピューレを薄く伸ばし天日干しする。乾いたら、それを布からはがしてシート状になったものを折りたたんで保存。キョメと同じく冬の保存食の一つで、夜が長い冬の夜食などになる。これは砕いたナッツに蜂蜜を合わせシートの中に入れて、ロール状にして切った豪華版。ギュムシュハーネのペスティルは桑の実が有名だが、この他スモモ、セイヨウサンシュユを含めいろんな果物でも作ることができる。

リゼ県

Mıhlama ／料理：ムフラマ
Rize merkezi ／地域：リゼ中心地

　トルコの黒海沿岸東部を旅すると頻繁に目にするのがムフラマ。見た目は正にチーズ・フォンドゥ。トルコの黒海地方東部や北東部は放牧が主な産業で、適した緑や高原は、トルコ全土を見渡すとこの地域に多くあることが分かった。結果として、質の良い草を食べた牛や羊、ヤギから授かる生の乳、そこからカイマックやバター、チーズ、ヨーグルトが豊富に作られる。

　ムフラマの作り方は、鍋に多めのバターを入れて溶かし、トウモロコシの粉を加えて混ぜたらコロットと呼ばれるこの地域の溶けるチーズを加える。溶け始めたら底から大きくかき回す。この料理は村にある少ない材料で簡単に出来、栄養価が高いため、最も好まれている食事。そしてお客さんが来た時にも、自信をもってもてなす一品にもなる。

　リゼのムフラマに関する小話を読んだことがある。トルコ南東部の人がリゼの友人の家を訪ねてきた。リゼの名産のお茶の摘み取りで忙しかった為、お客さんにムフラマを作ってあげた。パンをチーズに浸して口へと運ぼうとするが、チーズは伸びる。それに合わせて腕も上がるが、それでも切れない。結局立ったり座ったりして何とか食べ終えることが出来た。「ムフラマはどうだった？」と問うと、「食事は美味しかったけど、立ったり座ったりしなければいけないのが」と答えたそうだ。トルコ国内の食文化の違いで、食べ方も知らない料理も多いことと、チーズの伸び方を愉快に表現している。

❊ ハルマン・チョルバス
Harman çorbası

ハルマン・チョルバスは収穫の時
期のスープ、もしくはいろんな具
がブレンドされたという2つの意
味が含まれる。うずら豆や挽き割
りトウモロコシが入っているスー
プ。このスープの具をバターピラ
フの上にのせたハルマンル・ピラ
ウ（写真上）もあり、トルコ版猫
まんまともいえる。昔の日本の村
の生活に似ていると実感。

❊ ヤール・ピデ
Yağlı pide

ヤールというのは、油があるという意味。ピザの
中は一面に敷かれたチーズとバター。このチーズ
はとろけるコロットが使われる。お好みで卵を追
加出来る。生地の淵は高めで、それをまずちぎ
り、真ん中の溶けたチーズに浸けながら食べる。
シンプルなピザだが、バランスよく作らないと、
単調すぎて途中で飽きてしまう。リゼのリデルと
いうお店では、大きいサイズなのに一枚飽きずに
食べられた。この手のピザはクリスピーな生地が
食べやすい。また隣国ジョージアの西部地域には
ハチャプリという、とても似たピザが存在するの
も興味深い。

✳ ラズ・ボレイ
Laz böreği

ラズ人のパイという意味。黒海東部のお菓子といえばこれ。バクラワ用の極薄ユフカに溶かしバターをぬり、何層にも重ねたパイ状の生地の間にクリームを挟む。クリームは牛乳、スターチ、卵黄、砂糖、バター、塩でぼってりとしたクリーム作る。好みで黒コショウを加えても良い。これをオーブンで焼いてシロップをかける。一見バクラワのように激甘そうに見えたパイも、カスタードのようなクリームで甘さも抑えられ、しっとりあっさりしている。

✳ ハイマアナ
Haymaana

これも家庭で作る簡単料理で、鍋にバターを溶かし、余ったトウモロコシのパンを砕いてチョケレッキ（現地名ミンジ）をほぐし入れ、卵でとじた料理。主食の残り物を再利用したもの。モサモサして単調なパンにチーズでアクセントをつけ、温めて炒め直す。特に農作業をしている人の昼ご飯にもってこい。簡単に作れて高カロリーなもの。朝から田畑に出かけ、昼には汚れて帰ってくるから昼ごはんは簡単に出来るものがいい。私の実家も農家だったのですぐに共感できた。

Column:Rize
【アルデシェン市】

ラズ系との交流

黒海地方の東部に行くとトルコ語とは全く違う聞き慣れない言語が耳に入ってくる。ここにはラズという民族が多く住んでいるようだ。早速現地の人と交流を深め、ラズに関する情報を聞いた。

まず、隣国ジョージアに住む多数民族カルトヴェリが話すジョージア語とラズが話すラズ語は近い関係にあり、相互理解も可能。ラズ語は現在、黒海東部地方でリゼ県のアルデシェン市、パザル市、フンドゥックル市、チェンルヘムシン市、アルトヴィン県のアルハヴィ市、ホパ市、ボルチカ市のみで使われているという。狭い地域にも関わらず、それぞれの方言がきつく、理解しにくいことも多いそうだ。

ラズが多く住む地域であるため、日常の話し言葉はラズ語とトルコ語のミックス。中年以上の間では話し言葉がラズ語であったりするが、その子供達はトルコ語のみで、両親の話す言葉が理解できても話せないという状況が多いようだ。

また、隣国ジョージアのカルトヴェリの多くがキリスト教徒であるのに対し、ラズの多くはイスラム教徒。隣国のジョージアとは非常に近い距離にも関わらず、一昔前は旧ソ連で往来しにくい場所だった。それが近年、両国の往来が活発になり、ジョージアの国境の街バトゥミではトルコ人観光客も多く、トルコ側でも、ジョージアからの出稼ぎや買い物に来る人も多くいて、トルコ国内の中でも異国を感じるエリアだ。

それからラズの食文化を知りたいと思い、ラズの人口密度が高いというアルトヴィン県アルハヴィ市を訪れた。しかし、残念ながらこの町では機会を得ることが出

クラベル・バルック・ロカンタスの薪ストーブの上に料理が並べられている

左・ハムスィリ・エキメッキ　右・ハムスィリ・ピラフ

来なかったので、次の日アルハヴィよりも大きいリゼ県のアルデシェンという町へ向かった。散策中に出会った魚屋さんの紹介で、ラズの家庭料理を出す店があると聞き行ってみた。

　クラベル・バルック・ロカンタス（クラベル家の魚食堂）という店に入るや、真ん中に薪ストーブが置いてあり、その上に様々な料理が所狭しと置いてある。ここを切り盛りするのは主人のヌスレットさんと奥さんのセリメさん。奥さんに料理をそれぞれ説明してもらったが、どれも美味しそうで、こんな店を見つけることができて本当にうれしさがこみ上げた。

　ハムスィ（カタクチイワシ）や野菜を細かく刻みトウモロコシの粉、水、塩、スパイスを加えて生地を作り、トレイに流し込みオーブンで焼くハムスィリ・エキメッキ（カタクチイワシ入りのトウモロコシパン）。ハムスィの骨をきれいに取って一枚一枚丁寧にトレイ一面敷き詰め、その上に炊き込みご飯をのせた後、上からも一面にハムスィをのせオーブン焼きするハムスィリ・ピラフ（カタクチイワシ入りの炊き込みご飯）。その他、黒海の名産物カララハナ（ケール）入りのスープ、スズキ入りの魚スープ、マスの酸味蒸し焼き、モロッコインゲン豆のピクルスのバター炒め、カボチャのデザート、溶かしチーズなどなど。

　ヌスレットさんにお話を聞くと、ラズの食は他の黒海地方のように様々な文化が混ざり合っているものとは違い、とてもシンプルなのだそうだ。

　ハムスィとカララハナがメイン。これがラズの二大食材。限られた食材から豊かな料理を生み出してきた。料理は何百とあるが、オリジナルなものは35〜40種類。この中には忘れられたもの、めったに作られないものも含まれる。ただラズがどこへ行こうとハムスィとカララハナへの思い入れは強いという。「カララハナはラズと牛のために、神はカララハナとモロッコインゲン豆を私達ラズのために創造された」という笑い話は、彼らとの会話の中でよく登場してきた。

ご夫婦は以前から魚屋を営んでいたが、自分達のまかないご飯を作る際におなかがすいたお客さんにも食べさせたところたいそう喜ばれ、家庭料理の延長で出し始めたのだそう。余計なものは全く加えないで、自然のもの、昔のやり方で作り提供するのがモットーらしい。「大きなレストランだと量も増えるし、コストもかかる。細々と営む場合、家庭の延長と考えれば、もし余ったとしても家族が食べれば良いし、なくなったら完売でも良いんだ」とヌスレットさんは話す。

　店の真ん中には昔ながらの薪ストーブが大活躍。とても便利で効率が良さそうだ。部屋を暖める効果はもちろん、薪を入れる方は火力が強いので調理、低いほうで保温。またストーブの中は熱風が循環する仕組みになっており、その熱でオーブン料理ができる。

　一台何役にもなるストーブで、いつのまにか何種類もの料理が次々と出来上がった。お客さんは男性の方が多く、年配の方は煮物、若い人達は魚を食べる。ちょうどハムスィの旬が始まったので、何か月も待ち焦がれた新鮮なハムスィを食べにくる一方で、ハムスィ入りのパンを一切れくれないかとテイクアウトする人も。

　このハムスィ入りのパンは彼らの食文化には欠かせないという。夏の時期高原へ放牧に出かけるとき、ピクニックに行くときなどには、このパンをとても重宝する。安く大量に獲れる冬の時期にハムスィは岩塩で塩漬けにして保存しておく。使うときには水に浸して塩抜きして刻み、家にある野菜を入れ、トウモロコシの粉を加えて混ぜパンを焼く。それさえ持って行けば後は何もいらないそうだ。

　トルコを旅していても、特化した家庭料理を提供している店は少ない。特にラズ料理が店で堪能できるのはとても貴重だった。これからも細く長くでもお店を継続させてほしいなと願うばかりだ。

左・さまざまな料理が並べられた
右・クラベル・バルック・ロカンタスのヌスレットさんとセリメさん

アルトヴィン県

Karalahana ezmesi ／料理：カララハナ・エズメスィ
Arhavi ／地域：アルハヴィ市

　黒海地方の最も東の県であるアルトヴィン県はジョージアと接している。アルハヴィという町にはラズと呼ばれる民族が多く住む。ラズが多く集まる協会を訪れた時にごちそうになったのが、カララハナ・エズメスィ。

　黒海地方ではカララハナ（ケール）と呼ばれる葉を多く食べる習慣があり、特に東部からはその料理のバラエティも多くなる。カララハナを一度茹でてから、柔らかくなるまで再度油と水を加えて煮る。エズメはすりつぶすという意味で、この後しっかりクタクタになりペースト状になるまでおたまで潰しながら煮る。具にはお米やブルグルを入れ、トウモロコシの粉でとろみを調節する。黒コショウ、唐辛子パウダー、唐辛子フレーク、塩で味を見る。仕上げはバターを溶かして流し入れて完成。

　これには必ずトウモロコシの粉で作ったパンが付いてくる。写真のように料理の上にほぐし、これを指で混ぜ合わせてから、口へと運ぶようにと食べ方を教わった。トウモロコシのパンは黒海中部から東部にかけてよく見るようになったが、ぎっしり詰まって硬いパンを、主食としてなかなか攻略出来ないでいた。教えられた通りにするとどうだろう。ようやく本当の味を知ることが出来たと実感した。かさが増えるだけでなく、パンの香ばしさと自然の旨味が料理に深みを与えてくれる。この美味しさは小麦のパンではなかなか出せない、とても理に適った食べ方だと感じた。

プチュコ
Puçuko

モロッコインゲン豆を収穫して、さやに
そのまま紐を通して、天日乾燥した保存
食をプチュコという。エルズルムからア
ルトヴィンの内陸部で見られる保存食。
鍋で玉ねぎを炒めて、茹でたプチュコを
加える。ブルグル、トマトペースト、
塩、コショウ、唐辛子フレークを入れて
煮る。人によってキシニシ（コリアンダ
ー）を使うことがある。

ウスルガン・チョルバス
Isırgan çorbası

シャウシャット市で食べたウスルガン（イ
ラクサ）のスープ。ほうれん草のようにか
なり濃い味の葉っぱで、一度茹でしっかり
搾って刻んでおく。鍋にウスルガン、水を
入れて煮る。小麦粉を水で練って、スープ
に溶かしとろみを付ける。地元のショル・
チーズと溶き卵を加えている。

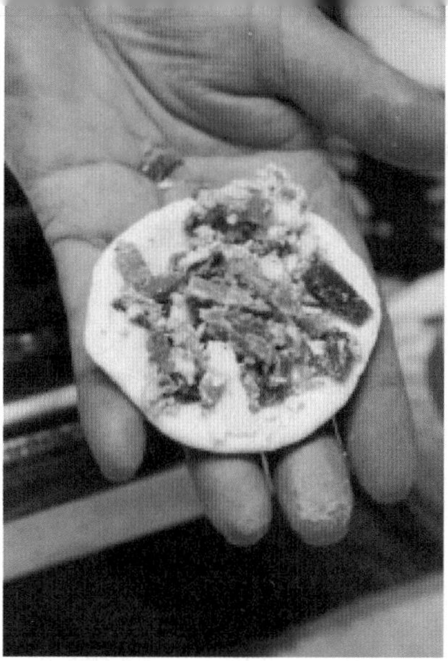

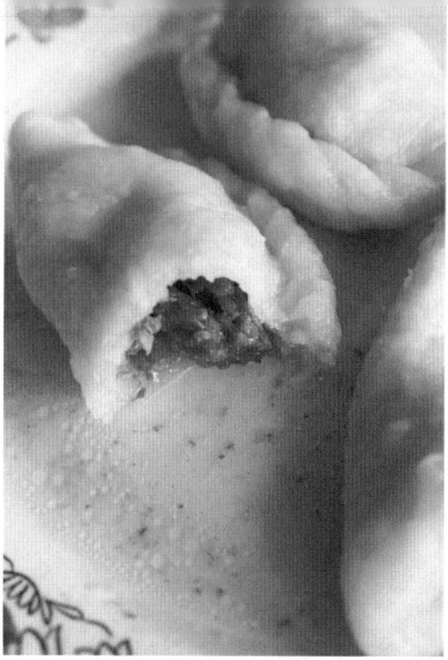

ヒンカル
Hinkal

南部のユスフェリ市で食べたヒンカル。デミルケントという村のスタイルらしい。黒海地方に広く食べられる水餃子。隣国ジョージアやコーカサス地方から伝わったとされる。ここのヒンカルは小麦粉の生地の中にカヴルマを入れてねじるように閉じて、茹でるだけ。ヨーグルトも何もかけず、手でそのまま食べる。中からは、じわっと肉汁が出てくる。生地も厚めでもっちり。

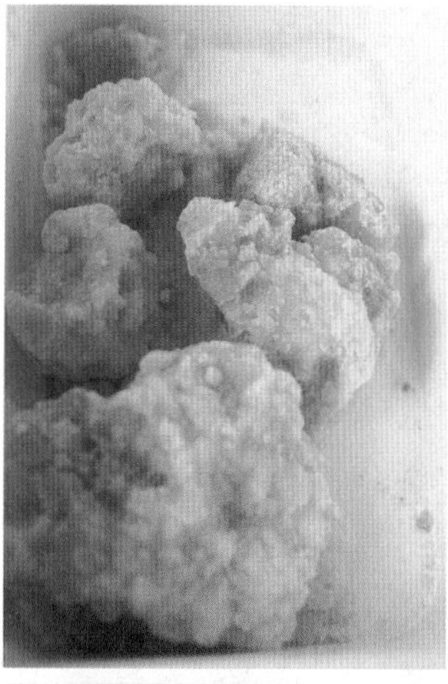

ペイニル・エリトゥメスィ
Peynir eritmesi

アルトヴィンの東部に位置するシャウシャット市で味わった溶かしチーズ。水分を抜いて熟成させた、ぽろぽろとした黄色いチーズで、フライパンに入れ、水を加えて加熱して溶かす。それに溶かしバターを流し入れて完成。パンをチーズにつけて食べる。このチーズの熟成したコク、濃厚さや滑らかさは群を抜いていて、ムフラマというチーズに小麦粉やトウモロコシの粉を加えて練ったものもあるが、これはダイレクトにチーズの旨味が伝わってくる。このチーズはシャウシャットでショル・ペイニリと呼ばれている。搾りたての牛乳の乳脂肪を機械で取り除き、数日置いてから加熱する。凝固したものを集め、重しでしっかり水分を抜く。塩分を加え、毎日かき混ぜながら、熟成を促す。

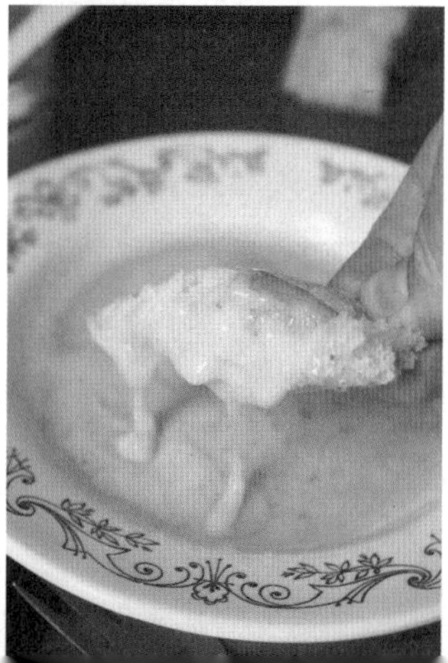

黒海地方

ゾングルダック県

Balık kızartması ve Beyaz baklava／料理：バルック・クザルトマスとベヤズ・バクラワ
Zonguldak merkezi ve Devrek／地域：ゾングルダック中心地とデヴレック市

　ゾングルダック市内の港近くを歩いていて、魚屋の前を通りかかった時、男性の威勢の良い掛け声と様々な活きの良い魚に目が留まる。日本のスーパーでも目にするアジやサヨリ、スズキ、ボラ、クロダイ、カツオのほか、あまり知らないニシヒメジやコダラなどもあった。この魚屋はスタッフ全員すべて中年男性。お客さんに魚を勧めて、店の中でも処理をして、とても熱気が伝わってくる。魚に興味を示すと「店内に入れ」と招いてくれた。昼時になり、私も食事を勧められ参加。鉄板の上でスズキやカタクチイワシ、アジなどを焼いて、テーブルの真ん中に置き、魚にレモンをぎゅっと搾り、青ネギ、生玉ねぎとピクルスをかじりながら食べる、まさに男飯。旅を始めた最初のご飯で、とても印象に残っている。凝った料理ではないが、現地の人の日常の食事を通して交流し、食の探求を開始した。

　彼らの勧めもあって乗り合いバスで内陸のデヴレック市へ。お菓子屋を訪れると、見た目にインパクトがある白いバクラワがあった。通常のバクラワは高温で焼いて、焼き目をつけるのに対して、これはオーブンの蓋を開けて焼く。100度以下で4時間から5時間ゆっくり焼いて、表面に焼き目をつけないで仕上げるそうだ。5層の生地毎に砕いたクルミを置いて、合計50層程度に重ねる。切れ込みを入れて、溶かしバターを流し、焼けたらシロップを流して完成。100年続くこのお菓子は、バイラム（宗教的祝祭日）になくてはならない存在。

中央アナトリア地方
İç Anadolu Bölgesi

1. エスキシェヒール県
Eskişehir

2. アンカラ県
Ankara

3. クルシェヒール県
Kırşehir

4. ヨズガット県
Yozgat

5. スィワス県
Sivas

6. カイセリ県
Kayseri

7. ネヴシェヒール県
Nevşehir

8. ニーデ県
Niğde

9. コンヤ県
Konya

10. カラマン県
Karaman

11. チャンクル県
Çankırı

12. クルッカレ県
Kırıkkale

13. アクサライ県
Aksaray

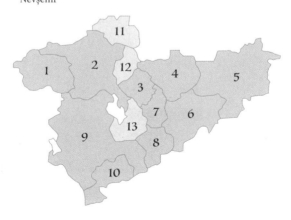

エスキシェヒール県

Çibörek ／料理：チボレッキ
Odunpazarı ／地域：オドゥンパザル市

　エスキシェヒールには黒海の対岸に位置するクリミア半島から来たタタール系民族（クルム・タタール）が多く住む。ロシアによって半島を追われ、ルーマニアやブルガリアを経由してこの地に移住した歴史がある。彼らが持ってきた食文化はエスキシェヒールで根付き、その代表的な料理が、このチボレッキ（美味しいパイ）。

　食材は至ってシンプル。生地は小麦粉、塩、水のみ。耳たぶよりも硬めにして、一晩寝かせてから薄く伸ばす。中の具は生の牛の挽肉、玉ねぎ、塩、黒コショウ、水のみ。玉ねぎをブレンダーにかけ細かくし、他の具材と合わせる。水分がかなり多く柔らかい具がポイント。というのも、生地に具を入れ、油で揚げた時に、具の水分が蒸発。その蒸気で挽肉に火が通るようにするのだそうだ。そうすることで、挽肉も柔らかい仕上がりとなる。そして油の温度がとても大事。生地の端を油に投げ込んで、8〜10秒で色が変われば、温度は十分だという。油の温度が低いと、生地が油を多く吸い込むし、生地が膨らまず、挽肉にも理想的に火が通らない。絶妙に揚がったチボレッキは、油で揚げたにも関わらず、とても軽く、匂いもいい。

　熱々を二つに割ると、意外に少ない挽肉にも関わらず、肉汁とその香りに驚く。塩の加減はきつめには感じるが、嫌な塩加減ではないし、それが何個も食べられる秘密なのだとも思う。これもヨーグルトドリンク・アイランと共に食べるのがお勧め。

✴ ギョベテ
Göbete

クリミア半島のタタール料理の一つ。ギョベテは挽肉入りピラフを具にして挟んで焼いたパイ。小麦粉、卵、塩、ヨーグルト、酢、サラダ油、水で練った生地を作る。酢はパリパリとした食感にするため。薄く広げた生地の一枚一枚にバターをぬって15層に重ね、それを上下15層ずつ用意する。具は玉ねぎのみじん切り、挽肉を炒めて、米を入れ、塩、こしょう、唐辛子フレークで味付けして熱湯を足して炊く。生地の間に具を入れてオーブンで焼けば完成。

✴ クズ・ソルパ
Kuzu sorpa

これもタタール料理の一つ。ソルパとは肉汁、肉の出汁の意味。骨付き羊肉を炒め、塩、水を加えて煮たら、スープを取っておき骨は肉から外しておく。ヨーグルト、小麦粉、卵黄を混ぜ合わせたものにスープを少しずつ加えとろみをつける。羊の肉とフレッシュな青ネギ、ミントが入っているのが特徴。

✳ カヴルマ・ボレッキ
Kavurma börek

ギョベテと同じく、クルム・タタール料理で食材はほぼ同じ。生地も同じくパイ状だが、工程上、層の数が多いので、よりパイ状にサクサクと仕上がる。具もギョベテと同じ。10センチ程度に丸く薄く広げたら具を置き、半月状に折る。淵は編み込みながら閉じてオーブンで焼く。

✳ ハシハシル・ロクム
Haşhaşlı lokum

アフヨンカラヒサール県を始め隣県のエスキシェヒール県も、ケシの実を多く消費する。パン生地の間にすり潰したケシの実ペーストをぬって、ロール状にして焼いた、花模様のちぎりパンが有名。

アンカラ県

Beypazarı güveci ／料理：ベイパザル・ギュヴェジ
Beypazarı ／地域：ベイパザル市

　郷土料理を提供する店、ハス・デイルメンジオールでは、昼時多くの料理が並ぶが、その中でも一際目立つ料理がこのベイパザル・ギュヴェジ。ギュヴェチとは土鍋の意味で、肉や野菜の具材を入れ、窯でじっくり調理し煮込み料理を作る。だが、この土鍋を使ってピラフを作るのは、意外と珍しい。

　この地域では、結婚式やお葬式、宗教的な特別な日に大勢で分け合いながら食べられる料理だそうだ。料理に使う肉は牛か羊。これらを一口サイズに切り、バターで予めよく炒める。その後に水を加えて窯で4時間。これが旨味のスープになる。それに適度の大きさに切ったトマト、しし唐、塩、黒コショウ、唐辛子フレークを加え、洗ってザル上げした米も入れて、全体をざっくりと混ぜ合わせる。これさえしておけば、後はアルミホイルで蓋をして、窯に入れて1時間弱。具だくさんの炊き込みピラフの完成。出来上がりは土鍋効果もあってか、より美味しそうに見え食欲をそそられる。そもそもトルコでは家でも食堂でもあまりお目にかからないので余計にワクワクする。食べると肉や野菜の旨味をお米が十分吸っていて、土鍋と窯の効果を実感。

　ギュヴェチはトルコ国内でもよく使われる道具だし、この料理がもっとトルコ中に広まってもいいくらいに思える。

❈ エヴ・バクラワス
Ev baklavası

このバクラワは家庭で作る手作りバクラワという意味。このバクラワの売りは生地をなんと80層にも重ね、間に2層の砕いたクルミを敷いて焼き、シロップをかけたもの。ガズィアンテプ県の男性の職人が作るピスタチオ入りのバクラワとは違って、女性が作ったしっとりして手作り感のある味。

❈ ベイパザル・クルス
Beypazarı kurusu

クルスとは乾燥させたものという意味。所謂乾パン。コンヤ県にもゲヴレッキという似た乾パンが存在する。中央アナトリア地方には、小麦栽培に適した乾燥した大地があり、小麦で作った保存食や食べ物が多い。お茶請けとしてとても好まれており、チャイに浸しながら食べる。好みでシナモン、またはマフレプ（さくらんぼの原種）のパウダーを生地に加えてもよい。

❈ ジムジッキ
Cimcik

ベイパザルではジムジッキと呼ばれるパスタがある。薄く広げ、四角に切った生地をつまんでリボン型にして乾燥させた冬用の保存食。茹でた後に、湯切りしてニンニク入りヨーグルト、挽肉のソースをかけ、仕上げに溶かしバターをかける。お好みで唐辛子フレークと乾燥ミントをふりかける。急な来客や忙しい時に簡単に作れるマントゥの一種。

クルシェヒール県

Çirleme ／料理：チルレメ
Kırşehir merkezi ／地域：クルシェヒール中心地

　郷土料理本の監修もされたヌルテムさんという女性を紹介していただき、お宅で郷土料理の代表でもあるチルレメという料理を作っていただいた。この料理の特徴はブドウの濃縮シロップのペクメズで具材を煮ること。昔、砂糖がなかった時代には、このペクメズを使っていたのは聞いていたが、今の時代でも引き継がれているのは驚きだった。料理名のチルレメのチルとは中央アナトリアの言い方で、種があるアンズを意味する。

　調理法は至って簡単。肉（羊、牛）やひよこ豆はすべて予め茹でておき、乾燥アンズは6時間程水に浸して戻しておく。鍋にバターを入れ、みじん切りの玉ねぎを炒める。ほんの少しトマトペーストを加え混ぜた後、肉、ひよこ豆、アンズを加え、熱湯を加える。黒コショウ、塩、唐辛子フレークを加え、しばらく煮た後に、コップ一杯のペクメズを流し込み、じっくり煮込むと完成。煮物にシロップのようなペクメズを多く加えて煮るというのはかなりの驚き。仕上がりが不安になってくるが、食べてみると唐辛子の辛さも効いていて、日本食の甘辛い醤油煮に近く、逆に親しみを持てたほど。

　本来、この料理はクルシェヒール県内にあるオズバーという町の結婚式に欠かせない料理として有名。そこでは、数種の料理の後、肉が入っているにも関わらず、デザートとして提供される。現在のトルコ料理の煮込みはトマトベースが多い中で、この種類の料理は貴重。酸味、甘味、辛味が料理の中にあるというのが、この料理の要らしい。

✳ ビベル・ギョベイ
Biber göbeği

ビベルはピーマン、ギョベイはへその意味でピーマンのへたのこと。ピーマンの多い夏の時期、保存食として乾燥させる際、へたをくり抜いて空洞にした後、紐に通して吊るす。その際に出るへたを捨てないで、食材として使った料理。トマトベースで煮たもので、知らなければへたとはわからないほど。無駄にしない文化があるトルコの食文化ならではの一品。

✳ アイワ・ドルマス
Ayva dolması

晩秋からアイワ（マルメロ）が採れ始めるので、これを使ったドルマ（詰め物）が作られる。中をくり抜いて、挽肉と米とスパイスを混ぜたものを詰める。それを鍋に入れて、水、バター、ペクメズを加えて、じっくりと煮ていく。形も崩れず綺麗にナイフで切れる。アイワは生で食べると渋味もあるが、煮るとそれも消える。リンゴと桃を合わせたような香りが加わるので、肉料理に深味を感じる。この地ではメイン料理としてもデザートとしても食べられる一品。

スラ・カバウ
Süla kabağı

長瓜は肉厚で甘く、この地域ではよく
食べられる。9月中旬に町の青空市場
で売られていた。羊のあばら肉と一緒
に煮込むのが一般的。未熟のブドウ汁
が入っており、天然の甘さと酸味を感
じる料理だった。一方でジャムの材料
としても使われる。数時間石灰水に浸
しておくことで、シャキシャキとした
食感を保てる。それを砂糖、レモン、
水で煮て作る。

チュルラマ
Çullama

小麦粉をフライパンで煎って、バター
を加えてよくなじませる。そこへ予め
別の鍋で茹でた鶏肉のスープを流し込
み、硬めのベシャメルソース状にす
る。それを皿に盛った後に、裂いた鶏
肉をのせる。仕上げには溶かしバター
に唐辛子フレークを加えて香味油を作
って、上から垂らす。見た目よりもは
るかに食べやすかった。もっちりした
ソースは鶏のスープを吸って、辛さも
あった。

クルシェヒールの郷土料理コンテスト

◦❊◦❊◦❊◦

　トルコの首都アンカラからバスで南東へ2時間。中央アナトリア特有の乾燥した大地の中心にトルコ語で「広い野原にある町」を意味するクルシェヒールがある。郷土料理の調査に訪れた9月中旬、年に一度開催されるイベントのアヒ・エヴラン週間と重なった。アヒ・エヴランはイラン出身で、皮革業者を束ねて同業組合をトルコで初めて設立し、商工業に貢献した人。それを祝う形で県の文化観光省は、毎年このイベントにかなり力を入れているそうだ。この文化イベントの一環で女性の郷土料理コンテストが開催される。開催場所は、郷土料理を提供しているレストランのアーラル・コナウ。

　滞在中、郷土料理について教えていただいたヌルテムさんは審査員の一人。「女性達が腕を振るった郷土料理が会場に勢揃いするから、この機会を逃さないで」と、来場を促された。

　コンテスト当日、彼女にコンテストの開催意義を伺うと「郷土の味を忘れないようにするのと同時に次世代へと継承していくこと、家庭料理に独自のアイディアや工夫を加え、新たな味を見つけ出すことよ」と答えた。郷土料理と家庭料理、デザートや粉もの料理の3つのカテゴリーに分かれ、各部門で計約30名参加した。

　参加者は各々が家で作ってきた料理を皿に盛り付け、プレゼンテーション用に仕上げていく。料理の盛り付け、見栄え、食材の使い方、味、郷土性を踏まえながら、審査員は採点する。初めて参加する人もいれば、毎回参加している姉妹と母親もい

左・郷土料理コンテストに参加した女性達
中・プレゼン用に盛り付けをしていく
右・郷土料理を審査員にプレゼンをしている女性

クルシェヒールの
郷土料理の代表的
なチルレメ

た。私も初めて見る郷土料理には足が止まり、参加者から話を伺いながら会場を見て回った。郷土料理においては代表的なチルレメ（肉の乾燥アンズ煮込み）やチュルラマ（鶏のスープから作ったピューレ）は忠実に、地域の食材を使った家庭料理、お菓子などは形や食材にも少し変化を加えながら、オリジナル性も加えているようだった。

　審査を終え発表待ちの女性達は、とてもそわそわしている。各部門の1位から3位までが表彰され、大きさの違う金貨が首にかけられた。受賞者はすぐに家族へ電話をかけ、喜びを伝える人、クルシェヒールの地方テレビインタビューに応じる人などなど。選に漏れた女性達は来年どんな作戦で賞を狙おうかと、早速アイディアを膨らませているようだった。出品された料理は招待客にも振舞われることとなり、私達も席に着かせていただいた。

　この地を訪れる前は、トルコ国内でも知名度の低い県で、どんな郷土料理があるのか全く想像も出来なかったが、コンテストを通じて、文化や食への意識の高さが感じられた。継承されてきた郷土料理を守るということに重きを置きつつ、新たな味を見つけていくというトルコでの食の進め方に触れることが出来た。

審査発表待ちの女性達

ヨズガット県

Madımak／料理：マドゥマック
Yozgat merkezi／地域：ヨズガット中心地

　4月の上旬から5月末まで、トルコの内陸部・アナトリアの北側の地域（チョルム、ヨズガット、アマスヤ、トカット、スィワス）では、マドゥマックという植物が旬を迎える。「マドゥマックが入荷しました」とスーパーの店頭に看板も出されるほど。寒い内陸部の冬が明けて、マドゥマックが春の到来を告げるよう。

　知人の村で見たことがあるが、庭先で生えてきている小さなマドゥマックをかがみながら摘み取る作業はとても大変そう。生息している地域に友人と一緒に出向き大量に採って帰るのが風習。隣県スィワスでは、マドゥマック踊りというのがあって、腰をかがめて刈り取る様子が踊りの中で再現されている。この地域ではマドゥマックが生活に根付いているのがわかる。

　また、野草を食べるとその年は健康に過ごせるという迷信もあるそうで、日本の七草に似ている。鍋にバター、みじん切り玉ねぎ、ニンニクを炒めて、刻んだマドゥマック、米、またはブルグルを入れ、水を加えて煮る。味付けは基本塩。コショウや唐辛子フレークをお好みで。私には苦味はあまり感じず、お茶の新芽の香りがした。ニンニク入りヨーグルトをかけて食べるとクリーミィである。好みで干し肉（パストゥルマ）やカヴルマ（肉の炒め煮）を刻んで入れて煮ると、更に旨味が増してより美味しい。

❋ テスティ・ケバブ
Testi kebabı

土製の水入れの中に羊肉、玉ねぎ、ニンニク、パプリカ、ピーマン、トマトを同じ大きさに切って、タイム、黒コショウ、塩、唐辛子フレーク、トマトペーストのすべてを混ぜ合わせ、炭でじっくり火を入れ4時間。蓋は小麦の生地などで本来覆う。そうすると生地から余分な水分も出て、天然の圧力鍋となり食材はトロトロの状態になる。素焼きなのでじっくりと熱も伝わり、煮込みに適している。ピクニックに肉、野菜の食材を持って行ったが鍋を忘れたために、土製の水入れに材料を入れて煮てみると、美味しい料理が出来たのが発祥という説がある。

❋ タンドゥル・ケバブ
Tandır kebabı

ヨズガット式の仔羊の窯焼き。主に仔羊の前足や背中の部位を選び、余計な脂や筋をとって処理をする。一晩前に岩塩をすりこんでおく。翌日肉に串を刺して吊るし、両サイドから薪火で炙る。取り出しては休ませを繰り返しながら肉に火を通す。肉の下には垂れた油を受けるようになっており、サービスする際にパンにぬられる。この窯を使った調理法は隣県のスィワス、トカット県でも見られる。

スィワス県

Kelle ／料理：ケッレ
Sivas merkezi ／地域：スィワス中心地

　知り合った大学生達のお勧め料理が、ケッレという羊のお頭のグリル。店主のハサンさんが店の奥にある大きなオーブンから鉄の箱を引き出した。中に焼きあがった羊の頭が30個程ぎっしりで、見た目は強烈。それを一つ取り、まな板の上で真二つに切った。トルコには「肉と魚はケッレ（頭部）から。これらを食べるのは手で」という言い回しがあるが、これがまさにそれだ。

　ハサンさんは続けて、ケッレについての興味深い話をしてくれた。昔罪を犯した者に40日間同じ食事を取るという刑があったそうで、それを続けると死に至る極刑だったそうだ。そして数人の囚人の中の一人が、このケッレを選んだという。結果としてこのケッレを食べた囚人だけ生き残った。このケッレは羊の頭だが、これを丁寧に手でほぐすと脳、目、舌、頬、喉5つの部位に分けられる。この囚人は毎日違う部位を食べていたお陰で死から逃れることが出来たそうだ。早速部位を外して並べて、確認しながら食べた。印象的なのが特に目のまわりについているゼラチン質が魚と同じように美味しいことと、脳が魚の白子のように美味だったこと。

　朝からお客さんは次々と来店。それを仕事場に持っていき職場仲間と一緒に食べるという。今ではファストフードの台頭で、こういう食事を好んで食べる人が少なくなったそうだが、まだまだケッレは特別な存在として認められているようだ。

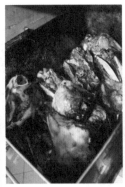

✳ イチリ・キョフテ
İçli köfte

イチリ・キョフテは南東部のアラブ系の料理で、揚げたものが多いが、スィワスでは茹でたものが定番。茹でた後、仕上げに上から溶かしバターを加えることもできる。外側は細めのブルグルを練って皮を作り、具は玉ねぎをじっくり炒めたものに挽肉を入れトマトペーストと混ぜたもの。ヒンゲルと並んで、メイン料理に君臨する代表的な料理。

✳ メルジメッキ・ヘルレスィ
Mercimek hellesi

緑レンズ豆がベースのスープ。スィワスでお世話になった友人宅でご馳走になった。ヘッレは小麦粉を意味し、それを煎ったものをスープの上からふりかける。少し混ぜると、程よくダマになる。表面は水分を吸ってもっちりし、噛むと中から香ばしい粉が出てくる。煎ってあるから生臭くないし、食感がとても面白い。あえてこのようにトッピングにしているのが、トルコらしく感じる。

❋ コユン・ベイニとダナ・ディリ
Koyun beyini & Dana dili

スィワスの飲み屋の前菜の中で、特にお勧めとして食べた羊の脳と牛タン。スィワスの人は特によく食べるとのこと。ボイルした脳は初めてだったが、鱈の白子のようで癖もなく、トロトロ。牛タンも柔らかく煮込んである。2種類とも、タイム、唐辛子フレーク、塩、レモンでシンプルに食べる。国民酒のラク（蒸留酒）の肴には申し分ない。

❋ カトメル
Katmer

カトメルは、生地を折りたたみパイのように層を成しているパン。一般的なものはサジと呼ばれる鉄板で焼くが、スィワスのものは窯で焼いたもの。鉄板で裏返しながら両面を焼くと平らになってしまうが、窯で焼くことで上の表面が崩れることなく、パリパリとした食感が残る。窯に入れる前に生地の表面をカッターで切ることで、そこの部分だけ繊維状に細くほぐれる。中はしっとりとした層状の焼き上がり。

✳ ヒンゲル
Hingel

コーカサス地方の移民者が持ち込んだ料理。スィワスのヒンゲルは薄く伸ばした小麦の生地を正方形に切り、トマトソースで味付けしたポテトを入れて三角に折りたたむ。それを茹でた後で、上から溶かしバターをかけて食べる。昔は、家族の中で食べる時、ヒンゲルの中に一つ小銭を入れていたという。これに運よく当たった人はお金をもらえると同時に、プレゼントももらえるという遊びがあったそうだ。月に一度、数人分を一度に茹でて、食卓の真ん中で分け合って食べる料理。

✳ ペスキュタン
Pestütan

中央アナトリア地方、特にスィワスではペスキュタンは欠かせない食材。南東トルコではトゥズル・ヨーウルトという名前が付けられている。羊のヨーグルトを更に発酵させて、火を入れて水分を飛ばしていくと、酒粕のような香りと、濃厚なヨーグルトの食感になり、塩が加えられていて保存が出来る。主に冬の時期にヨーグルト系の料理に使う。

✳ サルーウ・ブルマとカルブラ・バストゥ
Sarığı burma & Karbura bastı

サルーウ・ブルマは極薄に広げた生地に砕いたクルミを散らした後に、アコーディオンのようにギュッと縮める。オーブンで焼いた後、シロップをかける。ここまでサクサクとした食感を味わえたのは職人技とこのお菓子の構造にある。カルブラ・バストゥのカルブルとは篩いの意味で、網の目に生地を押し付け（バストゥ）模様にしたのが名前の由来。シロップに浸かりしっとりとしたクッキーのよう。

カイセリ県

中央アナトリア地方

Kayseri mantısı／料理：カイセリ・マントゥス
Talas／地域：タラス市

　カイセリ県の郷土料理といえば、すぐにマントゥと答えが返ってくる。マントゥはトルコのラビオリといえる料理。一般的なマントゥより小さいことで有名。小麦粉、塩、卵、水を硬めに練った後に、1時間程生地を休ませる。これを薄く伸ばし、1センチ平方に切る。中身の具は脂のない赤身の牛の挽肉、細かく刻んで汁を絞った玉ねぎ、塩、パプリカパウダー、刻んだバジルを合わせて混ぜておく。

　通常のマントゥは生地の4つ端を頂点で一つに合わせて風呂敷包みするのだが、カイセリでは生地の対角をひねるように合わせて具を包む。マントゥがお湯の表面に浮いてきたら茹であがったかどうかチェックする。皿に数粒すくって揺らし、滑ると茹であがり、滑りが悪いと茹でが足りない。ジャン・スユという差し水をして、火を止める。するとマントゥは下に沈殿する。お湯の半分を捨てて、トマトソースを加える。スープ状になり、それを皿に盛り、ニンニク入りのヨーグルトソースをかける。上にはスマックをふりかけて完成。

　一般的なマントゥは茹であがったものを湯切りしてから、ソースをかけるためこってりしているが、カイセリのマントゥはバジルも効かせ、スープ状にもなっていて、その上マントゥが小さいから食べやすく、胃にもたれない。カイセリのマントゥの手間のかけ方は想像以上だった。

Kayseri

✳ キャーウト・パストゥルマス
Kağıt pastırması

パストゥルマは牛肉をチェメンというスパイスを練り合わせたペーストをぬり、乾燥させた干し肉で、中は生ハムのようにしっとり。トルコの三大生産地のトップはここカイセリ。スライスしながら、グラムで量り売りする。キャーウト・パストゥルマスは、アルミホイルにスライスしたパストゥルマ、トマト、しし唐、パセリを入れて蒸し焼きにしたもの。火を入れることでスパイスの角が取れて食べやすい。

✳ ヤーラマ
Yağlama

小麦粉の生地を薄く伸ばし、鉄板の上で焼いておく。焼いた生地の上に予め調理したトマトベースの挽肉(ミートソースに近い)をぬり付ける。それを何枚も重ねておく。そうすることで、上の面だけでなく、底の面もしっとりし、肉の旨味も浸みる。食べる際は手で一枚ずつくるりと回して食べる。ヤーラマ(油をぬる)という名前の通り、手を油でギトギトにしながら食べるのが、美味しさを堪能する秘訣。カイセリの家庭料理の一つ。

155

チェルケス系との交流

❖❖❖❖❖

　コンヤ県ウルグン市にあるチェルケスの村への訪問に続き、より深く彼らと交流し食文化にも触れたいと、カイセリ県の市内にあるコーカサス協会を訪ねた。10月初旬、会長さんに知人を紹介していただき、村でのホームステイが実現した。カイセリ県内といえば東部のプナルバシュにチェルケスが多く住んでいるそうで、今回1泊ずつを2か所で、それぞれ違ったチェルケスの食事を作っていただくこととなり、同時に村の生活を体験する予定である。チェルケスはコーカサス地方の多くの氏族の総称であり、旗にもその数を示す12個の星が描かれている。今回はその中でもカバルデイというグループに属するらしい。訪れる日は、イスラム教徒にとって大事な宗教行事の犠牲祭期間と重なったが、快く受け入れてくださった。

　会長さんからヒクメットさんを紹介していただき、彼の実家でもあるカラボアズ村で1泊滞在出来ることになった。普段はカイセリ市内に住んでいるが、犠牲祭期間でプナルバシュの実家に帰省するので、このタイミングで受け入れてくれた。家を出る前に、手土産を持っていくために2種類パンを作った。グバテは牛乳、サラダ油、砂糖、塩、イースト、小麦粉を混ぜて生地を発酵させる。何枚かに分けて薄く広げ、油をぬって重ねておく。ロール状にしたら生地をいくつかに切る。それを潰して平らに広げたら、具に白チーズやマッシュポテトを入れて三角に折り込んで焼く。生地は油をぬってロール状にして層を作っているのでパイ状になっておりサクサクとした仕上がりになっている。もう一つは、ハルヴァネと呼ばれる発酵させたリッチパン。手土産を持って車に乗り込む。エルジエス山の雄姿を車窓から見ながら、東へと向かう。

車窓から見えるエルジエス山の雄姿

左・ポテト入りの水餃子のプスハルヴェ
右・ハックでチェルケズ・ハルカスを作る

　ヒクメットさんの実家に着くと、彼の両親と弟家族が出迎えてくれた。明日は犠
牲祭初日で牛を一頭村の同士で裁くので忙しい。前日の今日は期間中のパンを焼い
たり、大勢のご飯を作ったり女性陣は大忙し。

　昼ごはんにプスハルヴェを作る準備にかかった。プスハルヴェとはポテト入りの
水餃子で、トルコではこれをヒンケルと呼ぶところも多い。マッシュしたポテトを
正方形に切った生地に置いて三角に折りたたむ。それを鍋で茹でて、ざる上げする。
仕上げは溶かしバターに赤唐辛子パウダーを加えて香味油を作り、上からかける。
生地はもっちり、具はとても滑らか。肉とは違い、じゃがいもなので、炭水化物の
組み合わせで味は淡泊。たくさん食べると飽きがきそうだが、香味油がアクセント
になっていて、空腹時には美味しく食べることが出来た。

　食後はバイラム期間用のパンを焼くとのこと。母屋の裏手にある納屋に行き、作
る工程を見学した。そこにはハックと呼ばれる石窯があり、これは以前コンヤ県の
ウルグンで見たものと機能的には非常によく似ていた。

　まずはチェルケズ・ハルカス（チェルケスの輪）というパンを作る。小麦粉、塩、
水、牛乳、イーストで練る。発酵させた後、まず細く棒状に伸ばし、二重に回して
輪を作る。これを2次発酵させて、窯で10分焼く。

　もう一つはハリヴェと呼ばれるパン。昼ごはんの水餃子に使ったマッシュポテト
をこのパンの具に使った。具は何でもよく、挽肉でも可。閉じ方にもこだわりはな
く、半月状で二つ折りにしても、真ん中に具を置いて両サイドから真ん中に折りた
たんでもいい。ヒクメットさんはパンが焼けるまで、窯から出した熾き炭で焼きト
ウモロコシを楽しむ。その後は家族と果樹園に向かい、リンゴとローズヒップの収
穫へと出かけた。ローズヒップは乾燥させてお茶にしたり、マルメラット（ジャム
ペースト）を作ったりするらしい。

夕食はパスタ・シプス（別名チェルケズ・タブウ）をいただいた。この料理は特別な日に作られたり、大勢の人が集まった時に作られたりする。お客さんが来たときには、これでおもてなしをするのがチェルケスの文化。これもコンヤでいただいたものとほぼ同じだった。こちらは鶏を丸ごと1羽茹でて使っていて、お客様、年配者には大きい部位、または柔らかいむね肉、モモ肉はホスト側が食べるとのこと。

　泊まった次の日は犠牲祭の初日。前もって親戚や近所の同士6人で、牛1頭を2800ドルで買ったようだ。牛の場合6人以下が条件で、羊の場合は1人で1頭買う。羊の処理は見たことがあったが、大きな牛は初めて。お祈りの後は牛の頭をメッカの方向に向けて、頸動脈を切って処理、そして男性陣10数人で牛を解体。決められた分の肉は配り、自分達の肉は持ち帰り、一口サイズに切り分けカヴルマ（炒め煮）にした。これが犠牲祭でのご馳走の一つでこれを囲んでみんなで食べた。いまは冷凍しておくことも出来るが、炒め煮をしておくことで脂分が固まって、肉が空気に触れるのを防ぎ保存食の一つとなる。

　この村の滞在で感じたことは、いろんな意味で保守的だということ。そのおかげでチェルケスの人達同士の結束と信頼が固く、それゆえ独自の文化や風習が守られていた。バイラム（宗教的な祝祭日）には近所間であいさつ周りをするが、私もヒクメットさん達と近所のあいさつ周りに同行し家にも招かれた。年配への敬意を他で見た場面よりもより込めているように感じた。年配者の人は上座で座り、年少は下座で立っている。場の空気感もピンと張っているようだったし緊張も感じた。ただやらされている感は全くなく、子供達も習慣の中で行っているようだった。

左・完成したチェルケズ・ハルカス
右・チェルケスのおもてなし料理のパスタ・シプス

犠牲祭で牛を一頭買い。
カヴルマにしてみんな
で食べる

　結婚もまたそうである。結婚というのは自らの文化を早くなくしてしまう要因と
もなるので、なるべくチェルケス同士の結婚を重視しているそうだ。チェルケスの
文化を継承すると共に、結婚した時お互いに文化の違いから苦労をしないようにと
のこと。カイセリ県には特に多くのチェルケスが住んでおり、協会もあることから、
独身男女が知り合うことも可能。結婚式でも独身同士のみがダンスを踊り、独身同
士テーブルを設けられることから、知り合う機会にもなりやすい。ここにある協会
を通してコミュニティが維持されているし、文化継承なども行われている。若い世
代の子供達に尋ねても「トルコ人の友人関係も普段は感じないが、家に訪れたり、
結婚式、バイラムの時に文化の違いを感じるよ」という答えがかえってきた。
　チェルケスというだけで結束が生まれ、男女の中でも信頼があるようだ。チェル
ケスは遠い親戚でも近い親戚に数えられる。そのため、同じ系統の血筋との結婚は
禁止。血筋が明解な為、家系図も容易にかけるそうだ。別の民族でもそうだが、保
守的であればあるほど、各々の民族を重んじるので、混血が少なく、家系を大事し、
守るという意識もはたらくようだ。チェルケスの文化を守っていこうとする地域や
家族は、宗教面でも保守的で、信心深く同胞意識も高くなる。カイセリ県の中心に
はチェルケスの協会もあることから、カイセリを生活の基盤とする場合には、チェ
ルケスのコミュニティの中だけで継続させることが出来るのだと感じた。以前はト
ルコ化が求められており、自らの文化を公にすることが制限されていたらしいが、
近年は自らの言語、文化を継承させるための協会などの活動も行われている。大学
生程の若者は、チェルケス語を理解できるけど、話せないという程度。こういう生
徒のためにカイセリの協会ではチェルケス語の読み書きも教えている。
　翌日、カラボアズ村から東へ向かって車を走らせ1時間。ヒクメットさん家族に
送ってもらい、スィワス県との県境近くのカラハルカ村に来た。犠牲祭初日、村長
さんの家に泊めさせていただくことになった。ここは標高1950m、水も少なく、
育つのは小麦と大麦、家畜の草のみ。土地は広大だが、耕作や収穫できるものが限
られている。

村長さんの親戚が集まってきており、荷物を置いて、家の周りを小さな子供、学生、若者と一緒に散歩。広大な大地に太陽が沈む時間、放牧の家畜が牛舎へと帰り入っていく。壮大な景色を見ながら若者達と会話を楽しんだ。感じたことは、それはカラボアズの保守的な村と比べて、相反する非常に寛容的な村だった。

　県外に出ている状態で村に帰ってくるのは唯一バイラムの時のみ。このままでは村の存続は不可能に思われる。若者もその点を認識した上で、県外に働きに出かけている。またチェルケス同士の結婚にこだわらず、チェルケス以外の人と結婚するということに対しても寛容でこだわりはなかった。

　今晩の夕食はクンヌシュ。チェルケスのパスタ料理。小麦粉、塩、卵、冷水で練った生地を1センチくらいの厚さに伸ばす。それを長さ3センチ幅0.5センチ程度にナイフで切る。その後、これを中の3本の指で、手前に強く引きながら、くるっと丸める。こうすることで、真ん中が空洞になって茹でやすくなり、ソースが指の跡に入って絡みやすくなる。一方で鶏の手羽元を茹でてチキンスープを作っておき、パスタをそのスープで茹でる。ソースはフライパンにバターを溶かしトマトペースト、チキンスープを少量加え、刻んだニンニクと合わせる。茹でたパスタと手羽元を皿に盛り付けソースをたっぷり上からかけたら完成。ニンニクがかなり効いたとても食べ応えがある料理。

放牧の家畜が牛舎
に帰っていく

チェルケスのパスタ
料理、クンヌシュ

　夕食後はカルムック・チャイと呼ばれる温かい飲み物をいただいた。ラバダ・トゥというスイバに似た植物。花や種が秋頃茶色に枯れて乾燥したものを一度鍋で煮出して濾しておく。夕方搾りたての牛乳、バター、黒コショウを足して煮る。風邪や喉の痛みに良いらしい。中央アジアにも同じお茶を飲む習慣があるのだそうだ。朝これを飲んで出かけると、6〜7時間は腹も空かないそうだ。不思議なことに私にはとんこつスープのような味に思えて仕方なかった。

　女性陣からお話を聞くと、家庭ではトルコ料理とチェルケス料理の作る割合は9対1。もうほとんどチェルケスの食事をする機会もなくなったそう。挽き割り小麦、粉もの、肉（特に鶏）、じゃがいも、ニンニクを多用した料理が多いので、子供がチェルケスの料理をあまり好まないし、ドルマやサルマなどのトルコ料理が増えると語る。

　今回二つの村に滞在して、トルコに居ながらも独自の文化を守り続けているし、今後も出来る限り守っていこうとしている。チェルケスの故郷コーカサスでもロシア化が、追われて移住したトルコでもトルコ化が求められた歴史があり、二国でチェルケス独自の文化を制限され、失ってきた背景があるからだろう。

　ただ現実的な問題として、時代も変化したことで、物理的にも村の存続が難しくなってきているとも肌で実感。村の単位で多くの場所に分布しているチェルケスの社会。トルコ全土で、このような移民の文化がトルコの食を豊かにしてきた一方で、今後はどのように残っていくのだろうかと考えてしまう。トルコにおいてチェルケスの食はなくなっていく方向なのか。いまの時代に適した食で、人々が望んでいく食べ物でなければ、淘汰され、別の食へと置き換わっていく。150年前の移住から長い月日が経った今、チェルケスとしてのアイデンティティを守るのか、トルコ共和国ではトルコ人として生きていくのか、それ次第で今後食べる食事も変わっていくような気がする。トルコの食もグローバルなものへと変化していくなかで、チェルケスの食もうまく融合する形で残って欲しいなと願う。トルコにおける移民の食事について、これからも注目したい。

N e v ş e h i r

中央アナトリア地方

ネヴシェヒール県

Çömlekte kuru fasulye ／料理：チョムレキテ・クル・ファスリイェ
Ürgüp ／地域：ウルギュップ市

　トルコの家庭料理の中でも食堂で食べる料理の中でも、定番中の定番ともいえる料理が白インゲン豆の煮込み、クル・ファスリイェ。地域によって豆と一緒に入れる材料に違いはあるが、サルチャを使ってじっくり柔らかく煮込んだこの料理は、誰もが認める国民食である。中央アナトリア地方ではチョムレッキと呼ばれる素焼きの壺に具材を入れて煮込むやり方に出会うことがある。こういう素焼きには弱火でじっくり火を当てるのが適している。これは主に、薪で火を起こした後の残りの熾き炭を使って作る料理だからだ。

　この地域では９月下旬、ペクメズ作りに火が必要で庭で薪を燃やしていた。作業が終り、残った熾き炭の火を有効に活用して作った料理。だから、予め前日から白インゲン豆を水に浸しておくのも計算済み。勿論今ではステンレスの鍋でも煮込みは出来るが、土製の容器で作った煮物は格別美味しいので、キッチンには欠かせない道具なのだ。街中の生活では熾き炭を使わずとも、石窯を持つパン屋に持って行って調理してもらうということも出来るが、村での生活では、火を起こした時のごちそうの一つとして作られる。弱火でポコポコと音を立て、豆がトマトソースと馴染み始めると、いい匂いがしてくる。作業を終えた後の、ほっくりした柔らかい煮物は疲れを飛ばしてくれる。

162

アイワ・ペルベリ
Ayva perveri

９月下旬からはアイワ（マルメ
ロ）が実をつける。ペクメズでア
イワを煮て、それをすり潰したも
のを再び煮詰めてジャム状にす
る。マルメラットと呼ばれる果肉
ジャムは砂糖で煮るが、アイワに
限ってはペクメズで煮るので、ペ
ルヴェルという別名が付いてい
る。マルメラットと作り方はほぼ
同じで、その一種といえる。すべ
て天然の甘さが詰まった贅沢なジ
ャム。

キョフトゥル
Köftür

ペクメズを作る前のシュラと呼ばれるブドウの果
汁に小麦粉とスターチを加え、とろみがつくまで
加熱し、トレイに入れて固める。それを小さく切
って重ならないように、陰干しをしながら水分を
抜くと、強い弾力性のあるゴムのようになる。表
面に糖分が出始めてくると熟成を意味する。ブド
ウの生産が高い地域で考えられた加工品。キョフ
トゥルは中央アナトリアの数県でも作られる。こ
のままでも食べるが、隣県では小さく刻んでバタ
ーで炒めて食べることもある。

163

❋ チョムレッキ・ペイニリ
Çömlek peyniri

民家の地下の冷暗所（キレル）に保存して
あるものの中にチーズがある。チョムレッ
キと呼ばれる素焼きの壺の中に白チーズを
入れて塩を加えて混ぜ、空気が入らないよ
うにしっかりと押し詰める。布でしっかり
蓋をして、土の中で逆さにして水分をじっ
くり抜く。程よく水分が抜ける過程で熟成
されていく。3か月以上で酒粕のような香
りに変化する。近隣県では同じ意味でキュ
ップ・ペイニリという。

❋ ドラズ
Dolaz

ラマダン時期に食べられるお菓子。卵、水（または牛乳）、蜂
蜜をよくかき混ぜ、塩を少量足す。小麦粉を加えてドロッとし
た生地を作る。鍋にかなり多めにひまわり油を入れ、この生地
を加えて加熱。焦がさないように、砂糖を加え一体化するまで
かき混ぜる。好みで砕いたクルミをふりかける。

ブドウのペクメズ作り

⋄⋅◇⋈◇⋅⋄

　9月中旬、トルコの中央部に位置する世界遺産のカッパドキアを訪れた。ここは長きに渡る浸食によって形成された壮大な奇岩地帯で、ブドウの産地としても有名で、レーズンやその他ブドウの保存食が作られていた。

　この時季、保存食の一つ、ブドウの果汁を煮詰めてシロップ状にしたペクメズ作りが最盛期だと聞き、知人のフセインさんの故郷イェシルオズという村へ向かった。ここはカッパドキアの観光拠点の一つでもあるユルギュップの町から更に車で30分ほど行った場所だ。

　このペクメズはトルコではよく食べられるが、何から作るかは各地方の産物によって違う。ブドウが一般的だが、その他リンゴ、桑の実、砂糖大根、梨、イナゴ豆などで作られる。

　村に着くと、すでにペクメズ作りが始まっていた。朝摘み採ったブドウを袋に詰め、男性陣が足で踏みながら果汁を搾っていた。家の2階で搾り、それが細い溝をつたって1階に流れるようになっていて、下で大きな鍋で受けていた。もう毎年恒例の作業なのだと察する。

　この果汁からペクメズを作るのだが、ブドウの酸を中和させ、甘さを増やす必要があるという。大鍋にたっぷり入れた果汁に、なんと白い土（ペクメズ・トプラウ）を加えた。すると、一瞬にして泡が立ち始め大鍋から溢れそうになった。泡を手で

袋に詰めたブドウを足で踏んで果汁絞り

鍋に石灰成分を含んだ土を入れるのには驚き

優しく撫で発酵を促す。これは半分以上石灰を含んだ成分の土らしい。しかし、土を加えるなんて、よく考えたものだ。この作業はいつみても驚いてしまう。1時間放置すると果汁は透明になり土は沈殿する。酸味がとれた液体をシュラという。シュラもこの時だけ飲めるもの。酸味は抜け、冷やし飴のような懐かしい液体となる。

　この液体にスターチを混ぜて煮詰めて冷まし固めてから天日干しすると、キョフトゥルという保存食も作ることが出来る。

　この状態になれば、最終段階の煮詰める準備が出来たといえる。庭先ではブロックの上に幅100センチ、高さ25センチの平らな大鍋が備えてあった。果汁の上澄みを鍋に移して、更にアクを取りながら3時間程焦がさないように煮詰めていくと、透明で黒光りした濃厚なシロップが出来る。味は黒糖を煮詰めた黒蜜のよう。ずしっとくる力強い甘さと香ばしい香りが一体となっている。

　ペクメズは朝食としてパンに浸して食べるのが一般的だが、冬の時期に風邪を引いて喉が痛くなったら薬代わりに舐めるそうだ。フセインさんは「50年前の幼少期、

左・冷やし飴のような懐かしい味のシュラ
中・右・大鍋で煮詰めていくと濃厚なシロップが出来あがる

アイスクリームがない時代には5月頃山に残った雪を持ってきて、ペクメズをかけ
てカキ氷として食べていたよ」と、昔を懐かしがっていた。

　アイワと呼ばれるマルメロが出来るこの時期には、ペクメズで煮てペルヴェルと
呼ばれるジャムも作られる。また、煮物やお菓子にも使われ、とても使い勝手が良
い必要不可欠な保存食である。こうしてペクメズが一年間通して食卓に上る訳だか
ら、自分の果樹園でブドウも栽培するし、大鍋で作るのは当然だといえる。

　ペクメズ作りが一段落した後、食事をごちそうになることに。大鍋で使った炭火
も無駄にしないように、じゃがいもを炭の中に入れて焼き、素焼きの鍋にインゲン
豆を入れて、弱火でじっくりと煮込んだ。どちらの仕上がりも柔らかく、ほっくり
とした食感がいい。

　カッパドキア地方は観光地化され多くのホテルが立ち並ぶが、そのすぐ隣には村
の生活がある。民家から薪を燃やす音と煙が立ち上がっていれば、きっとペクメズ
作りに違いない。

ニーデ県

Söğürme ／料理：ソウルメ
Niğde merkezi ／地域：ニーデ中心地

　ニーデ市内の食堂では郷土料理が見つからなかったところ、知り合いになったおじさんと郷土料理の話題で意気投合。そこでお金を出し合って郷土料理のソウルメを食べることになった。

　ソウルメは羊の背あばらの部位をしし唐と一緒にオーブン焼きしたもの。この料理はレストランでは食べられないものだそう。というのも、原価が高いし、最低でも５人分からの大皿料理。それを少人数の為に作って売るには手間もかかる。あくまで自分達で食べるために作る料理で、特にラマダン（断食月）の夕食には欠かせない。

　アルミのトレイを借り、八百屋でしし唐を買い、肉屋へ向かった。肉屋ではソウルメ用のあばら肉を丁寧に薄く開いていく。そして、肉の表面にも細かい切れ込みを入れた。これは肉の上に旨味を足すために羊の尾脂をのせて、溶けた時に肉に浸み込みやすいため。トレイに20本程のしし唐、その上を肉で覆うように敷き詰め、更にキューブ状に切った尾脂をのせる。味付けは塩のみ。これをパン屋の窯で焼いてもらう。水分が出てしまうので、蓋をせずにそのまま40分。見事な大皿料理が出来たので、すぐに人数を集めて料理を囲んだ。この料理で美味しいのは肉でなく、肉の下にあるしし唐で、肉の旨味を吸っているからだ。だからしし唐をあえて肉の下に敷いている。勿論ピデパンも肉汁に浸して食べる。こういう料理は一人ではなく、大勢で分かち合って食べたほうが断然美味しい。これもトルコでの食の醍醐味。

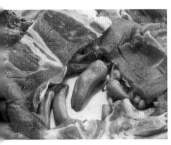

✿ コルックル・バムヤ
Koruklu bamya

コルックとは完熟していないブド
ウのこと。料理に炒め物としてそ
のまま加えたり、果汁を搾って酸
味を加えたりする。オクラのトマ
ト煮にコルックを搾って煮込む。
レモンと違い、酸味だけでなく甘
味も加わるので、コクも出て食べ
やすくなる。オクラに酸味を加え
るのは粘り気を抑えるため。

✿ マングル・チョルバス
Mangır çorbası

マングルとは、オスマン帝国時代の言葉でお金という意味。中に
入れる正方形に切られた平打ち麺（現地名クシュ・オズ）を、そ
れに見立てている。村の結婚式で出されていたそうだ。家にある
保存食をフルに活用させた、甘くて塩気もあるスープ。クシュ・
オズを茹でて、水に浸して柔らかくした酸味の効いた乾燥スモ
モ、乾燥アンズを刻んで加える。そこに塩、ペクメズを入れる。
仕上げにはケスメ・エリシテ（細打ち麺）をバターでカリカリに
なるまで揚げ、スープにかける。

✾ ベヤズ・キラズ・レチェリ
Beyaz kiraz reçeli

ニーデではクリーム色のさくらんぼが有名。変色を防ぐ為にレモン水に種を取ったさくらんぼを入れておく。鍋にさくらんぼを入れ砂糖を加えて加熱。沸騰後はとろみがつくまで弱火でじっくり煮る。好みでレモンを搾り、クローブで香りをつけても良い。

✾ ディシ・タルハナス
Diş tarhanası

ニーデ地方の冬の保存食の一つ。食材はヨーグルト、塩、ヤルマを大鍋で煮た後、形成し乾燥させたもの。冬にはこれを水に戻してスープにする。形は違うが、タルハナは隣県コンヤ、マラシュでも見ることが出来る。ニーデでは形成するときに指で握って出来る型が、歯（ディシ）に似ていることから、この名がついている。食べる際、一晩水に浸し、一度手でほぐした後に水を加える。ヨーグルトが含まれているので、沸騰するまでは混ぜ続けないと分離してしまう。仕上げには、バター、ミント、赤唐辛子で香味油を作り、上からかける。暫く煮ると、ドロッとした麦雑炊（ニーデ県のタルハナ・チョルバス）が出来る。

コンヤ県

Etli ekmek ／料理：エトリ・エキメッキ
Selçuk ／地域：セルチュック市

コンヤの名物といえば挽肉のセピデ。これを食べずにはいられない。今では身長程の長さを焼いてしまう店もあるが、原型はいたって普通な楕円のピザだったそうだ。コンヤの名物を私に食べさせたいと、友人はまず肉屋に連れて行った。

そこでは、なぜか野菜が揃えてある。引き出しから玉ねぎ、トマト、しし唐を出して、塩、コショウ、背あばらの挽肉を合わせて、こちらお好みの配合で具を作ってくれた。友人は一人当たりの肉の量は90グラムという。100グラムでもいいような気がしたが、そこは譲らなかった。チーズをのせないシンプルさが、逆に食材のバランスを重視させる。それを2軒先にあるパン屋へと持って行く。ここで、生地代と焼き代を支払って、ピデを焼いてもらう。この方が手間はかかるが、食堂で食べるよりも安くて美味しいことを教えてくれた。焼きあがったのは、長さ1メートル近く幅15センチの長いピデ。肉の脂肪の程よい旨味と、生地と野菜の甘味が実によく伝わってくる。店で食べるときは、肉も挽肉とブチャックアラス（二つのナイフの間）という挽肉よりも大きめに切ったものを選ぶことが出来る。そして不思議なのは、一度この美味しさを味わうと、再び食べたくなる周期がすぐに来てしまうこと。

コンヤには多くの店が存在するので、店によって微妙な違いが出てくる。特に肉の脂が多い多くないで、客の好みは分かれるそう。自分の味覚に合った店を見つけるのも良いかもしれない。

✤ カヴルマル・トースト
Kavurmalı tost

トーストは昼食や軽食として根強いＢ級グルメ。トルコではホットサンドとして売っていて、具はチーズ、サラミ、ミックスが一般的。コンヤでは炒め煮した肉（カヴルマ）を間に挟んでトーストし、バターをぬるのが人気。肉を多く消費する街だけあって納得のメニュー。コンビーフ入りのトーストに近い。

✤ クイルック・ヤウ
Kuyruk yağı

コンヤのあたりでは特に尾に脂を貯める羊が多く飼育されている。座布団のような脂をぶら下げているのが興味深い。この脂はトルコ内陸から東部にかけて需要が高い。料理に脂を足し、旨味を加える。この旨味がなければという一方で、匂いや、胃にもたれるというので、最近では嫌う人もいる。レバーや赤身肉の串焼きなどには必ず加える。

✤ ティリット
Tirit

ティリットはトルコ国内で多く食べられている料理で、地方や作り手によって違いが見られる。乾燥したパンや数日経ったパンを無駄にせず、再調理する。とくに、肉の旨味スープを吸わせて柔らかくするもの。コンヤにあるミタットというティリット専門店は行列になる名店。食べ応えのある肉団子とふんだんにのせてあるパセリ、クリーミィな水切りヨーグルトとこだわりの溶かしバターのすべての旨味を底に敷いてあるパンが吸収。濃厚でガッツリとしたティリットは、カロリー度外視で、店主が極めたティリットといえる。

✱ ゼムゼム・チョルバス
Zemzem çorbası

ゼムゼムとはメッカで湧き出ている聖水。その水を使っているそうで、このスープはコンヤで人気。看板商品のこの鶏肉入りトマトスープは病みつき間違いなし。食べる直前にかけるバターやスパイスでコクが増す。お好みでチーズ入りにも出来る。

✱ エキメッキ・サルマス
Ekmek salması

エキメッキはパン、サルマスは加えるという意味。犠牲祭で羊や牛の肉が切られた後に、その肉を使って作られる料理。鍋に尾脂、肉を入れて、水分がなくなるまで炒めたら再び尾脂、バターと塩を加える。タンドールで焼いたパンを小さく切ったものを入れて、パンに肉の旨味が浸み込んだら完成。

✱ サジアラス
Sacarası

バクラワの生地に近い極薄の生地を作り、何層も重ねる際に間にバターやカイマックをぬる。それをロール状にしてから渦巻きに形成して焼く。焼きあがったらシロップをかける。昔は生地をユフカを焼く際の凹型鉄板（サジ）の上にのせ、2つ目のサジをかぶせるように上側に置き、その上に炭をのせて、原始的な両面焼きをしていた。2つのサジの間（アラス）という意味のお菓子。

【アクシェヒール市】

アクシェヒールでサルチャ作り

⫸◇◆◇◆◇⫷

　９月下旬、内陸部のコンヤ県アクシェヒールの郊外にあるレストランに行った時のこと。店の方との会話の中で、「私達は出来るだけ自ら野菜を栽培し、レストランで使うようにしているの。裏側に広大な土地があるからね。今の時期はトマトの収穫とサルチャと呼ばれるトマトペースト作りをちょうどしているところよ」との情報を得たので、早速お願いして見学させてもらった。更に話を進めると、レストランで使うサルチャはここのトマトですべて賄っているそう。

　畑の傍で５人の女性が働いていた。トマトがどっさりと積まれているのだが、分担作業で実に手際がよい。

　彼女達に自家製サルチャを作る理由を訊いてみた。工場で作られた缶詰の既製品が簡単に手に入るのに、なぜなのか不思議に思ったからだ。一つ目の理由は、夏にはトマトが大量に出来るので安く手に入るし、逆に冬の時期は高騰するので、経済的にも良いから。二つ目は冬のものはハウス栽培のものに比べて夏のものは太陽の恵みを受けて、栄養価も高いから。つまり季節に逆行したものは使わない。三つ目は工場で作られたサルチャよりは、自分の目で選別し作った方が安心で、確かな味で美味しい。という答えがかえってきた。

　サルチャに使うトマトは、自分の庭で栽培したもので作る人もいるし、市場で何十キロもまとめて買ったりする人もいる。また、県外から大きなトラックが直接売りに来ることもあるそうだ。

手際よくサルチャ作りをする女性達

左・天日干しで水分が抜けてきたトマト　中、右・天日干しの前に鍋で煮詰める方法もある

　作り方は、大きなタライでトマトを水洗いし、へたや虫食いの部分をのぞく。その後、適度な大きさに切って、ナイロンの袋に岩塩とトマトを交互に加える。袋一杯になったら、口をしっかりと縛って、炎天下で１週間程放置する。

　水分が出てきて、トマト自体がかなり柔らかくなるので、トマトを濾し器の上でつぶす。濾した汁を浅く広いトレイに広げて再度塩を振って、１日２回かき混ぜながら、約10日間天日干しで水分を抜く。

　また、天日干しだけでは時間がかかるので、鍋で煮詰めておいて、最後の仕上げ３、４日だけ天日干しする方法もある。

　味噌のようにねっとりとしてペースト状になったら完成。空気に触れないように容器に入れて冷暗所で保存しておけば、来年までは確実に保存できる。トルコの夏は安定した天候が続くし、内陸部は特に乾燥しているからこそ出来る。

　ところで、トマトについて少し述べると、ご存じの通りトマトは南米が原産。コロンブスの新大陸発見が1494年なので、オスマン帝国が全盛期のその時期にはトマト自体伝わっていなかった。ヨーロッパで未熟な緑のトマトが食べられ始めて、その後19世紀頃トルコで赤いトマトがようやく定着してきたことを考えれば、トルコにおいてトマト料理の歴史は意外と浅い。それまでは煮込み料理には、酸味や甘味を加える為にレモンや乾燥イチジク、スモモ、コルック（未熟ブドウ）を肉と一緒に煮込んでいた。しかし、遅まきながら登場したトマトは、料理の色や酸味、甘味、旨味のすべての面で絶大な効果がある食材として、人々を魅了してしまった。

　今では、サルチャ作り無くして、トルコの美味しい料理はありえないと言っても良いほどだ。

　トルコの食を根底から変えてしまったトマト。定着し食文化の主力となってしまった時代の流れにロマンを感じずにはいられない。

保存食の乾燥麺

◦◦◦◦◦◦◦

　8月下旬、コンヤ県のベイシェヒールという町に立ち寄った。コンヤの中心から西に車で一時間半。湖畔に位置するこの地には、セルジューク朝の建築で内部に木造柱を持つ珍しいイスラム寺院がある。周囲には、この地域で初めて集落が出来た最も古い地区があり、現在は保存区域とされている。昔ながらの古びた家々が、それぞれ肩を寄せ合うように立ち並んでいる。

　昼時にその地域を散策しているとき、とある家の前を通りかかると、風に揺れる白いカーテンの向こうから女性達のにぎやかな声が聞こえてきた。ひょっとして何か料理を作っているのだろうか。そこで「こんにちは、皆さん集まって、何かされているのですか？」と尋ねてみたら、「今、冬用のエヴ・マカルナ（自家製パスタ）を作ってるのよ！」との答えが返ってきた。そして少し拝見させてもらおうと、家の中に入れてもらった。

　中では5人の女性達が床に腰を下ろして、作業をしていた。どうやらその家の姉妹と近所の人達のようだ。持ち回りの共同作業で、順番に各家庭を手伝っているのだという。

　小麦粉、卵、牛乳、塩を混ぜたパスタの生地はすでに捏ねてあり、それを麺棒で平らに伸ばす人、それを道具で細くする人、1センチ平方の四角に切る人、切ったパスタを別の部屋に持って行き、乾燥させる人がいた。細いものはエリシテまたはケスメ・マカルナといい、正方形のものはカレ・マカルナというらしい。

ベイシェヒールにある歴史的な木造のイスラム寺院

トルコの内陸は乾燥して暑く、小麦を育てるのに適した気候と土壌がある。トルコは主食でもあるパンを始めとし、小麦を生かした粉もの料理も数多い。小麦を使った粉もの料理はまさにトルコの食文化の基礎となっている。特にここコンヤ県は地の利を活かし、小麦の加工品のパスタやブルグル、お菓子の工場もあり、盛んな地域だとのこと。

　冬の保存食でも、小麦を使ったパスタが重宝されている。そのため、秋に入るこの時季には、冬支度の一つとして作られる。乾燥させたものはスープに加えたり、茹でた後バターで炒めたり、ヨーグルトをかけて食べるそうだ。勿論街中のスーパーでも既製品の乾燥麺が売られているが、まだまだ村ではこのように手作りパスタが主流。手作りの美味しさも勿論だが、乾燥に適した天候をうまく利用した乾燥パスタは経済的にも家庭の助けになるからだ。

　ただ、一冬を越せる量を作るには人手が必要となる。トルコでは共同作業を「イメジェ」と呼び、地域の人同士で助け合って生活しているのだ。食を中心に人が集まり、人との絆が築かれていくのだろうと感じた。

　日本でも、手作業で田植えをしていた頃には、「ゆい」または「呼び戻し」と呼ばれる助け合い制度があったそうだ。近所同士で順番に手伝うなど、当時は共同作業がまだ多く残っていた。日本とは違い、トルコではまだまだ近所付き合いや助け合い精神も根強く続いている。おしゃべりしながら和気あいあいとした彼女らの時間は、客観的に見るだけでも何か羨ましく思えてしまう。

左・各家庭持ち回りの共同作業で自家製パスタを作っている
右・パスタを１センチ角に切っていく

ベイシェヒールの秋の風物詩

　8月下旬コンヤ県ベイシェヒールという町にやってきた。タルハナと呼ばれる名物の保存食があり、冬に向けた仕込みの真最中だと聞きつけたからだった。起源は450年程前、オスマン帝国時代に兵がエジプト遠征する際に長期間保存が効き、且つ栄養価の高いものを作れないかとの命令が下った。その際に発案されたと伝えられている。

　住宅地を散策していると、直径1メートルほどの大鍋が用意してあり、数人の女性達が集まっていた。ちょうどタルハナを作り始める直前だった。大鍋でヨーグルトと水を撹拌し、薪に火をつけた。沸騰する直前にクルック・ヤルマ（小麦の皮を剥いで砕いたもの）と塩を投入する。徐々に粘り気も出てきて、かき混ぜるのも大変になっていく。男性陣はいないのだろうか。一人がヘルプに来て二人で混ぜ始める。鍋底にくっつき、焦がしたら台無し。十分に気を付け、かき混ぜる。

　水分が減りお粥のような状態になると、そこで火を止めた。翌日までこれを冷ます。女性達が「これは調理する時にだけ食べられる熱々のタルハナよ。この時にだけしか食べられないのよ。あなたはラッキー」と、バターを添えた皿を手渡してくれたのだ。玄米の食感に似たプチプチとした小麦とヨーグルトの酸味が利いた濃厚なチーズの味が楽しめる。チーズ粥といってもいいだろう。

左・焦がさないように二人がかりでかき混ぜていく
右・大鍋でタルハナ作りをしていく

チーズ粥ともいえる乾燥前のタルハナ

　翌日にはこれを乾燥させるので、熱々を食べるのは今日しかない。この時だけし
か食べられないものといわれると、私は幼少の頃、曽祖母が豆腐を作る前に出来る
熱々の豆乳にこっそり砂糖を入れて飲んでいたなと、ふと頭をよぎった。あの時も、
あのチャンスを逃すと飲むことは出来なかった。あの時の豆乳の香りと味が今でも
舌にも心にもワクワクした感情と一緒に残っている。懐かしい思い出が一気にフラ
ッシュバックした。どこの国でも一緒なんだと、こういう暮らしぶりが垣間見れる
ことで、トルコと日本の食文化の違いはあっても身近に感じられる。

　翌朝、訪れると作業が始まっていた。更に多くの女性達が参加しているようだっ
た。前日作っていたタルハナを野球ボール程の大きさに丸め、板と板に挟んで押し

タルハナを丸く平らな生地にしていく作業

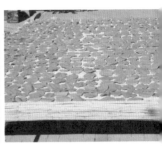

天日干しで乾燥させると長期保存ができる

　付けると、手を広げた大きさくらいの円くて平らな生地となった。これをよしずの上に一枚一枚並べて、天日で2～3日間乾燥させるとカチカチのタルハナが出来上がる。この乾燥したタルハナは長期保存出来、必要に応じてこれを水に浸して柔らかくし、溶かしてからスープとして食べるのが主流だそうだ。

　また、油で揚げたり、ストーブの上で焼いたりすると別の美味しさがあるという。私が関心を示すと、女性の一人がタルハナをわざわざ油で揚げて持ってきてくれた。完全にクラッカー状態になっており、香ばしい匂いがする。一口食べてみると、小麦の粒々がわかるし、チーズのような味もしっかりと感じる。塩気もいい塩梅だし、食べだしたら止まらなくなった。

　夜の長い冬の時期、おしゃべりが大好きなトルコ人には欠かせないおつまみとなるらしい。お客さんが訪ねて来た時には、クッキーやお茶の後に、焼くか揚げるかして相性の良いクルミやナッツと共にもてなすのだという。農作業が忙しい時、昼に家に帰れない時には、ポケットに入れておいた乾燥タルハナとクルミを食べれば、腹持ちもいいし、栄養価も高いという。

　タルハナはこの地域に残る食文化の風物詩。みんなで協力して作った手作りのタルハナが、今後一年食卓の一角を担う。タルハナを通じ、人と人とが共存する暮らしを垣間見た。

油で揚げられた
タルハナ

自然界の抗生物質

·≺◇✕◇✕◇≻·

「トルコのへそ」と呼ばれる内陸部のコンヤ県。中心部で買い出しをする際は、カドゥンラル・パザル（婦人達の市場）へ向かうことにしている。ここは、名前の由来通り、婦人達が近隣の村で採った野菜や野草、果物、各自が家で作った保存食などを持ち寄って売っていた市場だったが、近年市外、県外から持ち込まれた食材も売る大きな市場へと変わった。ここに来ればほとんどの食材が手に入る場所でもある。

多種多様な品々の中でも、ひときわ目を引く珍しい食材がキュフル・ペイニルと呼ばれる青カビチーズだ。菌が周り、青緑色の菌で覆われ、見ただけで食欲もなくなってしまう。その不気味さは私達の知るイタリアの青カビチーズ・ゴルゴンゾーラどころではない。

それなのに不思議とどの店でも店主が味見を勧めてくる。逆にどのように作られるのか興味がわいたので訊いてみた。

羊や牛の乳を搾り、機械を使って脂肪分（クレマ）を分離させる。脂分が少なくなった乳が50度を超えない程度に温め、酵母を加える。凝固し始め、分離したら布袋に入れて濾し、最後に重しをのせて丸一日水を抜くそうだ。

それを細かくほぐし、塩を振った後、空気に触れないようにしっかり容器に詰める。本来羊やヤギの革を袋状にした入れ物に詰めるが、今ではプラスチック製の容器が多い。この容器を使う場合は、水分を抜くために針で小さな穴をいくつか開け、

青カビチーズのキュフル・ペイニル

中の水分をゆっくり抜いていく。洞窟や冷暗所、土に埋めるなど場所もいろいろで、適温とされる 10 度以下で 5 か月間以上保存、熟成させる。

　塩は入れすぎると、発酵を遅くするし、乳脂が多ければ、かびが付きにくくなるので、微妙なさじ加減が求められる。

　発酵が進むと、水分が抜けた所から青カビが出来始め、空気に触れた外側から内側に向かって白いチーズが青緑に変色していく。

　店主曰く「コンヤでは誰もが知っていることだが、この青カビチーズは自然界の抗生物質と言われていて、体にとても良い。ただ、昔と違って各家庭で必要な量を作っている時代とは違い、今は商売用に作られているから、羊やヤギの革に詰めてじっくり熟成させ、手間暇かけるチーズは減ってきている。プラスチックの容器に詰めたり、人工のカビを加えたり、時間をかけないで作るものもあるね」と語った。続けて「羊の乳はクセがあるから、牛乳で作ったものが今は好まれているよ。また、キュフルの意味はカビが生えている意味で、別の地域の人には、腐っていると誤解されやすい。そこでイメージを一新するために、今はイェシル・ペイニル（緑色のチーズ）として PR する販売戦略も功を奏し、ようやく認知され始めたよ」と現状について語ってくれた。

　コンヤでは、青カビチーズはタンドールで焼いた熱々のパンに挟んで食べたり、パン生地に包んで焼いて食べたりするのがとても好まれる。熱でとろりと溶け、青カビ特有の香りとコクが口いっぱいに広がるのだ。

　青カビチーズはコンヤ県や隣県のアクサライ県、東部地方のエルズルム県やアルダハン県でもよく食べられ、朝食には欠かせない存在である。チーズ一つとっても、現地の人の嗜好の違いを見ることが出来て興味深い。

シベリア・オムスクのタタール系の村の滞在

コンヤに生活の拠点を移してからしばらくして、ここにはロシアのシベリアから移住してきたタタール系の民族が住んでいることがわかった。

とても興味深い発見だったため、知人を通じて紹介してもらい、タタール系が多く住むコンヤ県北部のジハンベイリ市のボールデリック村を訪れ、村長のアドナンさんの家に数日滞在させてもらった。村長さんは早速村全域を見渡せる丘に連れて行ってくれて、そこで歴史についての話をしてくれた。

彼らは1908年ロシア帝国の政治との兼ね合いもあり、シベリアのオムスクからこの地に集団移住したのだという。当時タタールのアブドゥルレシッド・イブラヒムという人がオスマン帝国と間を持ち、移住先をここに取り決めたのだそうだ。

シベリアを想像させるかのような、地平線が見える程の平らで広い大地。そこに200〜300軒くらいの家が区画整理された土地に建っている。この地にはシベリア

丘から見渡すボールデリック村

程の森はないが水が豊富で広大な大地だったため移り住み、小麦、大麦、テンサイなどを栽培している。今まで生活できているのはアブドゥルレシッド氏のおかげだという。彼はその後日本に定住し、イスラム教徒のタタール系をまとめ、東京ジャーミイ（イスラム寺院）の建設にも関わり、そのイマム（僧侶）にもなった。日本とこの村が、彼で繋がっているという話を初めて聞いて、急に胸が熱くなった。

　1900 年前後、ロシアに残るか移住するかで、家族、親戚、近所含めて、すべての人生を左右する選択だった。移住する道中に亡くなった人は少なくなく、残った人達だけが頼ることが出来た。オムスク・タタールの人達は 100 年以上トルコに住みながらタタール語という独自の言語、食文化、その他の伝統を守り、継承していくことでアイデンティティと存在意義を確認しながら、助けあって住んできたと語る。

　更に村長さんは話を続けた。時が流れた現在、メディアやインターネットが広まり、守ってきた文化がいい方向に向かっている。それはシベリアのテレビでこの村の映像が紹介されたことがあって、タタールの文化が異国トルコの地で変わらず守られていることに、シベリアの同胞がとても驚いたのだそうだ。それをきっかけに、村長さんはシベリアに行き、離れ離れに住んでいた親族、親戚も見つかったという。その後シベリアを行き来し始め、今もなお、同胞とインターネットのビデオチャットなどで更に交流や繋がりを深めている。

　だが、良いことばかりでもないらしい。現実問題として、人口も減り、村や文化の存続が危ぶまれている。時代が変わり、若者は仕事を求めて村を離れ、街へ移り住む現実もある。村の祭りでもない限り大勢が集まることは少なくなった。結婚もタタール系の中で行われていたが、今では人種を越えての結婚も多い。独自の文化を継続し守っていくこともももう難しいと語る。

　次の日、男性陣が集まりタタール民謡を歌う場が設けられた。これを歌える最後の世代の人がいて、ここでも継承する人がいないという現実的な危機感を目の当たりにした。もはや文化や伝統が過去のものとなるかもしれないと思うと、急に淋しい気持ちになる。移住してから時間が経過すれば、自然にそうなっていくのは当然だと彼らもわかっていながらも、文化そのものが彼らのアイデンティティであるから、その想いは複雑だろう。何とか守っていきたいと願う彼らの想いを肌で感じた。

さて、一体シベリア・オムスクのタタール系の食べ物はどんなものなのだろうか。彼らと数日間共に食事をした中で、トルコの一般的な食事との違いがいくつか見受けられた。

　まず、コーヒー文化はなく、紅茶の文化が定着している。トルコでは小さなグラスで紅茶を食後に飲むのに対して、タタール系では必ずカップで飲む。食事の時に料理と一緒に飲む為、カップのサイズも大きい。ティーソーサーに紅茶を受けて飲むこともあり、どこか中国や中央アジアを感じさせる。また、トルコでは紅茶にミルクを入れることはほとんどないが、ミルクティーとして飲むこともあった。

　料理に関しては、主に肉と小麦粉、穀物を使った料理が多い。トルコも同じく肉と小麦粉を組み合わせる家庭料理は数多くあるが、タタール系の食文化には同じ組み合わせでも形や作り方に違いが見られる。煮込み料理に野菜が入っているものはあまり好まないそうだし、トルコでは料理にトマトペーストを多用するが、タタール系の文化ではほとんど見られない。1910年頃多くのシベリア・タタールの人がトルコに来た際にトマトを初めて食べて、リンゴと勘違いしたという話も聞いた。ここでタタール系の方に作って頂いた料理の一部を紹介したい。

左・肉と米を混ぜ合わせたものをパン生地で包んだベリチ
右・村の一角にある共同釜

サムサはインドでもスパイスのじゃがいもを生地で包んで油で揚げたものがある
が、これもそれに似ている。生地は小麦粉、牛乳、イースト、油で混ぜてこねる。
具にはみじん切りの玉ねぎと小さめに切った鶏レバーを炒める。茹でた米を足し、
塩、黒コショウで味付けし具を作っておく。生地を伸ばし、丸く形成した後で、具
を詰め閉じる。両面油で揚げて完成。食べる際はサムサを２つに割って、そこに溶
かしバターをスプーンですくって流しいれてから食べるのがタタール流という。

　ツツペレは、いわゆるマントゥ。小麦粉、卵、水、塩で練った生地を薄く伸ばし
て正方形に切った生地に、挽肉の具を真ん中にのせて長方形に２つに折る。その端
を両手で持って、回して合わせる。雨の雫が落ちた波紋のような形。茹でて、溶か
しバターとお好みでヨーグルトをのせて食べる。

　ベリチはカヴルマと呼ばれる炒め煮した肉と米を混ぜ合わせて具にして、パン生
地で包んで、じっくり窯で２時間半焼いたもの。肉汁の旨味を吸わせるために米を
使い、具の旨味を外に逃がさないようパン生地でしっかり包んでいる。村の一角に
は共同でパンを焼くための共同窯があり、定期的に数家族の分を一度に焼く。シベ
リアの環境と違い森が少ないために薪が取れない。そこで、タタールの人が、パン
を焼く窯を独自に工夫し考え出した。下の穴からは、薪が取れない為、乾燥させた
麦わらとギュブレと呼ばれる乾燥させた家畜の糞を混ぜ合わせて火力にし、窯の温
度を上げる。中段の穴からパンを入れるが、そのスペースの真ん中には小さな丸い
穴があり、下段から熱が周り、煙は手前の大きな煙突から上へ抜ける仕掛けとなっ
ている。窯の適温を調べる際には、小麦粉を中段にふり入れると、粉が星のように
火がつくとパンが焼ける温度になったことを意味する。

　また、お菓子に関しても、トルコでは小麦粉で生地を作り、透けるほど薄くして
から何層にもして作るバクラワのようなパイ状のお菓子が発達。タタール文化には
そこまで薄く伸ばす文化がないためか、デザートやお菓子の幅が極めて少なくジャ
ム程度で、パン生地にジャムを入れて焼いたものがあった。トルコとタタール文化
との違いがわかり充実した滞在となった。

カラマン県

Papara ／料理：パパラ
Karaman merkezi ／地域：カラマン中心地

　今回取材した料理はパパラ。一般に知られている名はティリット。実はこれはペルシャ語から。パパラはカラマンの村などで通じる名前。パパラという名はギリシャ語源で、バルカン諸国でも食べられている料理。

　カラマンのビルタットという食堂では、平日の毎朝6時から10時までで、売り切れ御免で提供している。鍋に牛の骨の関節部分を砕いて、水を加える。窯を持つパン屋へ持ち込み、夕方8時から朝方4時までじっくり火を入れ、スープを取り出す。髄から取れるスープのみを使うのだという。それをトマトベースで味付けしたスープを作る。皿には、一日前のピデを小さく切って盛り、そこへ熱々のスープを加える。2回程スープをパンに浸み込ませては、スープを鍋に戻す。パンに浸み込ませすぎないのも、秘訣の一つ。そこにスズメ（水切りヨーグルト）、調理した挽肉、刻みパセリ、青ネギ、赤唐辛子パウダーを順に加え、仕上げにもう一度スープを足して出来上がり。

　バイラム（宗教的祝祭日）には欧米、バルカン半島から帰省してくる人も多く、パパラを懐かしむお客で大盛況だそうだ。辛さもあって、青ネギ入りだからか飽きさせない。スズメが濃厚でクリーミィで、すべての具材をうまく取り持って、まろやかに絡めてくれる。数多く食べたパパラ（ティリット）の中でも、一番バランスの取れたものだった。これなら帰省客が懐かしがるのも無理はない。

遊牧民との交流

・<>◇<>◇<>・

　コンヤに滞在していた時のこと。知人から「ラクダのいる遊牧民の暮らしを見て
みないか？」という耳を疑うような誘いがあった。勿論二つ返事で承諾。後日何人
かで車に乗り、隣県のカラマン県へと向かった。

　以前、日本の友人から「トルコといえばラクダが居るところか？」という質問に
「いない」と答えたことがあったが、実際はかなり希少だが遊牧民が移動する手段
としてラクダを飼っているとのこと。結局のところ、見ることは出来なかったのだ
が、まだラクダに荷物を乗せて移動しながら生活をしている遊牧民もいるそうだ。
ほとんどの遊牧民がラクダを売り、トラクターに切り替えているのが現実のようだ。
今回2組の遊牧民のテントにお邪魔して交流することが出来た。全く家を持たない
遊牧民と、村に住みながら、夏の間だけヤイラ（高原）へと移動する人達がいると
のこと。遊牧民をトルコ語でヨルック。その由来は歩くという意味のヨルマックか
らきている。

　最初に出会った人達は、水のある場所を選んでテントを張り、夏の間決めた場所
で生活する。テントの中は長期間落ち着いて住めるようにきちんと整えられていた。
キリムを何重にも敷いてあり、食器棚があり、お盆やトレイなどもテントの屋根の
裏側に機能的にきれいに整頓されている。テントの隅には竈のようなものがあり、
火を起こして鍋で調理が出来るようになっていた。

左・遊牧民のテント
右・食器などもきれいに整理されている

左・テントの中で調理もできるようになっている
右・テントの中で食事をいただく

　ここでは羊の乳でヨーグルト、バターの他、チーズを作り、その過程で残った汁を再び加熱して凝固したものを集めたロルを作る。これに塩を加えて羊の革に詰めて水分を抜き熟成させたトゥルン・ペイニルも作って保存する。パン、ヨーグルト、蜂蜜、チーズ、ペクメズ、オリーブ、チャイでもてなしてくれた。彼らの風習では、お客さんにはお腹が空いているとか空いていないとか聞かないで、今ある食材で食卓を用意するそうだ。
　その次に出会った方は完全に移動型の遊牧民。ラクダを売って、新型のトラクターで移動をしている。いつでも設置、撤去出来るとても簡易的なテントで、サジという鉄板で女性がユフカを何枚も焼いていた。彼女と話していると、岩山の上からヤギの群れが降りてくる。数百頭はいた。戦争時の軍隊のようなとても迫力がある光景。遊牧民の青年とも遭遇。大きなヤギを従え、とても勇ましい姿だ。勿論放牧には欠かせないトルコ・スィワス県のカンガルー犬も群れに目を光らせている。あまりの迫力ある光景に圧倒された。彼らはヤギの為の草を探し求めて、いつ移動するかはその時任せ。4月下旬から移動が始まる。この辺りの遊牧民は地中海沿岸の平原地域からテントを張りながらトロス山脈を越え、2週間程かけて涼しいヤイラ

今はトラクター
で移動する遊牧
民も多い

（高原）に群れを率いて移動。そこで数か月過ごし、秋口になるとまた移動しなが
ら山を下る。それも自然の天候に従って、行動を決める。ヤギが財産であり、資本
でもあるヤギ中心の暮らし。それを維持する為には、これほどの労力が必要になる。
　後日コンヤのエレイリ市で遊牧民のお祭りがあるというので、知人に招かれ参加
することに。遊牧民のいる村がそれぞれテントを張り、羊のヨーグルトドリンクの
アイラン、チーズ、じゃがいもを具に入れたスクマと呼ばれるロールパンを作って
参加者にふるまった。スクマは遊牧民が常にヤギを監視出来るようにと簡単に食べ
られる、とても理にかなった食べ物。トルコの各地方からの招待客がダンスを披露
したり、展示や販売もあった。遊牧民の中でもいろんなグループがあるらしいのだ
が、ただイベントだから、一般人も多いしいろんな方面から参加しているので、実
際どの方が本当の遊牧民なのか、素人には全く見分けがつかない。ステージの隣に
はテントが張られ、そこで友人と一息。羊の毛で作った柔らかいフェルトの上に寝
そべって、風通しのよいヤギの毛で編んだテントは風通しがとても良くて何とも心
地よかった。夏は毛も広がり風通しも良く、冬は逆に締まるので温かいそうだ。ま
た多少雨が降っても毛が水分を吸って膨らむので、少々の雨は落ちてこないらしい。

数百頭はいたであろうヤギの群れ

左・ヤギを従える
遊牧民の青年
右・遊牧民のお祭
りで食事をふるま
う女性達

　今回、遊牧民の暮らしぶりを部分部分でしか見れなかったが、今まで全く知らな
かったことを思えば、彼らの価値観、問題などより身近に感じることが出来たよう
に思う。イスタンブルの大都会の生活が存在する中で、全く対照的な生活が残って
いることに正直驚いた。ただ遊牧民の数は年々減っているようだ。実際トルコ国内
でも一世代前に、遊牧民を辞めて定住したという家族も結構いたことを思い出した。
今後も次世代の子供がこの生活を望むことも少なくなる一方であるし、子供の学校
での教育の問題、ヤギの放牧による草木の減少など、その他様々な要素が遊牧民の
減少の要因になっている。更には定住先がないことで、行政との間でもいろいろな
問題も生じている。次世代の子供達が、どのような生き方を選択したいかで今後の
遊牧民の在り方が変わってくると思うが、今の世代は代々仕事として受け継ぎ、定
めとして続けているのが現状のようだ。

テントの中は風通しも
よく心地よかった

エーゲ海地方

Ege Bölgesi

1. キュタヒヤ県
Kütahya

2. アフヨンカラヒサ
ール県
Afyonkarahisar

3. ウシャック県
Uşak

4. デニズリ県
Denizli

5. ムーラ県
Muğla

6. アイドゥン県
Aydın

7. イズミル県
İzmir

8. マニサ県
Manisa

Kütahya

キュタヒヤ県

Dolamber böreği ／料理：ドランベル・ボレイ
Kütahya ／地域：キュタヒヤ市

　ウンル・マームルレルと呼ばれる粉もの製品販売所で売られているドランベル・ボレイはキュタヒヤの名物。ドランベルのドランは回す、巻く、曲がったなどという意味で、渦巻きに焼いているからこの名がついている。店主にお願いして作り方を見学させてもらった。

　このパイを作るにあたって、生地を薄く広げる必要がある。生地は小麦粉、塩、水のみ。ユフカと呼ばれる薄焼きパンを作る際と同じで、麺棒で直径70センチほどの円状に薄く伸ばす。それに溶かしバター、もしくはひまわり油を表面にぬる。そうすると、生地が油で柔らかくなり、更に薄く伸ばすことが出来る。

　この店では、効率が良いように回転テーブルを作っていて、生地を手前にゆっくりと引くことで伸びていく。引いては回しながら、1メートルを越える薄い生地に仕上げる。中に入れる具はほうれん草やじゃがいもなどがある。ほうれん草の場合、ほうれん草を刻んで、白チーズ、ロル（牛乳を凝固させたチーズ）、唐辛子フレーク、塩、ひまわり油を加える。白チーズは旨味とコクを加え、ロルは形を残すために加えるという。混ぜ合わせたものを生地の端に置いて、外から中へ向かって巻いていく。円状に仕上がるので、それを切って、今度はトレイに渦巻き状に真ん中から外へ向かって敷く。これを3回繰り返すとトレイ1枚分が出来る。それをオーブンで焼いて完成。切断面もとてもきれい。

❄ ハシハシル・ピデ
Haşhaşlı pide

キュタヒヤの朝食でよく食べられるハシハシ（ケシの実、別名ポピーシード）のピデパン。石窯のあるパン屋で買うことができる。ケシの実をすり潰したペーストは店で売られているが、濃厚なのでひまわり油で薄めておく。生地を広げてペーストをぬり、渦巻き状にした後、押しつぶす。形成した後、表面にもぬって焼く。仕上がりはデニッシュパンのように層状になっており簡単にほぐれる。ゴマペーストに似ているが、かなりナッツに近い香ばしさ。

❄ スクジュック・チョルバス
Sıkıcık çorbası

スクジュックとは、握りしめて固めたものを意味する。ブルグルをお湯で柔らかくした後で、タルハナ・スープの粉、小麦粉、コショウ、乾燥ミントを合わせてしっかり練ったら、ひよこ豆ほどの小さな玉に丸める。スープ自体は、バターと乾燥タイムが効いた優しい味。中にヨーグルトを落として、少しずつ混ぜながら食べる。

✻ クズルジュック・タルハナス
　Kızılcık tarhanası

ビタミンが多く、冬の時期子供が
風邪を引いたとき、母親が必ず作
ってくれるスープだそうだ。市場
で村の人が自家製のものを売って
いるのを見かける。

✻ トゥトゥマチ・チョルバス
　Tutmaç çorbası

麺入りスープの総称。小麦粉、塩、水で練った生
地を薄く伸ばし、細長く、または正方形に切っ
て、スープに入れたものをいう。各地方、各家庭
でヨーグルトベース、トマトベースさまざま。キ
ュタヒヤでは具には緑レンズ豆を入れ、好みで旨
味を出すために挽肉を加えることも。

アフヨンカラヒサール県

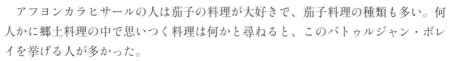

Patlıcan böreği／料理：パトゥルジャン・ボレイ
Afyonkarahisar merkezi／地域：アフヨンカラヒサール中心地

　アフヨンカラヒサールの人は茄子の料理が大好きで、茄子料理の種類も多い。何人かに郷土料理の中で思いつく料理は何かと尋ねると、このパトゥルジャン・ボレイを挙げる人が多かった。

　アフヨンカラヒサールで知らない人はいないという老舗レストランのイクバルで、今回料理長ご自身に作っていただく機会があった。パトゥルジャンとは茄子、ボレイ（ボレッキ）はパイを意味する。まずは、皮を削いで茄子を揚げる。それを小口切りにした後、一度油を切る。そこに予め炒めておいた挽肉、生の挽肉、黒コショウ、塩、刻みパセリ、卵を入れてしっかり混ぜ合わせる。炒めた挽肉は味を加えるためで、生肉は具材を繋ぐためだという。炒めたものと、生の挽肉を一緒に加えるというのが興味深いが、理に適っている。合わせた具を平らなトレイに一面敷き詰める。そして数分間オーブンの中に入れる。というのも、上から焦げ目をつけるため卵黄をぬるので、卵がトレイの底に浸み込まないように、一度表面を固める必要があるからだ。卵黄をぬったら、しし唐やトマトで飾りをつけて、200℃に熱したオーブンで30分ほど焼く。仕上がりはオムレツのように見えるが、卵はあくまでつなぎの役目で、焼き茄子と挽肉の旨味が一体となっている。茄子は一度揚げているし、挽肉も半分の量は炒めていて、メインの具材がどちらも旨味を一番引き出した状態で合わさっていることがこの料理のポイント。

　一見色合いは地味で、味はどうなのかと思えてしまうが、名物なだけはあった。スパイスやソース要らずで、旨味が凝縮されていて、実に食べやすい。

197

アフヨン・スジュウ
Afyon sucuğu

アフヨンカラヒサールの代表的な名物の一つ
で、産業の一つにもなっているサラミ。街中
を歩くと、サラミを吊るしているお店を数多
く目にする。ある店主に話を聞いてみると、
厚めに切って、両面に軽く焼き目を入れるぐ
らいがベストだという。自ら選んだ肉と粗挽
きの黒コショウ、ニンニク、スパイスも厳
選。保存料、着色料などは一切使わない。ま
た、アフヨンカラヒサールらしくサラミをド
ネルにした店もあった。ナイフで削いで、そ
れを薄焼きパンに挟んで食べる。また、サラ
ミを縦に薄くスライスしたグリルのプレート
料理もある。

アウズ・アチュック
Ağız açık

アウズ・アチュックとは、口が開いていると
いう意味。パイ生地を広げて、中に白チー
ズ、パセリ、卵白、塩を混ぜたものをのせ
て、真ん中に向かって織り込んでいく。仕上
がると、空気を含んだ生地が外へと広がり、
真ん中の部分がちょうど口を開けたように開
く。一つ約75円。二つに割ろうとすると、
中から生地が何層も何層も出てくる。表面は
パリパリして手作りでの質の高さを実感。挽
肉入りも販売している。

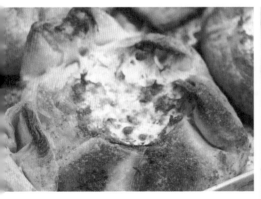

✳ メルジメッキリ・ビュクメ
Mercimekli bükme

油を加えて何度も練ったパイ生地を広げ、レンズ豆
をのせ手前から折りたたむように包む。ひっくり返
して、両端を具が見える程度に切り落とす。仕上げ
にはケシの実を潰したものと、溶かしバターを表面
にぬってオーブンへ。食感はパイ状でサクサクして
いる。名物はレンズ豆の具で、その他じゃがいも、
チーズ、挽肉入りもある。東隣のコンヤ県アクシェ
ヒールでも同様に緑レンズ豆入りビュクメがあり、
西隣のキュタヒヤ県ではトスヌムという名前で同じ
パイがある。

✳ デューン・チョルバス
Düğüm çorbası

別名タンドール・チョルバスともいう。デュー
ン（結婚式）で飲まれるヨーグルトベース
のスープ。中に入っている具は、タンドール
で煮込んだ羊や牛の柔らかい肉を小さくほぐ
して入れている。多くの食堂で定番のスープ
として提供されている。

✳ アフヨン・ムサカス
Afyon musakkası

アフヨンカフヒサールは茄子を使った料理が
とても多いことで有名。トルコの代表的な茄
子料理のムサカも定番料理。ひよこ豆と一緒
に煮るのは、ここのみ。挽肉の旨味を吸った
トロトロの茄子をピラフの上にのせて食べる
のが美味。

❋ アフヨン・エキメイ
Afyon ekmeği

アフヨンカラヒサールの屋台で売っているパン。全粒粉に水を足して数日間放置しておくと酸味のある元種が出来る。これをエキシマヤといって、この酵母を使って生地を作る。茹でたジャガイモを潰して、生地に練りこんで、窯で焼いたもの。それによって美味しさを加えると共に、柔らかい状態で1か月持つという。2キロある大きなパンは、生地も詰まっていて、うっすら黄色い。

❋ エキメッキ・カダユフ
Ekmek kadayıfı

食堂やレストランに行けば、食後のデザートとして名物であるこのデザートを勧められる。硬めに焼いた軽石のようなスポンジ状のパン生地にシロップを吸わせる。今ではこのパンは既製品があるので、シロップを作って吸わせるだけでよい。カイマックをのせて食べるのが一般的。色鮮やかなサワーチェリーのヴィシネ味もある。

✳ マンダ・カイマウ
Manda kaymağı

乳製品の一つで、乳を沸騰させ、冷ますと表面に乳脂肪が固まる。これをカイマックという。日本ではクロテッドクリームとして売られている。特に水牛の物は濃くて味も良い。アフヨンカラヒサール県を代表する名産の一つで、ホテルでは朝食でも出してくれる。トーストにカイマックと蜂蜜をつけて食べれば至福の時を感じるほど美味。ただしカロリーには気を付けよう。

✳ カイマックル・ロクム
Kaymaklı lokum

ロクムはトルコで代表的なお菓子の一つ。柚餅子に似ている。アフヨンカラヒサールでは水牛や牛の乳から取ったカイマックが名物となっており、それを生地に入れて固まらせて巻いたカイマックル・ロクムが有名。街中にも専門店があり種類も多い。ロール状になったロクムをはさみで切り、試食もさせてもらえる。

エーゲ海地方

ウシャック県

Alacatene ／料理：アラジャテネ
Uşak merkezi ／地域：ウシャック中心地

　25年来のトルコ人の友達ギュンドアンの奥さんにレンズ豆を使った郷土料理を作ってもらった。この料理に使う黒レンズ豆は、トルコで一般的に使う赤レンズ豆や緑レンズ豆とは違う。形もレンズ状よりも少し丸みを帯びているし、調理すると赤レンズ豆よりもマッシュ状に砕けず、緑レンズ豆よりも柔らかい、ちょうど中間ほど。

　料理を始める前に、中に小石やごみが混ざっていないかチェック。特に黒レンズ豆は小石と色がよく似ているので一粒一粒、何度も丁寧に見分けなければならない。せっかく作ったのに石を噛んでしまったら、食事も台無しになってしまう。

　作り方は、鍋にオリーブオイルを入れて、玉ねぎ1個としし唐をみじん切りにして炒める。豆を加え、トマトペースト、刻んだトマト、赤唐辛子を入れる。3倍量の水と適量の塩を加える。沸騰したら、細挽きブルグルを加え、20〜25分煮る。水の量には特に気を付けて、仕上がりは決してスープ状になってはならず、ぼてっとしたお粥状にする。

　現地名ではこの食べ物をカラ・シムシェッキという。何と映画のナイトライダーに出てくるスーパーカー・トランザム2000をトルコではカラ・シムシェッキ（黒い稲妻）といい、そこからきている。栄養価が高くエネルギーが出るということらしいが、ウシャックの人々の中で愛称として通じているのが実に面白い。これ一皿でも腹持ちの良さは言うまでもない。

❋ カバックル・ドンドゥルメ
Kabaklu döndürme

小麦粉の生地を捏ねて薄く伸ばし、大きく平らなプレートに敷く。そこに細くおろしたカボチャ、白チーズ、黒コショウ、唐辛子フレーク、塩を混ぜ合わせた具を一面に敷く。その上にもう一度生地をかぶせ、溶き卵をぬって、下から直火で焼く。下側が焼けたら、同じプレートをかぶせるか、伸ばし棒でひっくり返す。ドンドゥルメはひっくり返すの意味。

❋ ハシハシル・ペスキメット
Haşhaşlı peskimet

ウシャックのペスキメットはちぎりパン。これは生地の中にケシの実のペーストをぬってロールしたもの。ふんわりした生地で、とても食べやすい。ケシの実のペーストはゴマをかなり煎ったような香ばしさやほろ苦さがある。このパンは焼き菓子屋で売られている。

❋ クルムズ・ヘルワ
Kırmızı helva

赤いビーツ、ターヒン（ゴマペースト）、砂糖、小麦粉などで練ったものにクルミを加えた砂糖菓子。色鮮やかで、甘さも控えめ。すべて天然のもので作っており、栄養価も高い。特に断食月、日中エネルギー不足を抑えるため、サフル（日の出前の食事）によく食べるとのこと。

❋ キョプック・ヘルワス
Köpük helvası

鍋に砂糖と水を入れて加熱しシロップを作り、別の鍋でチョベンという植物の根を茹でたら、その茹で汁をシロップに加えて攪拌させる。そうするとトロッとしたメレンゲ状のクリームが出来る。オスマン帝国時代から伝わる古いお菓子の一つ。胃の膨満感を防ぐ効果もあるそう。そのまま舐めるほか、朝食のパンにぬって食べる。また、これを薄く伸ばしゴマをまぶして固めると、パリパリとした飴のビトリ・ヘルワが出来る。

エーゲ海地方

デニズリ県

◆ **Kuru kabuk dolması** ／料理：クル・カブック・ドルマス
Buldan ／地域：ブルダン市

　デニズリ県の中心から北西に車で1時間半ぐらい行ったところにあるブルダンという町の名物は、乾燥させた茄子にお米を詰めて炊いた料理、クル・カブック・ドルマス。町中を散策していてもピーマンやトマト、唐辛子の乾物よりも、群を抜いて茄子の皮の乾物が多いのがわかった。

　たまたま結婚式で出すこの料理を作るところを見せてもらう機会があった。夏の時期、大量の茄子が出来ると、外の皮だけ残して中はすべてくり抜き、皮を糸でつなぎ合わせて乾燥させ、冬用の保存食にする。通常夏の時季は新鮮な茄子をくり抜いて、そこにスパイシーなお米を詰めて炊き込んでドルマを作るが、人々が多く集まる結婚式や割礼式には、夏でも乾燥した茄子の皮を使ってドルマを作る。すでにくり抜き乾燥させているために、米を詰めるのが簡単。中身はほぼ取り除かれ、ほぼ皮と言っていい。加えて、乾燥させると旨味が増して味も凝縮。たくさん作る際にはメリットしかない。乾燥した茄子の皮は茹でて、水に戻した後、水切りしておく。米も数度洗い、1時間程水に浸しザルにあげる。タライにパセリ、予め炒めておいた羊の挽肉、トマトペースト、オリーブオイル、黒コショウ、唐辛子フレーク、塩を加えて、しっかりと混ぜ合わせて具を作る。茄子に米を詰めながら、一方で大きな調理用のトレイにきれいに並べる。これにトマトベースのお湯を足して蓋をして炊き上げること40分で完成。なお、町の食堂でも茄子のドルマを食べることができた。

205

✳ オトゥル・ピデ
Otlu pide

県北ブルダン市の名物ピデ。夏はパズ（フダン草）、冬はほうれ
ん草をメインに、ポロネギ、青ネギ、エベギュメジ（葵）、イタ
リアンパセリ、2種類のチーズを加えて具にして焼いた絶品ピ
デ。緑野菜や葉物だけをふんだんに使ったピデは他地域では珍し
い。表面には手作りバターがのせてある。熱々のピデで溶けるバ
ターの香りがさらに食欲を誘う。

✳ チャーラ・ドヴメスィ
Çağla dövmesi

4月に成る未熟なアーモンドの果肉をチャ
ーラと呼ぶ（アーモンドは果肉の中の殻を
割った仁）。通常塩をつけてそのまま食べ
るが、ブルダンではチャーラを細かく砕
き、刻んだパセリ、青ネギ、サルマシュッ
クという山菜、塩、ゆで卵、レモン汁、オ
リーブオイルを加えて具を作る。これをユ
フカに巻いた軽食。ピクニックにも持って
いける食事。シャキシャキした食感。ほの
かに感じる青っぽさとレモンの酸味をゆで
卵が和らげる。

❈ **ターヒンリ・ピデ**
Tahinli pide

発酵させたピザ生地にターヒン（ゴマペースト）、ひまわり油を加えて折りたたみながらこねることでパイ生地のようになる。平らにした後、表面にもたっぷりとターヒンをぬって焼き、仕上げには蜂蜜と砕いたクルミをかけて食べる食後の絶品デザート。味はきな粉黒蜜ピザといえばイメージが湧くかもしれない。

❈ **バルダン・ソヴァン**
Baldan sovan

バルダンは茄子、ソヴァンは玉ねぎという意味で、この地方の方言からこの名前がついた。焼き茄子と炒めた玉ねぎ、ピーマン、赤パプリカにチーズ、砕いたメネンゲチ（ピスタチオの原種）をエリック・エキシシ（スモモの濃縮液）とオリーブオイルをぬったユフカに巻いて食べる村の簡単な食事。

井戸や地下に保管した雪で作るかき氷

ᶜᐧᐸ᙭ᐳᐧᶜ

　夏真っ盛りの8月、エーゲ海地方のデニズリ県のブルダンを訪れた。町中を散策
していると、結婚式が行われているところに出くわした。会場の傍を通ると、中へ
と案内され、食事もいただくことになった。トルコでは多くの人に祝ってもらえる
のはありがたいこととされ、招待客数はかなり適当。そういうこともあり、私のよ
うな経験をすることは珍しいことではない。特に外国人だと「まあ、ちょっと寄っ
ていきなさいな」というノリで招かれることになる。食事をいただいた後、会場の
外へ出ると、かき氷（カルサンバチ）が出席者にふるまわれていた。結婚式の主催
者が、業者に数百人分のかき氷を注文し、無料で配るのだという。

　早速、さくらんぼのシロップにかき氷を入れてもらい、スプーンでざくざく崩し
ながら、すくって食べる。真夏の炎天下でもあったので、実に美味しく感じられた。

　業者は、大きな布袋いっぱいに詰めてある氷を削ってはコップに盛っていく。こ
の氷は、冬に天然の雪を袋に押し詰め、夏が来るまで地下に埋めて保存したものだ
そうだ。メソポタミア文明があった時代から続くやり方だそう。冷蔵庫の無い時代
には、この方法で食材が腐らないように保存されていたそうである。

　当然、冬の時期に蓄えておくのだが、一般的によく知られている注意事項がある
という。初雪は風邪を引いたり、お腹を壊したりするので、一度雨が降った後、ま
たは3度目の降雪から集めるといいそうである。

結婚式の主催者が無
料でかき氷をふるま
ってくれた

左・さくらんぼシロップのかき氷
右・氷は冬に天然の雪を集めて地下に埋めて保存している

　夏場に果実やハーブを砂糖水で煮出して作ったシェルベットというジュースや、ドライフルーツを煮出してその汁を飲むホシャッフは、オスマン帝国時代に花開いた飲み物だった。それを冷やすのに使われる氷はかなり重要視され、きちんと管理されていたようだ。シェルベットに氷をそのまま入れると薄まってしまうので、氷を削った凹みにシェルベットを入れて冷やして飲んでいたという記録もあるそうだ。

　オスマン帝国の帝都イスタンブルから船で2時間程行くと、マルマラ海沿いの古都ブルサがある。ここにはウルダー（大山）があり、雪や氷が採れる場所で、この地から都までヤギの毛で作ったフェルトに包んで船で輸送していたといわれる。

　家庭でも同じように、麦わら、フェルトやキリムという織物に包んで洞窟や地下に保存して、夏にスモモやアンズの果汁、ブドウの果汁を煮詰めたペクメズをかき氷の上にかけて、食後によく食べていたそうだ。

　業者が商売用に雪を保管して、結婚式などで実演するのはイベント的な意味合いが強いとはいえ、昔ながらの方法で作られているかき氷。

　年配の人には懐かしさを、若者には珍しさを感じさせているようだった。トルコ人に宿る、いにしえの記憶を刺激する一品であることだけは確かなようだ。

ムーラ県

Muğla kebabı ／料理：ムーラ・ケバブ
Muğla ／地域：ムーラ市

　ムーラ市の名物の一つでもあるムーラ・ケバブ。おすすめの店は、この道60年の職人ケマルさんが営む小さな食堂。ケバブと名前は付いているが、イメージしていた料理とは違っていた。透き通ったスープに、肉の塊があり、黒コショウをかけて提供される。一人前約450円。ケバブは肉料理の総称でもあるので、その幅広さを感じる一品。食べ方を教えてもらうと、各自で塩をかけレモンを搾り、ピデをちぎってスープに入れて、水分を吸わせてから食べるそうだ。焼きたてで、外はパリパリ、中はもっちりのピデ。これだけで食べても十分美味しい。ここで面白いのが、希望すればスープのおかわりがあること。なくなると、店主がスープだけを持ってきてくれて増量してくれる。パンも食べ放題的な扱いになっているので、お腹は十分満たされる。骨付きが好きならそれも注文できるし、常連ともなると肉なしのスープだけ頼む人さえもいた。

　作り方は、オーラックと呼ばれる仔ヤギの肉をオーブンで焼き、表面に焼き目をつけ、脂をしっかりと出す。オーラックは仔羊とは違い、スープにしても脂っぽくなく、旨味も出るため、飽きさせない。それを土鍋に入れて水を加える。石窯を持つ近所のパン屋は午後4時ごろには窯の火を取り出すので、窯の予熱だけで12時間じっくり火を入れる。ケマルさん曰く、肉の量によって水加減が極めて大事だそう。早朝6時から開店し売り切れ御免の朝飯。仕事前の客が相次いで訪れる地域に根付いた料理。

✳ **ミラス・ボレイ**
　Miras böreği

ミラス市で作られる焼きパイ。市場には大き
なトレイに焼いたパイが売られていた。イラ
クサ、イタリアンパセリ、フダン草、青ネ
ギ、ほうれん草、野生のフェンネル、白チー
ズなどを加えて具を作り、上下20枚ずつ重
ねた薄い生地の間に挟んで焼く。旬の緑の野
菜や野草をふんだんに入れてある。

✳ **チョケルトメ・ケバブ**
　Çökertme kebabı

ムーラ県ボドルム市の名物ケバブ。柔
らかい牛肉のヒレ肉を細く切り、下味
をつけるためマリネしておく。マリネ
はヨーグルト、レモン、タイム、黒コ
ショウ、唐辛子フレーク、オリーブオ
イル、塩等を使って組み合わせは自
由。細長く切ったポテトを揚げて、ヨ
ーグルトソースをかける。マリネした
ヒレ肉を炒め、ポテトの上にのせて完
成。好みでトマトソースや溶かしバタ
ーをかけても良い。細く揚げたポテト
の食感がよく、ヨーグルトソースや肉
に良く絡まるように考えられていた。
単純なようだが、インパクトのある肉
料理。

211

✳ クズ・ギョベイ
Kuzu göbeği

春に市場で見かけた面白いキノコ。
3月中旬から2か月間が時期。なん
と1キロ約5000円で、乾燥だと約5
万円もする。主に医療の為に使われ
る素材というので、値段も高いそう
だ。村の人の収入源にもなってい
る。そのまま焼いてもいいそうだ
が、癖もなく、炒めることで旨味も
引き出される。貴重な松茸を味わう
感覚。

✳ サルマシュック・オトゥ
Sarmaşık otu

3月から4月にかけて旬を迎えるサルマシ
ュックという植物。雨量のある地域で採れると
いう。別名アジュ・オトゥで、苦味のある草
という意味。4月中旬に訪れたボドルムでは
市場で目立つほど売られていた。天然の抗生
物質とも言われ、コレステロールを下げる効
果もあるそうだ。街中を歩いていると、タク
シーの運転手さん達が昼ご飯に食べていた。
サルマシュックを小さく刻んで炒め、卵でと
じるのが一般的なようだ。この時期には欠か
せない食べ物。春の植物特有のほんのりとし
た苦味を卵が和らげてくれる。

✳ サライル・タトゥルス
Saraylı tatlısı

ムーラの郷土菓子。卵を加えた小麦の生地を薄く伸ばし、砕いたクルミ、煎った白ごまを散りばめ、ロール状にしてから、トレイに渦巻き状に並べる。溶かしバターを流し入れ、オーブンで焼き上げシロップをかける。元々は家で作られ、大きな行事には欠かせない定番のお菓子。

✳ ケレビット
Kerevit

ボドルムの港には露店の魚屋も多く、そこで目にしたのが海ザリガニ。それを買って近くのレストランでフライかボイルを指定し、調理してもらう。1キロ約1200円。

✳ アフタポット・ウズガラ
Ahtapot ızgara

県南部の港町マルマリスで食べたタコのグリル。茹でたタコを簡単に噛める程度にまで蒸した後、タイム、赤唐辛子パウダー、オリーブオイル、塩でマリネし、グリルで焼く。対岸のギリシャではよく食べられているタコだが、マルマラ、エーゲ、地中海沿岸以外の地方ではほとんど見かけない。

ボルルジェ・タラトル
Börülce tarator

ムーラではボルルジェ（ササゲ豆）を多く食べる習慣がある。乾燥した豆は主に冬に食べられ、茹でてサラダに使われる。この料理は、まず、さやのボルルジェを茹でておく。フライパンにオリーブオイル、小麦粉、トマトペーストでとろみをつけ、ニンニク、塩を加え、仕上げに未熟のブドウを搾るか、レモンで酸味をつけて煮込んだもの。

ムーラ・タルハナス
Muğla tarhanası

タルハナは小麦とヨーグルトを煮ながら練り上げたものを乾燥させた保存製品。これを冬の時期スープとして飲むのが一般的。乾燥させたタルハナと乾燥ササゲ豆を一晩水に浸けておく。それを鍋に水ごと入れてトマトペースト、潰しニンニクを加えて柔らかくなるまで煮込む。可能ならば、乾燥させた骨付き肉を一緒に煮ると更に味が良くなる。このタルハナスープにもササゲ豆を加えるのがこの地域の特色。仕上げに乾燥パプリカを水に戻して加える。

ボドルム・ペスキメティ
Bodrum peskimeti

ボドルムの乾パン。ライ麦、小麦、大麦、トウモロコシの粉を合わせて、自家製イーストと塩のみで生地を作って窯で焼く。半分に切って、低温の窯にもう一度入れ、中まで水分を飛ばす。2年はカビが生えないそうだ。食べるときは紙や布を湿らせて巻いて柔らかくする。

ズッキーニの花、エーゲ海の真夏

真夏の8月初旬、エーゲ海地方のリゾート地、ムーラ県のボドルムへやって来た。ボドルム城をランドマークに白壁の家々が広がる美しい街。大勢のリゾート客がメイン通りを海辺の方へと進む。その流れについて歩いていると、道の脇にきれいな花が売られていた。大きな容器にびっしりと詰められていて、朝顔の花を細く伸ばしたような形できれいな山吹色をしている。話を聞くと、ズッキーニの花だそうだ。夏はズッキーニの季節。ただ花は夜に咲き、昼までに摘み取らなければ萎んでしまうので、早朝に摘み取っているという。40個入って200円程で売っている。

ズッキーニはトルコ全土で食べられるが、その花を食べるのはエーゲ海や地中海地方だけ。5月から始まり9月頃までの季節限定である。

私は以前、北キプロス・トルコ共和国で、お米とスパイスを混ぜ合わせたものを花の中に詰めた後、鍋に敷き詰め炊き上げたチチェッキ・ドルマスというものを食べたことがあった。

一口サイズで食べやすく、さわやかなミントの香りがする。冷ますことで味がしっかり浸みて美味しい。手巻寿司の感覚で食べることが出来るし、食欲が落ちる夏には適した料理だった。

左・ムーラ県のボドルム。エーゲ海が美しい
右・ズッキーニの花。毎朝摘み取っている

左・ズッキーニの花を調理開始
中・揚げたてのズッキーニ。外はカリカリ中はふんわり
右・ニンニク入りヨーグルトをかけるとさらに美味しい

　今回ボドルムで滞在していたペンションの食事担当スルタンさんと道路端で売っていたあのズッキーニの花のことについて話した。
「今の時期チチェッキ・ドルマスも美味しいけど、衣につけて油で揚げたほうがより美味しいわね」と勧めてくれた。特別に朝食の時間に作ってくれるというので、私は早速花を買いに行き、キッチンへと向かった。

　スルタンさんは、摘み取られた花を酢水できれいに洗い殺菌、余分なヘタは取り除いた。ボウルに小麦粉とトウモロコシの粉を1対1の割合で混ぜ、卵、塩、水で衣を作る。花の中に刻んだ白チーズを入れた後、衣にくぐらせて、オリーブオイルで揚げる。

　揚げたてをいただくと、トウモロコシの粉のおかげで外はカリカリ、中はフワッと仕上がっている。花の独特な匂いは全くしないし、むしろズッキーニのほのかな香りと甘味を感じ、塩気の効いたチーズが味を引き締める。食感も滑らかで、油を通すとしっとりして、花を食べている感じがしなかった。

　朝食にも関わらず、いくつでも食べられたのは驚きだった。ニンニク入りのヨーグルトをかけて食べると更に美味しい。しかし、トルコにはいろんな地域があり、花を食べることに違和感がある人も多いというが、この味を一度知ると、やみつきになるのだそう。貝のように美味しいと例えられているので、生活に密着している食べ物になっている証拠。

　エーゲ海地方はオリーブオイルを使い、野草や野菜を多く食べる地域であるので、特に季節の旬の物には敏感であるようだ。

　5月になると出回り始める鮮やかな花を心待ちにし、飽きる程食べて、また次の年を迎えるのだ。

アイドゥン県

Yuvarlama ／料理：ユワルラマ
Aydın merkezi ／地域：アイドゥン中心地

　昔の名前はスクマともいう。どちらの名前も具の肉を形成する仕方から名づけられている。ユワルラマは丸める、丸く転がすことを意味し、スクマは締め付ける、絞るを意味する。

　この料理は主に結婚式などで作られる料理だそうだ。ケシケキと呼ばれるエーゲ地方の麦粥も結婚式で振舞われるもので、主に男性が作るもの。一方ユワルラマは女性が用意するものだそうだ。脂身の少ない挽肉、小麦粉、おろした玉ねぎ、卵、塩を混ぜて練る。それを細く伸ばした後、包丁で1センチ程に切っていく。それを手のひらにのせて、両手でこするようにして細長く丸めて形成する。それをオリーブオイルでしっかり揚げる。

　今回取材したサルオール・レストランでは家庭の味を男性の職人のやり方で作っているため、肉の配合や揚げ方などが異なる。レストランでは肉の割合が多く、家庭ではその逆で小麦粉が多い。よって油で揚げた際、レストランでは肉が多いためしっとりし、家庭のものは小さくてカリカリした、かりんとうに似た硬さになる。この状態にして置くと、1か月は保存が効くらしい。家で作る際はとても手間のかかる料理なので、この具をまとめて作る際、近所の人達と分業する。現在では揚げた状態で売っているので、家庭でも気軽に作ることが出来るそうだ。仕上げには、別の鍋にバターを溶かし、トマトペースト、塩を加え、骨から取ったスープを入れてソースを作る。そこへ揚げたユワルラマと茹でたひよこ豆を加えて煮て完成。

ダルガン・キョフテスィ
Dalgan köftesi

ダルガンとはアイドゥンでウスルガン（イラクサ）という野草を意味する。葉を手で触ると、一瞬にして小さな棘でかゆみが広がることから、この名がついている。ウスルガンを小さく刻み、ポロネギ、青ネギ、卵、小麦粉、トウモロコシの粉、塩、黒コショウを混ぜて固めに練る。揚げる油は好みによるが、ひまわり油とオリーブオイルを合わせて使うのが美味とのこと。ヨーグルトを添えていただく。

エンギナル・フィリズィ
Enginar filizi

1月上旬の時期、アーティチョークはつぼみがなりかけている。アイドゥンではフィリズと呼ばれる若い茎を刻んで煮物に使う。エーゲ海地方、マルマラ地方ではつぼみを食べる習慣が多い中、茎を食べるのは珍しい。肉と一緒に煮込むと、柔らかくて癖のない料理に。茎の真ん中部分はセロリを甘くしたよう。

✳ パシャ・ボレイ
Paşa böreği

揚げパンと挽肉の具でミルフィーユ状にした料理。小麦粉と卵、塩、水で練った生地を30センチ弱に伸ばし、高温のオリーブオイルで揚げる。それを骨からとったスープに両面を浸して軽くスープを吸わせ、丸いトレイにのせる。そこに予め挽肉、塩、黒コショウ、唐辛子フレーク、パセリを炒めた具をうっすら散りばめて4枚ほど重ねたら、上からニンニク入りヨーグルト、香味油、パセリを散らして出来上がり。食べる時は、トレイで等分に切って食べる。元々は、断食月のイフタル（日没後の食事）で食べられる料理。

✳ ゼイティンヤール・タバック
Zeytin yağlı tabak

アイドゥンの名店、サルオールでオリーブオイルを使った前菜を盛り合わせてもらった。写真手前左からカブの葉に似たトゥルプ・オトゥ、フェンネルとエベギュメジ（葵の種類）の炒め物、そら豆とディルの煮物、ほうれん草とウスルガンの炒め物、真ん中はカボチャの炒め煮。肉などの煮込み料理もさることながら、アイドゥンでもエーゲ海地方ならではの野草や緑野菜をふんだんに使う。カボチャを炒め煮するのは初めてだったが、炒め煮することで更に甘さが引き立つ。すべてヨーグルトをのせて食べても美味しい。

イズミル県

Enginar dolması／料理：エンギナル・ドルマス
İzmir merkezi／地域：イズミル中心地

　エーゲ海地方の料理を調べていたら、春先に旬を迎えるエンギナル（アーティチョーク）が、地方を代表する食材であることが分かった。エンギナルはアザミ科の植物で、セロリ、アラプサチ（野生のフェンネル）、シェブケティ・ボスタン（キバナアザミ）に並び、エーゲ海地方でよく食べられる食材。旬の時期は2月から3月。年中市場で見かけるエンギナルは缶詰で、ガクをきれいに削いで、中から出るチャナック（器の意味）という芯をレモン水で茹でて瓶詰めして保存、又は冷凍することも出来る。

　今回イズミルのクレタ島協会の会長アドナン氏のお宅に招かれ、エンギナル・ドルマス（アーティチョークの詰め物料理）をいただくことになった。奥さんのフィゲンさんと会長のいとこのルフサルさんに調理していただいた。ドルマ用のエンギナルはつぼみが程よく開いた状態が良いそうで、外側の硬いガクを除き、ガクの先端も切る。そして変色を防ぐためにレモン水に浸けておく。詰める具はオリーブオイルにみじん切りの玉ねぎを炒め、お米、刻んだディル、ミント、塩、レモンを加え、軽く混ぜる。その具をエンギナルの中やガクの間に詰める。後は鍋に並べ、湯を半分くらいまで入れて、米の芯がなくなるまで火を入れる。仕上がりは見た目も豪華で崩すのがもったいなく思える。ガクとご飯を混ぜながら食べると、ガクの柔らかい食感とハーブ入りのピラフが実に合う。旬の時期には、チャナックよりもつぼみのガクの方を食べるのが、より旬の香りや味を楽しめるという。

✳ チョップ・シシ
Çöp şişi

エフェリスへ向かう起点の街でもあるセルチュクの名物は肉の串焼き。通常の串よりも短く15センチ程。牛のモモの赤身を2センチ角に切って、3切れほど刺している。赤身は脂身が少ないので、クイルックヤウ（羊の尾脂）を一切れ刺すことで、羊の旨味が加えられ、焼く際赤身も硬くなりにくくなる。赤身だけを焼いて食べたら味気なく感じてしまうので、やはりこの脂は欠かすことが出来ない。食べる際は、テーブルに置いてあるスパイス（クミンパウダー、乾燥タイム、唐辛子フレーク、塩）をお好みでふりかけて食べると、そのまま食べるより匂いも消える。チョップ・シシは、オスマン帝国時代にイズミルとアイドゥンの間に初めて鉄道が出来る期間に生まれたそうだ。外国人の技術士が長期間異国で何を食べていいか悩んだ結果、無難に食べることが出来るこの串焼きを思いついたそうだ。葦から串を作りそれに刺して焼いた串焼きはたいそう喜ばれたそうで、その後駅などで売られ始めたらしい。

✳ カヤ・バルブン
Kaya barbun

黒海に多く住むバルブン（日本名ヒメジ）は主に砂に住むといい、エーゲ海地方では主に岩場（カヤ）に生息し、色も黒海の物よりも鮮やか。味も脂身が少なくて淡白。頭から丸ごと食べることが出来る。黒海のものは蒸し焼きが多く、エーゲ海のものは唐揚げに適している。レモンを搾って、ルッコラと一緒に。

❋ ココレチ
Kokoreç

ココレチは羊の大腸、ウイクルックという胸腺、内臓脂などをまず串に巻く。その後、細くて長い小腸でコイル状に巻きつけていく。これを横式にして炭火で焼く。焼けたら小さく刻んで、パンに挟む。クミン、唐辛子フレーク、タイム、塩をかけて食べる。外はカリカリ、中は脂の旨味を感じる。まさにホルモンサンドイッチ。ギリシャ、バルカン半島から伝わったとされ、特にエーゲ海地方でよく食べられ、店も多い。夜中まで空いている店も多く、夜に小腹がすくとココレチが食べたくなるそうだ。飲み物はもちろんアイラン。ココレチは今では専門チェーン店になるまで人気を得ている。

❋ イズミル・キョフテスィ
İzmir köftesi

食堂でも家でも、イズミルで定番の肉団子入りの料理。食材も作り方も基本的なものはほぼ確立しており、日本でいう肉じゃがのような存在だが、意外にバランスよく作るのが難しいといわれる。挽肉はハンバーグを作るように卵、パン粉、おろした玉ねぎ、ニンニク、パセリ、黒コショウ、クミン、唐辛子フレーク、塩を混ぜ合わせて練る。ポテトはくし形に切り油で揚げる。挽肉も縦長に形成して油で揚げる。トレイにポテトと肉団子を交互に並べて、トマトソース（おろしトマトとサルチャ、塩、水を混ぜたもの）を上からかけてオーブンに入れて焼く。煮込みハンバーグのような仕上がり。

❋ ソーウシュ
Söğüş

店頭にあるショーケースには茹でて冷やした羊の脳、舌、頬肉がきれいに並べてあり、注文が入ると部位をミックスして細かく切る。ラワシュにのせて、刻んだトマト、たまねぎ、しし唐をのせる。パセリ、クミン、赤唐辛子パウダー、唐辛子フレーク、塩をかけて巻く。

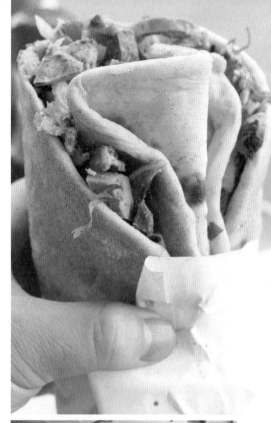

❋ ノフットル・イシケンベ
Nohutlu işkembe

牛のイシケンベ（第1の胃のミノ）をひよこ豆と一緒に煮た料理。イシケンベは予め圧力鍋で程よく柔らかくし、ひよこ豆も茹でておく。別の鍋でみじん切りの玉ねぎとニンニクをオリーブオイルで炒め、ひよこ豆を加える。イシケンベと茹で汁も加えて、塩で味を決める。

223

バクラとファヴァ
Bakla & Fava

そら豆（バクラ）を使った料理。春先にはそら
豆が大きくなる手前の柔らかい時期に摘んで、
オリーブオイルで煮た冷菜。メイハーネでよく
見かける。写真左のファヴァは、乾燥させたそら
豆を玉ねぎ、塩と一緒に茹でて、ミキサーで
ピューレ状にすり潰し、冷やし固めた物でトル
コのエーゲ海地方でよく食べられる冷菜の一
つ。マッシュポテトに近く、パンにつけて食べ
ても美味。

セファラド・キュルトゥル
Sefarad kültürü

トルコに住んでいるユダヤ系の人は1.5万人ほどとい
われており、その大半はセファラドと呼ばれる。かつ
てイスラム圏だったスペインからオスマン帝国内に移
民してきたとされる人々。イズミルにはユダヤの礼拝
所のシナゴークもあり、1000人程が暮らすという。
モガドと呼ばれるアーモンドをすり潰したお菓子（写
真・上）やビスコティン（写真・中）は、ユダヤ社会
の中で春、無発酵のものを食べるという時期があり、
家に来たお客さんに振舞われる。遊牧民には無発酵で
日持ちするパンが欠かせなかったことからくる行事だ
そうだ。パイのボヨズ（写真・下）は今ではイズミル
の朝食に欠かせない一つになったが、元はセファラド
の文化だがこの地に受け入れられ、根付いた食べ物。

❉ シャムバリ
Şambali

イズミルの有名なお菓子といえば、道端で売られているシャムバリ。セモリナ粉、砂糖、小麦粉、牛乳を混ぜたものをトレイに入れて、オーブンで焼きシロップ漬けにしたもの。この材料に油と卵を加えて焼けばレヴァニと呼ばれる別のお菓子になる。油と卵を入れていない分、スポンジのような柔らかい弾力もなく、ずっしりと重い。戦争中にレヴァニから食材を抜いて作ったのが始まりといわれている。間にカイマックを挟んであるものもある。

❉ ゼイティンヤウ
Zeytinyağı

オリーブオイルの消費はエーゲ海地方、地中海地方で特に多い。この地域で特に楽しみにしているのが、早摘みオリーブでノンフィルターのオリーブオイル。イズミルの知人の村で作られるオリーブオイルを初めてパンにつけて食べたときの感動は忘れられない。色も濃い緑色。味も濃厚だが、香りが良いのでいくらでも食べられる。晩秋、実が小さい時に採るオリーブなので値段も高いそうだ。調理用というより、パンにつけたり冷菜にかけて食べたりするとその味がよくわかる。

225

✳ ダムラ・サクズ
Damla sakızı

マスティングガムのこと。トルコ名でサク
ズという木に傷をつけることで、木は自分
を守ろうと樹液を出す。その樹液は固ま
り、石のようになるが、噛むと天然のチュ
ーインガムになる。口臭を防ぎ、胃にも良
いという。この塊を砕いて粉にして、トル
ココーヒーに混ぜたり、パンにぬるペース
トを作ったり、クッキーの生地に入れて練
ることで、サクズ独特の上品な香りが移
る。チェシメの対岸に位置するサクズ島
（ギリシャ・ヒオス島）では、この木の栽
培とサクズの採取は昔から行われていた。
チェシメでも少量は採れるが、ほとんどは
ヒオス島から。

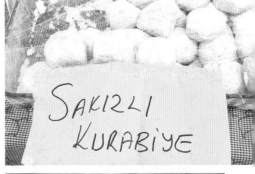

ホッとする魚スープ

·≈◇×◇×◇≈·

　北に黒海、西にエーゲ海、南に地中海と三方を海に囲まれているトルコ。旅するとき楽しみにしているのが魚スープだ。しかし、トルコの料理でスープの種類は数多かれど、魚のスープはメジャーではない。内陸部に行くとほとんど出会うことはないが、沿岸地域ではお目にかかる機会が増える。ただ、どの食堂やレストランでもあるわけではないので、店や現地の人に尋ね、見つけたら必ず立ち寄ることにしている。特にエーゲ海地方では、お店で出される家庭料理として知られているので、その地域に行くと食べる前から気持ちが高ぶる。

　スープに使う魚は、安定して手に入るスズキ、赤鯛、黒鯛、サーモン、サバが多いが、魚屋の店員が「スープにすると絶品だよ」と口を揃える魚は、クルラングチ（ホウボウ）とイスコルピット（カサゴ種）だ。これらは、地中海の地域では、高級魚であり、フランス料理のブイヤベースやイタリア料理のアクアパッツァとして食べるのにも適している。食堂などに卸された時だけ提供されるので、時期やタイミングが合わないと食べられない。

　思い返すと、エーゲ海地方のイズミル県チェシュメで食べたイスコルピット（カサゴ種）のスープは忘れられない。一般的な魚スープの作り方を説明すると、大鍋に内臓を取り出した魚を丸ごと入れ、臭味を取るためにセロリ、黒コショウ、ローリエ、レモンなどといっしょに煮る。旨味をしっかり出し、濾して出し汁をとる。

スープにすると
絶品のイスコル
ピット

イズミル県チェシュメで食べた絶品魚スープ

　魚の身は骨から丁寧にはずして別に取っておく。鍋に油を加え、みじん切りの玉ね
ぎ、刻んだ人参、サイコロ状に切ったじゃがいも、ニンニクを一緒に炒め、しんな
りしたら小麦粉を少量加える。よく炒めたら、そこにだし汁を加え、ほんのりとろ
みがついたら、ほぐした魚の身と塩を加える。食べる際には刻んだイタリアンパセ
リかディルを散らして完成。魚のスープはレモンを効かせた方が美味しい。
　魚のスープの作り方には、何パターンかあるが、野菜に火が通った時にブレンダ
ーでトロトロにしたり、生クリームを加えてクリーミィにしたりするやり方もある。
　トルコ人は中央アジアからやって来た遊牧民だったので、肉や粉もの料理が得意。
魚料理はエーゲ海や地中海などにもともと住んでいたギリシャ人から多くの影響を
受けており、トルコ語の多くの魚名がギリシャ語に由来することからも分かる。
　トルコでは、魚料理は、焼く、揚げるという調理法が多い。しかし、これにも少々
飽きてくる。そういうときに魚から出るだしが効いたスープは格別だ。日本人の私
には特別に感じるし、魚の旨味が出た汁を飲むと、やはり心の底からホッとする。
日本のすまし汁や味噌のあら汁のような味付けではなく、スパイスが際立っている
わけでもないが、クリーミィで優しい。素材の魚の旨味が出たスープをいただくと
いつも胃も心も癒される。「魚は見た目が悪いほど、味は美味しいものが多い」と
日本で言われるが、共感できる味覚がトルコにもあることを嬉しく思った。

魚介類、野草が豊富、エーゲ海の味

·<>·

　トルコの料理は、ドネル・ケバブやシシ・ケバブなどグリルの肉料理のイメージが強いだろう。だが、意外なことに、場所が変わると実にヘルシーな料理を食べることができる。

　旅をしていると内陸特有の肉、小麦粉を使ったパイやピデなどに次第に飽きてきて魚が無性に食べたくなる。そんなときは、西部のエーゲ海沿岸を訪ねる。魚介類が豊富で野菜、野草をオリーブオイルやレモン、果物酢で調理した料理が多い。素材を活かすためシンプルな調理法が大半で胃にも重くない。

　エーゲ海沿岸には、さまざまなリゾート地が多い。特にイズミル県のチェシメからはヒオス島、バルケスィル県のアイワルックからはレスボス島といったギリシャ領の島々が目と鼻の先に見え、ムーラ県のボドルム、ダッチャなどは国内リゾート地の代表的な場所として知られる。

　トルコ人は別荘を持っている人がかなり多く、夏になると海水浴に訪れ、夏季の生活を楽しむ。エーゲ海沿岸は、地形が入り組んでいるために、大小いろいろな港があり、そこには多くのレストランが軒を並べる。

エーゲ海に落ちる夕日を眺め、海風を感じながら食事をする、まさに格別なロケーション

　早速、料理を注文しよう。ウェイターが大きなお盆か台車に載ったメゼ（前菜）を運んでくるか、もしくは大きなショーケースの中に小さな器に盛られた20種類以上ものメゼが並べられている店が大半。色鮮やかで、どれを選ぶか本当に悩んでしまう。

　メゼは冷菜と温菜の二種類。ファヴァ（そら豆のマッシュ）、バルブンヤ・ピラキ（うずら豆のトマト煮）、乾燥イチジクのチーズ詰め。魚介類は、レブレッキ・マリン（スズキのマスタードマリネ）、ラケルダ（カツオの塩漬け）。

　エーゲ海を象徴する野草として、海のアスパラガスと呼ばれるアッケシソウを茹でたもの（デニズ・ボルルジェスイ）、西洋タンポポの葉（ラディカ）、イラクサ（ウスルガン）などが有名。生でもよいが、茹でてオリーブオイルやレモンをかけてサラダ感覚でいただくとよい。

　その次は店員を呼んで温菜を注文しよう。ソーダ水に漬けてやわらかくしたイカのフライは絶品。ズッキーニのお焼き、エビの土鍋焼き、魚介類の揚げパイなど、日本人の味覚に合うものばかり。メインはスズキやクロダイのグリルで締める。小魚のヒメジや7月に旬を迎えるパパリナという豆イワシのフライも食べたい。国民酒の蒸留酒ラクは魚介類との相性が抜群で、生のルッコラやクレソンをかじりながら一緒に飲むといいだろう。

　エーゲ海地域は気候にも恵まれ、季節に応じた野菜や山菜、野草なども多いので、旬の食材が楽しめるのが大きな魅力。レストランごとにオリジナルな前菜もあるので楽しみたい。

左・多種多様なメゼ　中・アッケシソウ　右・乾燥イチジクのチーズ詰め

マニサ県

Manisa kebabı／料理：マニサ・ケバブ
Manisa merkezi／地域：マニサ中心地

　マニサの市内で食べることが出来る名物といえば、マニサ・ケバブである。これは串に挽肉をつけて炭火で焼いたシシ・キョフテ。オスマン帝国内にあった現在のシリア・アレッポのケバブ職人が、マニサの地に移り住んだことからマニサ・ケバブは始まった。今回訪れたアリ・ケバブという店を切り盛りする3代目のイブラヒムさんは、アレッポの職人に師事した後、マニサ・ケバブとして売り始めた創業者の孫にあたる。創業は1927年。

　マニサ・ケバブは牛肉の前腕にあたる脂身の少ない部位と仔羊の脂身のあるあばらの部位とを混ぜて、塩のみで練ったもの。仔羊の肉は全体の20％だという。それを串に刺して焼き、肉の脂や肉汁をフカフカしたピデに擦り付けて旨味を移す。ピデは一口サイズに切って皿に盛り、その上に焼けた肉をのせる。上には紫蘇に似た南東トルコ地方で多用されるスマックと刻みパセリをふりかけ、仕上げには熱々の溶かしバターをかける。お客の細かい好みに合わせて、トマトソースをかけたり、パセリや肉を大盛りにしたりも出来る。

　オスマン帝国時代にアラブ地方から持ち込まれたものが、この地で洗練されたといえる。育てた職人も含めて、現在まで続けられたことで、マニサの名物として確立されている。名店には毎日、常連を含め大勢の人でにぎわう。1人前はケバブが6個。男性には肉の量が少なく感じるかもしれないので、2人前でもいいかもしれない。勿論飲み物はアイラン。香りのたったバターと肉、パン。この日だけはカロリーを気にしないことにする。

✿ メスィル・マージュヌ
Mesir macunu

マージュンとはペースト状の練りもののこと。この食べ物にはかなり古い歴史がある。かつてオスマン帝国の最盛期を治めたスレイマン皇帝の母、ハフサがこの地で病にかかってしまう。そこで皇帝は最高位の医者に薬を作らせるように命じた。41種類の香辛料を混ぜ合わせて作った練り物を食べさせたそうだ。これで病気から回復したとのこと。この噂を聞きつけた市民が、この薬を求めて殺到した。そこでハフサは多くの市民にも分け与えるように命じ、皇帝もこれを機会に年に一度祭りをするようにした。当時シロップ状だったものを固め、紙に包んでスルタンジャーミイ（イスラム寺院のモスク）の屋根から撒くことにしたという。今でも、毎年春の時期に開かれるこの祭りでは、多くの人が集まり、屋根から餅まきのようにまかれる。舐めていくと柔らかくなり、歯にくっつきそうな飴。主に生姜、シナモン、オールスパイスが喉を刺激する。この他、コリアンダー、黒コショウ、砂糖等を含めた41種類。滋養強壮、消化力を強化、疲労回復、免疫増進などの効果があるそうだ。ジャーミイの中には博物館もあり、メスィル・マージュヌの歴史が書かれていて、作っている様子などが人形で再現されている。

地中海地方

A k d e n i z   B ö l g e s i

1. **カフラマンマラシュ県**
Kahramanmaraş

2. **ハタイ県**
Hatay

3. **アダナ県**
Adana

4. **メルスィン県**
Mersin

5. **アンタルヤ県**
Antalya

6. **ウスパルタ県**
Isparta

7. **ブルドゥル県**
Burdur

8. **北キプロス・トルコ共和国**
Kuzey Kıbrıs Türk Cumhuriyeti

9. **オスマーニイェ県**
Osmaniye

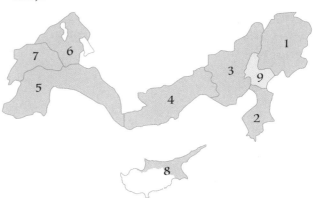

カフラマンマラシュ県

Ekşili çorba ／料理：エキシリ・チョルバ
Kahramanmaraş merkezi ／地域：カフラマンマラシュ中心地

　カフラマンマラシュの代表的なスープで、レストランでは定番のものとして提供されている。このスープの特徴は料理名でもあるエキシリ（酸味のある）であること。この地域の郷土料理では酸味を使うことが多いが、スマックの濃縮液（スマック・エキシスィ）を加える。これは紫蘇やゆかりの味に似た実を枝から取って、水に2～3時間浸けておくと赤紫色の酸味ある水がとれる。これを日光で1週間。シロップ状のトロミがつくまで濃縮させたもので、カフラマンマラシュの食事にはなくてはならない。

　鍋に赤レンズ豆と、ドヴメと呼ばれる小麦を茹でて柔らかくする。そこへ、切った赤ピーマンと塩ですり潰したニンニクを加えて更に煮る。季節に応じて具は変わるが、春夏はそこへ刻んだスベリヒユ、夏は茄子、冬にはパズと呼ばれるフダン草を入れるそうだ。具にも火が通ったら、茹でたひよこ豆を加え、スマック・エキシスィを注ぎ酸味を足して火を止める。仕上げには別のフライパンで、バターとひまわり油を溶かし、ドライミント、唐辛子フレークを加え香味油を作り、鍋に流し入れる。家庭では主に冬によく作るスープ。スマックの酸味はレモン並みに酸っぱいが、レンズ豆の甘味にアクセントを加え、食欲が増す。穀物のほか、野菜も多く採れる恵まれた地域ならではのスープといえる。

✳ チェメン
Çemen

カフラマンマラシュのチェメンは朝食時、パンにぬって食べる辛い唐辛子ペースト。まず鍋で骨付き肉からスープを作っておく。牛と羊の合挽き肉をしっかり炒め、そこにチェメン用のミックススパイス、赤唐辛子パウダー、砕いたクルミと刻んだニンニクも足す。スープを加えながら全体をよく混ぜる。唐辛子の量がほとんど。肉やクルミの旨味があるが、とにかく辛い。

✳ エズメ・ケバブ
Ezme kebabı

エズメとはすり潰すという意味。牛挽肉に塩、コショウ、唐辛子フレークを入れて
混ぜる。挽肉、トマトとしし唐、赤ピーマンを炭火で焼く。フライパンにトマトと
ニンニクを刻んだものを入れて、水分をとばす。唐辛子フレーク、塩で味付け。そ
こに肉、細切りにしたしし唐、赤ピーマンを加え、全体的に馴染ませる。食べると
きは薄いパン（ユフカ）を料理に浸しながら食べる。肉も野菜も一度焼いているの
で、普通に煮たものより旨味が感じられる。

✳ マラシュ・ドンドゥルマス
Maraş dondurması

トルコの伸びるアイス。ヤギの放牧が盛んだ
ったこともあり、ヤギの乳を使っている。ま
たサーレップとよばれる野生の蘭の根を乾燥
させ粉状にしたものが入っているのが特徴。
現地の元祖の店では、ナイフで切って食べさ
せる方が主流。暑いカフラマンマラシュの夏
でも、溶けにくい特徴がある。牛乳よりもや
や独特の香りがある。硬くて冷たいのであま
り感じないが、やはりその香りと味があって
こそ。甘いデザートと一緒に食べることを勧
められるが、個人的にはアイスのみで食べた
ほうが味がよくわかる。一説では、冬に乳と
サーレップを混ぜた温かい飲み物が飲まれる
が、それが凍った時に変わった食感を発見し
たところからできたという。

甘草のシェルベット

◆◇◆◇◆

　東南トルコ地方のカフラマンマラシュを6月に訪れて街を散策中に、何やら変わった服装をしたおじさんと出会った。背中に大きな水筒を背負っている。人の気を引くためだろうか、手には2枚のステンレスのカップをすり合わせながら、ジャラジャラと鳴らしながら歩いている。

　彼が街の広場に着くと、徐々にお客が集まって来た。水筒に繋がった長いホースの先から黒い液体がコップに注がれた。あれは一体何だろうと気になったので、集まった人に尋ねてみたら「シェルベット」だと言う。シェルベットは、オスマン帝国時、お酒が禁止されているイスラム教の食文化の中で、それに変わる甘味のある冷たい飲み物が発展していった。スモモやイチゴ、チェリー、タマリンド、バラまで多種にわたり、砂糖と水、スパイスで煮出し、濾して冷ましたもの。旅をしていて、お客として家に招かれた際に何度かいただいたことがあった。

　彼が売っているのは、メヤンというマメ科の植物の根から抽出したものらしい。メヤンは甘草の一種で、春の時季、主に南東部地域の山間部辺りで自生しているそうだ。メヤンの根をきれいに洗い、20センチ程度に切ってから、乾燥させる。

左・シェルベット売りのおじさん
中・右・マメ科の植物のメヤン

それを木づちで繊維状になるように叩く。水をふりかけ、しっかりと揉み込んだ後、2時間水に浸ければこげ茶色の濃い原液（マヤ）になるので、それを薄めて提供する。1杯約50円なので、早速試してみることにした。

　一気に飲み干すと、初めにうがい薬に近い香りが広がり、少し苦味も感じる。その後から、ほんのりした甘さが口の中に広がる。さすがに甘草というだけはある。一瞬の薬臭さを我慢すれば、爽快感を味わえる。

　ラマダン（断食）月には、イフタル（日没後の食事）でよく飲まれるし、サフルという日の出前の食事に飲むことで、一日の喉の渇きも抑えてくれるそうだ。その時期にはお客は袋に入れて持ち帰りもするという。

　その他知られている効能は数多く、利尿作用、喉、胃炎や肝臓にも良いそうだ。「継続的に飲まないと効き目はないよ、ちなみに、俺はよく通うがね」と、常連客のおじさんは自慢気に言う。ただ、飲みすぎると高血圧や糖尿病の人や妊婦には、かえって害になるので注意したい。

　シェルベット売りは暑い南東部で見かける夏の風物詩としてすっかり定着している。彼らは夏にはこれを売り歩き、冬の時期にはサーレップという温かい飲みものに商売替えをする。夏には体の熱を取り、冬には体を温めてくれる一杯。今日も掛け声を響かせながら、完売まで売り歩いていく。

おじさんからシェルベットを買ってみることに

ハタイ県

Bakla ezmesi ／料理：バクラ・エズメスィ
Antakya merkezi ／地域：アンタキヤ中心地

　アンタキヤ市内を散策中、バクラ・エズメスィと書いてある店を発見。バクラとはそら豆、エズメとはすり潰したものを意味する。店主のゼイネルさんは、この道50年。早速注文し、作る工程を見学させてもらった。

　まず、ニンニク2片に岩塩をふり、木槌でそれをすり潰す。そこへバクル・キュペという銅製の壺から茹で上がったそら豆を、おたまで一すくい。ゴマペーストのターヒン、レモン水を加え、まずは溢れ落ちないようにゆっくりと豆を押すように、潰していく。材料がしっかり混ざれば、真ん中に刻みパセリ、唐辛子フレーク、クミン、再びレモン水、オリーブオイルを加えて完成。この食べ物は、以前ハタイ県がシリアと共にフランスの統治下にあった時、両地域間に国境がなく、人々が容易に行き来していた時期に伝わったという。本来はアラビア語でフル。トルコではフムスはアラビア語でも定着しているのに、そら豆に関してはフルという名前はどうやら定着していないらしい。

　そら豆自体とても栄養価が高く満腹感を保てるので、ピラミッドを建てた時代から食べられていたのだと、店主は語る。県外で働いてバイラム時に帰省した時に、故郷の味が忘れられず来たお客さんもいた。フムスは今では広く認知され提供店も増えたが、フルはほとんど食べることが出来ないからだそうだ。小さくても専門店として、歴史あるこの料理をこれからも続けて欲しいなと願うばかり。

✳ キャウト・ケバブ
Kağıt kebabı

キャウトとは紙という意味。肉屋でこの料理を注文すると、羊肉、ニンニク、赤ピーマンに多めのパセリ、サルチャ、スパイス、塩をその場で両手包丁で刻んで混ぜ合わせてくれる。それをクッキングペーパーにのせて丸く形成。近所のパン屋に持っていき焼いてもらう。パン屋のピデパンにのせて出来上がり。ピデパンをちぎり、肉をつまんで食べる。これが一連の流れ。

✳ ボランイェ
Boranye

具だくさんで濃厚なヨーグルトベースの食べるスープ。トルコではヨーグルトのスープは定番だが、これは別格の美味さだった。その味を決めるのは二つある。肉を茹でたスープと、濃くなるまで煮て、塩を入れたヨーグルト（トゥズル・ヨーウルト）である。その二つがスープにコクを加える。具は羊肉と野菜。主にほうれん草、ひよこ豆、瓜である。このスープを味わってしまった私は虜状態に。

✳ マクルベ
Maklübe

アラビア語でひっくり返されたという意味を持つマクルベは、その名の通り鍋の底に揚げた茄子を敷いてから、肉や米を詰めて炊き上げ、最後にひっくり返してから食べるもの。茄子の旨味が米にここまで染み渡っているのかと実感するピラフ。醤油の炊き込みごはんにも似た味でとても味覚に合った。見た目にも量的にも大勢で食べる時には受けが良さそうなご馳走だ。

✳ アシュル
Aşur

名店スルタン・ソフラスで食べた料理。アシュルはトルコでよく食べられる粘りのある麦粥（ケシケキ）によく似た食べ物。羊肉を茹でてスープを取り、そのスープで小麦（ドヴメ）、ひよこ豆、茹でてほぐした肉、玉ねぎ、トマトペーストを加え圧力鍋で煮る。塩、クミン、黒コショウで味付けして、ケシケキ同様潰すように叩いて粘り気を出す。仕上げには溶かしバターとクルミ、クミンをふりかける。ケシケキより食材を多く使うため、味も複雑で淡白さは感じない。

✳ カバックル・トガ・チョルバス
Kabaklı toga çorbası

ハタイは湿気も多く、気温が高い夏場にはひんやり冷たいスープが火照った体を冷ましてくれる。ドヴメを茹でて、スライスしたズッキーニを加える。ヨーグルトに小麦粉を混ぜ、鍋に入れてかき混ぜながらとろみをつける。塩を入れて、刻んだミントを加え、冷ましたら完成。ズッキーニのツルッとした食感がいい。暑さで食欲が減った時期にはありがたいスープ。

✳ カバック・アシュ
Kabak aşı

ズッキーニを入れたブルグルピラフ。玉ねぎとニンニク、しし唐、赤ピーマンを炒めて、トマトペーストを加えてよく混ぜる。ブルグル、塩、コショウを加えて熱湯を入れて、さらにズッキーニを加えてから熱湯を足し、水分がなくなるまで煮る。この地方ではおじやのように、柔らかく炊くのが通例。材料が少ないにも関わらず、十分美味しい。トマト味のブルグルのプチプチ感と旬のズッキーニの相性が良い。

✳ ババガヌーシュ
Babaganuş

ババガヌーシュは中東で食べられ
る代表的な前菜の一つだが、ハタ
イの物はターヒンを加えないシン
プルなもの。焼いた茄子、しし
唐、トマトを刻んで塩、ザクロ
酢、オリーブオイルで和えて刻み
ニンニクを加える。

✳ ザフテル
Zahter

アラビア語で野生のタイムの意味。トルコ語ではダーケキイ（山のタイム）。春
に生える天然のタイムを生のままサラダに使う。時期を過ぎれば、生のままで冷
凍保存して使う。サラダにはザクロ酢、トマト、パセリ、オリーブを加えて混ぜ
るだけ。季節感のあるサラダ、冷菜。タイムの強い食感と、鼻から抜けるさわや
かな香りがアクセント。岩塩、レモン、オリーブオイルで漬けておけば、サラダ
としてトマトと一緒に盛り付けられるし、そのまま朝食の一品にも。すぐに食べ
られるし、1年以上保存もできる優れものの保存食。

242

※ **ゼイティン・サラタス**
　Zeytin salatası

緑オリーブの種を取り、パセリ、クルミ、赤ピーマン、レモンを混ぜ、たっぷりのオリーブオイルをかけて混ぜるだけ。朝食の一品としても食べられる。

※ **タラトル**
　Tarator

お酒の冷菜としてメイハーネ（居酒屋）で出される。ターヒンにヨーグルト、ニンニク、パセリ、塩、レモンを混ぜて、仕上げにオリーブオイルをかける。ピデパンをちぎってディップしながら食べる。ヨーグルトがゴマ味のターヒンをよりクリーミィにしてくれる。レモンをしっかり効かせるのがお勧め。

✻ カイタズとカトゥックル・ボレッキ
Kaytaz ve Katıklı börek

カイタズはパン生地とパイ生地の中間のような食感。カトゥックルは何か加えてあるという意味で、ほうれん草やトマトのものが主流。タイムやクミンなどのスパイスがほのかに香る。二つとも、小腹が空いたときに軽く食べることが出来る惣菜パン。

✻ アンタキヤ・スィミディ
Antakya simidi

スィミットはリング状のごま付きパンで知られているが、地域によって違いがある。アンタキヤのスィミットを見たらまず大きさに驚く。ふたまわりも大きい。味も噛めば噛むほど味を感じる通常のものよりも少し淡泊に感じる。その代わりクミンパウダー入りの塩をつけながら食べるという変わり種のスィミット。

✳ ハレップ・カッケスィ
Halep kahkesi

ハレップ・カッケスィ（シリアのアレッポのカッケ）はゴマがふりかけてある柔らかいちぎりパン。一片からでも買えて、食べる際には半分に割って、間にクミンと塩を入れてもらう。南東部地域では同じ名前のカッケでも形や食感などの違いが見られる。

✳ ビベルリ・エキメッキ
Biberli ekmek

ハタイの代表的な惣菜パンの一つでもある。みじん切り玉ねぎを炒めて、トマトと赤ピーマンのペースト、チョケレッキを加え、パセリ、ゴマ、タイム、赤唐辛子、塩を足しミックスペーストを作る。小麦粉の生地には少なめのイーストで発酵させておき、直径10センチ程度の平たい生地を作る。その上にペーストをのせて、オーブンで焼く。

✳ ジェヴィズ・レチェリ
Ceviz reçeli

未熟のクルミのジャム（シロップ煮）。まず皮を向いて、水に浸して何度も水を変えてアク抜きをする。2週間これを続けると、クルミは真っ黒に変色するので石灰水を作ってその中に数時間浸す。これを何回も茹でて石灰を抜く。最後はシロップの中にクローブを加えて煮る。ハタイはレチェルの種類も豊富だが、その中でも代表的なのはクルミ。味はマロングラッセに似ているが、石灰水の効果で煮崩れせずクルミは外がカリカリ、シャキシャキ。逆に中はしっとりと柔らかく、食感の違いが面白い。

245

✳ キョンベ
Kömbe

卵を使わない小麦粉の生地にシナモン、オールスパイス、クローブ他数種類のスパイスを加え、型を使って形成し、オーブンで焼いたもの。表面にはゴマをふんだんにふりかけてある。ハタイ地方で有名なクッキー。街の商店の軒先に型が売られてある。宗教的な祝祭日バイラムには、家に訪れたお客にキョンベが振舞われる。この時期にはお菓子屋さんもキョンベ作りに追われる。

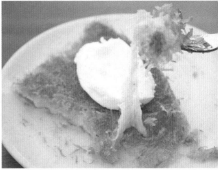

✳ キュネフェ
Künefe

トルコではアンタキヤがこのお菓子の故郷。ここに来たら、これを食べずに帰ってはいけない。プレートに刻んだテル・カダユフ（細い麺）を敷き詰めて間にチーズを挟んで両面を焼いたもの。いいお店では、炭火を使って作っている。シロップが浸み込み、チーズは嬉しいほど伸びる。上にはお好みでカイマックやアイスクリームをのせて更にコクをプラス。マイルドな味になって食べやすくなる。外の生地はカリカリとしっとり、そして中のチーズのモチモチ感が同時に味わえる絶品。イスタンブルでは、最近一人前の小さなキュネフェを提供するお店も増えた。

✳ トゥズル・ヨーウルト
Tuzlu yoğurt

ヨーグルトの保存食。主にヤギの乳でヨーグルトを作ってから、数日間置くことで酸味が強くなる。これを布に入れて水分を抜く。これを鍋に入れて、火をかける。分離させないためにかき混ぜ続け、トロッとしてきたら最後に塩を足して火からおろす。春から夏にかけて作って、冬用に保存する。保存させる場合には塩を多く入れないと腐ってしまう。このままパンにぬって食べても良いし、ボランィェの料理には欠かせない食材。スィワスにもペスキュタンと呼ばれる羊の乳で作った似た保存食がある。クリームチーズのように濃厚で滑らか。味は発酵が進んでいる為、酸味がある。

✳ ナル・スユ
Nar suyu

搾りたてのザクロジュース（ナル・スユ）を売っている。半分に割ると赤紫色の実がびっしり。機械でその場で搾ってくれる。少し渋味もあるが、トルコでも暑い地域ならではの贅沢なひと時だ。その果汁で作るのがナル・エキシシ。トルコ南東部では欠かせない調味料となっているザクロ酢。酢というのは正確ではなく、果汁を煮詰めたペクメズともいえる。主にサラダにかけたりすることが多い。今では全国区となり、どこのスーパーでも食堂でもよく見かけるようになったが、果汁を搾り、煮詰めただけの本物のザクロ酢は手間もかかり、工場製品の味とは似て非なるもの。甘酸っぱさも本物はずっしりと濃い。

フムス愛と父の味

·=≪≫=·

　トルコ南部ハタイ県の地中海東岸に面した港町イスケンデルン市を訪れた。市内はイスラム寺院やキリスト教会、ユダヤ教のシナゴークが存在するコスモポリタンな場所だ。街を散策していると、ふと一軒のフムス屋が目に入った。とてもこじんまりした外観。フムスとはアラビア語でひよこ豆の意味。茹でたひよこ豆をすり潰して、クミンやレモン、ニンニクのほかターヒンと呼ばれるゴマペーストを入れるのが特徴。中東諸国の庶民の料理で、トルコ国内ではアラブの影響を強く受けたハタイ県でよく食べられる。仕上がりはねっとりとしたペースト状。パンに浸けて前菜として食べられる。日本では、近年ようやく注目され始めたものの、まだまだ認知度は低い一方で、アメリカやヨーロッパのベジタリアンにはかなり知られている。

　このフムス専門店はファトマさん夫婦が切り盛りしている。ファトマさんの父は昔ここで、シリアのアレッポ出身のフムス職人に師事し修行。その後独立してフムス屋を始めた。しかし2007年に他界。父が残してくれた店とフムスを娘ファトマさん夫婦二人で引き継ぐ決意をしたという。今はファトマさん自身が代表者となり、昔の味を守っている。

　彼女にはフムスへのこだわりがあるそう。まず仕入れた豆を一粒一粒丁寧に厳選すること。また、乾燥ひよこ豆1キロに対して、必要なターヒンは500グラム。このバランスが味のほとんどを決めるのだという。ひよこ豆を茹でた時に出る皮は捨

ファトマさん夫妻が経営するフムス専門店

248

左・豆は一粒一粒厳選
右・フムスのペーストにスパイスなどを加えて仕上げる

て、中だけを潰す。そうすることでクリーミィな舌触りのいい、滑らかな食感となる。私自身、ここまで滑らかなものは初めてでびっくりした。茹でた後、冷ましてから、塩、レモン、ターヒンを加え、再びかき混ぜる。これでペーストは完了。ただ、日中の食事としてニンニクを嫌う人もいるため、やむをえずペーストには入れていない。希望者には上から刻んでトッピングしているという。通常家で作る場合はニンニクをペーストになるまでしっかりすり潰し、ひよこ豆のペーストに加えるとより美味しくなる。

　この基本のペーストが出来れば、後は作り手の好みでスパイスを加える。

　定番のフムスの注文が入ると、ペーストをスプーンですくって、皿に塗りつけるように盛る。真ん中に窪みを作り、そこにクミンパウダー、唐辛子フレーク、刻みパセリ、オリーブオイルを順にかける。周りにはトマトやピクルスで飾りつけて出来上がり。これが定番の作り方。

　そして、もっちりしたピデと呼ばれるパンでたっぷりとフムスをすくうようにしていただく。いっぱい盛られているが、滑らかで、あっさりに仕上げてあるので、飽きずに一皿はなんなく食べられる。パン付で一皿約250円。

　オムレツのせは、溶かし卵をバターで炒めて、フムスの真ん中の窪みにのせる。卵とひよこ豆の組み合わせも意外に知られていない組み合わせで、お客さんの中でもびっくりする人がいるというが、父譲りのメニューらしい。トッピングについても、この店では卵だけだが、好みでスジュック（サラミ）やパストゥルマ（干し肉）をのせても合うのだそうだ。

　更に名物メニューのフムス・パチャがある。あらかじめ小さくちぎったパンを皿にのせ、豆の茹で汁をかけ、ふやかす。水分を切った後に、フムスのペーストをのせる。このペーストは少し柔らかめにしてある。パンもふやけて口当たりもいい。特にお年寄りには食べやすい。このパチャというスタイルがアレッポから持ち込ま

れた食べ方の一つだそう。もともとこの地域では、お酒を飲む習慣が少ないことから前菜としてよりも、一つの食事として食べられていたようだ。

　この店は朝早くから常連が来店する。夕方には売り切れ御免で早く閉める。ラマダン（断食）の月には、夕方になると断食明けの夕食（イフタル）の前菜用としてお客が買いに来る。フムスのペーストのみで1キロ700円ほどで、4〜5人分だ。

　ファトマさんは「常連さんも、自分が作るフムスも父の味と同じだと喜んでくれている。それが嬉しい」と話す。また、一家ぐるみで常連の場合、祖父が孫を連れて来て、フムスを一緒に食べれば、孫が大きくなっても、その味が忘れられずにまた来店するらしい。庶民の味が世代を越えても人々の舌の記憶に残っている。

　父が残した店と味を絶やさないためにも、自分の娘達も結婚して引き継いでくれたらと心配しているようだった。というのも、このイスケンデルンではフムス屋は一軒のみとなった。父が長きに渡って築き、信頼を積み上げてきたフムスと店の看板。これからも父の名を残して行きたいと頑張るファトマさんが提供するフムスには、そんな歴史がある。ファトマさんが手際よく作るフムスに心もお腹も一日満たされるので是非お勧めしたい。

左・名物メニューのフ
ムス・パチャ
右・フムスのペースト
のみの販売もしている

地域の大事な担い手

·<><><>·

　念願だったトルコ南部のハタイ県のアンタキヤへ行ってきた。訪れたのには訳がある。出会うトルコ人のほとんどが「アンタキヤへ行ったのか？　食文化が豊かなので、ぜひ行きなさい！」と口にしていたからだ。

　アンタキヤはシリアと接する地域。トルコ人やアラブ人、ユダヤ人、アルメニア人などさまざまな民族が暮らし、多彩な文化が混在した地域といわれている。

　私はワクワクしながらアンタキヤの街を散策した。しばらく歩いていると、シリンジェという地区に入り込んだ。迷路のように細い小道が複雑に入り組んだ古い地区で、さらに奥へ進んで行くと、町角に小さな精肉店を見つけた。

　男性が大きな両手包丁で肉を刻んでいる光景にふと足が止まった。肉屋なのに野菜も用意している。これから何を作ろうというのだろうか？　店内にお客さんがいて、何を待っているのだろうと思い、尋ねようと店内に入った。

　女性に話を聞くと「テプスィ・ケバブ」という。野菜を持ち込み、肉と合わせて調理してもらうそうだ。店員が肉を刻んだ後、女性が持ってきた野菜（イタリアンパセリ、ニンニク、赤ピーマン）も刻んで、肉に混ぜ、さらに混ぜ合わせるように刻んでいく。そこにスパイス（塩、黒コショウ、赤唐辛子パウダー）を加え、直径50センチ程のトレイに肉のタネを平らに敷き詰めて、仕上げに上からトマトソー

テプスィ・ケバブ作りのため、まずは肉屋へ

左・肉屋で仕込んでもらったものをパン屋に持ち込む
右・パン屋でテプスィ・ケバブとカイタズを焼いてくれる

スをかけ、野菜を飾り付けた。テプスィはトレイやお盆を意味するので、納得である。

　女性客は店員からトレイを受け取ると外へ出て行った。これからどうなるのか後を追いかけると、二軒隣りのフルンジュ（パン屋）に入った。客に話し掛けると、「パン屋には大きな窯があるから、お金を払って調理してもらうの。それだけじゃなくて、具材を用意すれば『カイタズ』というアンタキヤの名物パンも焼いてくれるのよ」と説明してくれた。

　話を深く聞いてみると、地区の約400メートル区画にはパン屋や精肉店、食料品店があり、食べるものは大抵揃うという。つまり、地区の外に出なくてもまかなえる。精肉店にトレイと野菜を持参し、精肉店の肉やスパイスを合わせてもらう。それをパン屋の窯で調理して、夕食の時間に間に合うように仕上げてもらう。出来上がった料理を食卓の真ん中において大家族で分け合って食べる光景が目に浮かぶ。

　トルコではオーブンを使った焼き料理が多く、特にアンタキヤでは種類が豊富なようだ。私がパン屋に滞在したのが午後4時頃だったせいか、客がパン屋に次々と持ち込んでくる。

　以前他県では、パン屋が閉店し石窯がゆっくり冷めていく時間を利用し、土鍋を持ち込み、数時間じっくりと煮込んでもらうという光景を目にしたことがあったが、ここはむしろ浅いトレイで、一気に焼き上げるオーブン料理が主流なようだ。

　パン屋が各家庭の調理を補っている形だが、ただ調理をしているだけでなく、人と人とを結ぶ場所でもあり、潤滑油のような役割を担っているように思えた。便利なシステムであると同時に、コミュニティには必要不可欠な存在となり生活に密着していることをうらやましく思った。

アラブ系との交流

〜〜〜

　ハタイ県を訪れた際、この県内だけに特化した専門雑誌を目にした。そのコンセプトが面白いなと思ったので、出版社との接触を図った。編集長の方と親身になったことから、私が1週間程ハタイ県を訪れたことを記事に書いてほしいと打診があった。私に大したことは書けるはずもなかったのだが、素直に自分の目で見たものを、そのまま書くことで日本人の旅人の視点からどう見えたのかを書くことにした。
　数か月後にその雑誌に掲載してもらった後、1通のメールがトルコから届いた。デメッキさんという、農業エンジニアを勉強している女子学生からだった。私の紙面を読んでくれたらしく、それでコメントを書いて送ってくれたようだ。ハタイ県の南部でサマンダーという東地中海に面したところに住んでいる方らしい。もし次回ハタイ県に来ることがあれば、是非会って、案内したいということだった。
　それから2年が過ぎ、再度この地を訪れた。1か月にも渡るラマダン（断食）が終わり、バイラム（宗教的祝祭日）に入る時期と重なってしまうことになったが快く受け入れてくれ、彼女達が住む村を訪問することになった。ハタイ県の県都アンタキヤからミニバスで30分にあるサマンダー市のタヴラ地区。

地中海に面する
サマンダー市

キッベ作りを見学

　彼女の家族はシリアのラズキイェ出身で、オスマン帝国時代、何世代か前にこち
らへ移って来たアラブ系の家族だ。現在のシリアは当時オスマン帝国内だったので、
国内引っ越しという方が正しい。

　彼女はこう語る。もうトルコの中でも、中高年や年配者以外はアラビア語を知ら
ず、トルコ語を話すようになっている。アラビア語で話すことさえも控えるような
社会になってきた。もう50年もすれば、私達の文化もなくなってしまうのではな
いかと考えると心配になるという。

　トルコでも南部周辺メルスィン県、アダナ県、ハタイ県にくるとバスの中でもア
ラビア語が飛び交っているのがよくわかる。特にシリア国境に近いサマンダーでは
ほとんどがアラブ系なので、私達とトルコ語で話すかと思えば、仲間内や家族同士
となるとシリア系のアラビア語で話し始める。南東部においても、国境近くの町の
暮らしは独特で、異文化のミックス感を肌で感じることができる。

　今回バイラム（宗教的な祝祭日）で、日本の正月でいえば2日目に訪れることに
なったが、わざわざ私達の為に代表的な食事のいくつかを見せてもらえることにな
っていた。

　その一つはキッベ。アラビア語なのだが、トルコ語でイチリ・キョフテ又はオル
ックという。ピロシキに似た具入りの団子料理だ。あらかじめ炒めた挽肉と玉ねぎ
にパセリを加え、塩、コショウで味付け具を作る。包むための生地作りへと入るが、
大きなタライに細かい挽き割り小麦（インジェ・ブルグル）を水で湿らせ、そこへ
挽肉用機械で3回ほど挽いた牛肉を加える。乾燥させておいた赤ピーマンを湿らせ
て、機械に入れてすり潰す。塩、クミン、みじん切り玉ねぎを加え、それらをすべ
て混ぜ合わせ、しっかりと力を入れ練りこむ。挽肉は生地を繋ぐためと、旨味を出
すため。昔は肉を機械で挽かずに、石の上に肉を置いて木槌でトロトロに滑らかに
なるまで叩いていたそうだ。1キロの挽き割り小麦に対し、500グラムの挽肉を練

大量に作る際には挽肉用機械を応用する

りこむ。そうすることでしっかりとした生地になり旨味も増すという。最近牛肉は高いので、鶏の胸肉を加えることで経費も安く済み、生地もしっかりすることを学んだらしい。水を加えて柔らかさを調節。柔らかいよりは硬いほうがいいのだが、硬すぎると具を包んだ後、すぐにひび割れをするので、それに注意する。ほんのりとオレンジがかった色に仕上がる。それを一握り取って、右人差し指で穴を開け、左手で生地をまわしながら、どんどん深く穴を作っていく。ちょうどちくわぐらいの長さに出来たら、中に具を詰めて、閉じる。

　大量に作る際には、生地に窪みを作る手間を省く便利な方法がある。肉を挽く機械の先端の部品を交換して、上から生地を流していくと、先からパイプ状の生地が仕上がってくる。程よい長さで切って具を詰めると実に簡単に出来る。現在では手動の機械から進化し、電動の機械があるという。1時間あれば何百個というキッベを包むことが出来るというのだ。

　昔は今よりももっと家族が多く、バイラムなどで家族が帰ってくると20人以上にもなる。その時にキッベを用意するとなるとタライ一杯の生地を用意して数百のキッベを用意しなければならない。しかもすべて手で作るとなると大変で、女性陣が分業して作っていたそうだ。

　イスラム暦での新年、宗教上の祝祭日、家族が帰省するときなど特別な日には、手間がかかり、肉を多く使う料理でもあるキッベは必ず作られるという。昔は主に農作業などの労力を使う仕事に従事していたので、一人でいくらでも食べることが出来たらしい。また、残ったとしても弁当や土産にもなる料理なのでとても重宝するのだそうだ。

　フライパンにたっぷりのオリーブオイルとひまわり油を加え、キッベを揚げる。表面はアメリカンドックのようなもっちりした生地で、中はブルグルの粒々した触感が残る。肉もたっぷり入っており、肉汁もかじると滴る程だ。庭のテーブルの真

　ん中に置いて、家族みんなでキッベをアイランと共に食べた。親戚の子供達が美味しそうにかぶりつく光景に顔も緩んだ。

　今回は油で揚げたが、茹でたものもある。あっさりして、こちらを好む人もいる。実際、キッベは冬の時期に食べるのが一般的だそうだ。冬には茹でたほうれん草を搾って、オリーブオイルとニンニクをかけたものと一緒に食べるものらしい。

　食事の後に見せてもらえたのはスルク。これを作るにはチョケレッキを作る必要がある。チョケレッキは牛乳からヨーグルトを作った後、ヤユックで攪拌させて、脂分を分離させる。それがバターとなる。残ったヨーグルトがアイラン。水を加えて熱すると凝固する。それを布に掬い、重しをして水分を取れば完成。

完成したキッベをみんなで食べる

左・スルク作りも見学
右・スルクにたっぷりのオリ
ーブオイルをかけて食べる。
濃厚なチーズのよう

　チョケレッキはお焼きやピデの具にしたり、塩を加えて朝食にしたりする。この地域では、いろんな食材を加えて加工し、保存食にする。タイム、クミンパウダー、塩、唐辛子フレークを加えて練り上げて、おにぎり大の円錐の形にまとめる。これは個人差があり、小さく作る人もいる。葦で編んだ籠を出して、その中にスルクを置き、布巾をしてハエが止まらないように覆い、木の枝に吊した。これで３日間、日陰で風通しの良い場所で風にさらし水分を程よく抜く。

　外側が乾き、中が程よく水分がある状態にしておかなければ発酵しない。それを容器に入れておくことで、発酵が更に進み、外側も白カビが出てくる。１か月後にカビが生え始めたら食べることが出来る。

　時間が経ったものは、発酵も進みスパイスとチーズが一体となるので、より美味しいという。カビの部分をナイフで削り、たっぷりのオリーブオイルをかけて食べる。ほどよく水分が飛んで、カラスミのようにほろほろとした食感になり、味も発酵の効果を感じる濃厚なチーズのよう。夏の時期、放牧している家畜から乳が多く取れるので、スルクを作って保存しておき、冬～来年の夏まで食べられるようにする。

　バイラムで家族水いらずで過ごす中にも関わらず、とても歓迎していただいたし、限られた時間の中で家族の方に食べ物を作っていただけたのは、感謝以外にない。遠い日本からの珍しいお客さんが来ているという噂を知って、近所の人達も食事や会話に加わってきた。異文化への関心も高く、質問攻めに合うことになってしまったが、私も質問をぶつけ、お互いの文化交流を深めた一日となった。

地中海地方

アダナ県

Adana kebabı ／料理：アダナ・ケバブ
Seyhan ／地域：セイハン市

　トルコ南部最大の都市アダナ。ここの名物アダナ・ケバブは、鉄の平串に挽肉を張り付けて、炭火で焼く肉料理。トルコ中のグリルレストランでこの料理を出さない所がないほど有名。私がアダナに到着してすぐ、街角や裏路地で煙が立ち込めている光景を目にした。ケバブを焼く煙を体に浴び、服は一瞬にして、肉の香りを吸ってしまった。「肉を愛する街に来たのだな」と実感する。

　アダナの職人は、肉の状態や質に非常に詳しいと聞く。煙の色で、どの肉がどんな状態で焼けているのか分かるという。アダナ・ケバブは生後約1年の雄羊を使う。あばら骨辺りの肉に美味しい脂身やクイルック・ヤウ（尾脂）を加えて、両手包丁で細かく刻む。キョク・ビベルというアダナ産の赤パプリカも刻み入れ、赤唐辛子パウダーと塩を足してよく混ぜ合わせる。これを一晩寝かすことが美味しい秘訣の一つ。

　職人は炭火で焼く際に焼きすぎに注意し、肉の表面に出てくる脂を無駄なくピデと呼ばれるパンに擦り付ける。一人前は生の状態で量るが、110グラムや120グラム程度。量や辛さも調節出来る。現地では、挽肉に刻みパセリとニンニク入りのベイティが裏メニューとして人気。また、ピデでアダナ・ケバブを巻いたドゥルムと呼ばれるロールサンドやレバーなどの臓器の串焼きも注文出来る。ケバブにはシソに似たスパイスのスマックと合わせた玉ねぎスライス、パセリ、ミント、カブ、トマトのすり潰しサラダもつく。脂をぬったピデをちぎり、肉と野菜を巻いて食べる。赤カブジュースのシャルガムかヨーグルトドリンクのアイランと食べるのが一般的。

❊ エベギュメジ・サルマス
Ebegümeci sarması

エベギュメジは英語名でマロー、日本名で葵の品種。ほうれん草と同じように炒め物に使えるほか、アダナではサルマ（巻物）やパイの中に具としても入れる。

❊ ユクスック・チョルバス
Yüksük çorbası

ユクスックとは、裁縫をする際の指抜きという意味。生地をこれで型どり、くり抜いたものをスープに入れる。もしくは生地をくるっと丸めて指抜きの形にすることもある。具には挽肉を小さく丸めたもの、茹でたひよこ豆が入る。基本アダナはトマトベースに赤唐辛子の辛味とレモンの酸味を効かせたスープが多い。また、ユズック・チョルバスは指輪のスープの意味で、小さな宝石に似せた一回り小さいマントゥがスープに入っている。入れる具が少し変わると、それに合わせて名前も変わるのがトルコらしい。

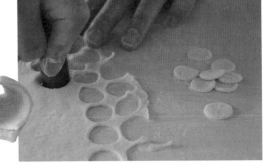

❋ サルムサックル・キョフテ
Sarımsaklı köfte

細かい挽き割り小麦（インジェ・ブルグル）に熱湯を入れ柔らかくし、小麦粉、卵、黒コショウ、クミン、塩、トマトペーストを加えてよく練る。丸めた後に、指で凹ませて形成。一度茹でた後、刻みニンニクが効いたトマトソースで炒め、上から刻みパセリをふる。

❋ バムヤ・ドルマス
Bamya dolması

オクラにスパイスで練った挽肉を、小指を使って割らないように詰めていく。それをトマトベースのソースで煮込む。アダナでも古い料理の一つで、トルコ初代大統領のアタチュルクもアダナを訪れた際に、この料理を名指しで希望したそうだ。

261

✳ フストゥックル・キョフテ
Fıstıklı köfte

サルムサックル・キョフテと同じ要領で作るが、これにはトマトペーストは入れずにブルグルを練る。形もビー玉程の大きさにちぎり、手の指の付け根辺りで握るようにして形成。茹でて、ニンニク入りヨーグルトとトマトソース、溶かしバターをかける。

✳ カイナル
Kaynar

シナモン、生姜他数種類の香辛料を鍋に入れて煮出す。ほうじ茶程の色が出たら、香辛料を取り出し砂糖を加えて、煮詰める。アダナでは出産した女性に飲ませるほか、お見舞いに来たお客さんにも、これでおもてなしをするそうだ。飲む際にはシナモンパウダーと砕いたクルミをかけて飲む。クルミは途中で足してもいい。

❋ カラクシュ・タトゥルス
　　Karakuş tatlısı

アダナで小麦粉を使った代表的な
お菓子。生地をロール状にした
後、斜めに切る。濃い目に揚げ、
二つを横に並べると、黒い鳥の羽
に似ているところから、この名が
付いた。シロップが絡まり、パイ
状でしっとり。味はかりんとうに
似ている。

❋ トゥルンチ・レチェリ
　　Turunç reçeli

皮に苦味のある橙のレチェル。
ジャムと訳すが、皮をそのまま
残したオレンジピールのお菓
子。トルコでジャムの種類は多
岐にわたるが、柑橘類は地中海
地方で育つので家庭でもよく作
るそうだ。くるっと皮を巻い
て、紐で繋ぎ、数回茹でて苦み
を取り除いた後、砂糖と水で煮
る。パンに付けるというよりは
お茶請けとして食べる。

❋ トゥルシック・チョルバス
　　Tırşik çorbası

サトイモ科の植物。そのまま食べると有害な野草。まず細
かく刻む必要がある。これを鍋に入れてヨーグルト、ぬる
ま湯、ひよこ豆、小麦、塩を入れて、表面を小麦粉で全面
覆い一晩寝かせる。発酵させることで毒成分が分解される
そうだ。翌日表面の小麦粉は取って、火を入れて3〜4時
間煮る。非常に手間がかかる料理で、いつ解毒が解明でき
たのか気になるが、今の世代にも引き継がれている身体に
良いスープ。アダナ県をはじめ、カフラマンマラシュ、オ
スマニィェ周辺で飲まれている。

蜂も集まるアダナの露店でお菓子の立ち食い

アダナ県はトルコ南部では最大の都市である。アダナでは、人通りの多いところに、必ずというほど歩道に沿って、お菓子の露店がある。そこで人気のお菓子を紹介しよう。

小麦粉を練った生地を搾り器から出して揚げ、すぐにシロップに浸けた「ハルカ・タトゥルス」。馬の蹄に似せたU字型をしていて、ぱっと見はチュロスやかりんとう。硬めの生地を噛むと、中からシロップが流れ出てくる。日本人の味覚からすると激甘だ。

「タシュ・カダユフ」は、12センチの円の大きさに片面だけ焼いたホットケーキを想像してもらいたい。裏は焼き目が付いていて、内側は気泡が出来て柔らかい。これに砕いたクルミやピスタチオを詰めて二つ折りにしたもの、または、二つの生地を重ねたものがある。これを一度溶き卵にしっかり吸わせた後で、油で揚げシロップにつけたものだ。これは卵のおかげもあり、柔らかく揚がり、内側の気泡がシロップをスポンジのように吸っているので、噛んだらじわっと歯の間に浸み込んでくる。

通常計5～6種類程度が並べてある。一番安いものは25～50円ぐらいまでのお手頃価格が一般的だ。ここは通学路や通勤路でもあり、お客が次から次に立ち寄る。店の前にぶらさげてある紙を取って、好きなお菓子をその紙でつまみ、その場で立ったまま食べる。お金を払う前にすでに食べ始めているのが普通。男性が多い中、女子高生も混ざって「立ち食い」を楽しむ。ポケットに優しい値段と、気軽な食事システムといえる。

左・中・アダナの人通りの多いところには、歩道に沿ってお菓子の露店が出ている。
右・パッと見はチュロスやかりんとうのようなハルカ・タトゥルス

左・砕いたクルミやピスタチオを詰めたタシュ・カダユフ
中・右・男性だけでなく女性もお菓子の立ち食いを楽しんでいる

　店員は常時シロップをお菓子にかけながら、客の呼び込みをする。お客もシロップが多いところを好むようだ。老若男女の口からシロップが滴り落ちる食事風景には思わず笑ってしまう。さらに、ほとんどの店で蜜蜂までもが、これらのお菓子の蜜を吸っているのはご愛敬か。

　アダナ県は暑い地域の為か、人々は辛い食べ物や肉のグリルを好む。そのため、食後にもパンチのあるずっしりとした甘いものでないと、逆に釣り合わないという。夏の時期、体が暑さで糖分補充を必要としていたとしても、普通揚げ菓子は胃に重い。しかし、アダナでは暑さで甘いものが食べられないということはないのだろう。冬になると更に消費が増えるというから、アダナの人にとっては依存性に近いほどになっているに違いない。

　一年中季節を問わず、老いも若きも、日常生活の流れで、店の前でふと足を止め、ふと手が伸びてしまう至福の食べ物。一日のちょっとした一コマでほっとさせてくれる。その一口が十分にその役目を果たしてくれている感じがした。

左・シロップをお菓子にかけながら客引きをする店員
右・美味しい蜜に蜂も集まる

夜の名物、シュルダン

·◇◇◇◇·

アダナ県の中心・アダナのオトガル（バスターミナル）に到着した。

私が暮らしていた内陸の乾燥したコンヤから、山を越え地中海に近いデルタ地域に位置するアダナ。暑いとは予想していたが、私を更に苦しめたのは湿気。風が全く違う。汗をかかなかったコンヤとは違い、一気に汗が噴き出す。

バスターミナルから市内行きのバスに乗る前、停留所あたりの小さな屋台で何人かが肩を寄せ合い「いなりずし」のようなものを食べているのを見かけた。あたりが薄暗くなり、急いでいたので通りすがりに何だろうなと気になりつつも後にした。ホテルにチェックイン後、店員さんからお勧めの食べ物を聞くと「シュルダン」という力強い答えが返ってきた。「これを食べなきゃ、アダナを堪能したってことにはならないから、是非食べて。夜にはシュルダンを売る屋台が出るから」と言った。

その言葉を信じ、教えてくれた場所に行くと、さっきバスターミナルで見た光景が目の前に。屋台が数件並んでいて、かなりにぎわっているようだった。「あの時見たのはこれだったのか」とうなずく。屋台のセッティングや人が集まる雰囲気からして、日本のおでん屋に似ている。その雰囲気からして、とても美味しそうだと期待した。

大きな鍋をのぞいてみると、期待に反して見た目が悪く、決して食欲をそそらないであろう物がたくさん煮てあった。

左・中・大量に煮込まれたシュルダン
右・美味しそうなビジュアルというわけではない

左・トルコ人の間では大人気
中・中にはぎっしりピラフが詰められている
右・青唐辛子のピクルスがいいアクセントになる

　この正体は羊の第四の胃で、腸との境目に当たる部位だそうだ。中にトマトペーストで味付けしたお米をぎっしり詰め、それを大鍋で３時間ほど煮込んだものらしい。子羊か一歳経った雄の羊のものが柔らかく、美味しいとのことだ。イシケンベ（第一の胃）、ムンバル（大腸）にお米を詰めるのは有名だが、この部位は珍しい。トルコ中を旅しているが、これまでで一番見た目の悪い食べ物だっただけに、勢いよくかぶりつくことは出来なかった。しかし、ホテルの人に勧められたし、左右を見てもシュルダンをかぶりつく人だらけ。おかわりする人も続出だ。更に驚いたのが、お客さんは男性だけでなく、女性や子供もたくさんいる。

　負けてはいられないと、食べ方を伝授してもらう。これには、お好みでクミンパウダーと唐辛子フレークをふりかけるみたいで、食べ方は自由。かぶりつくと、中からぎっしり詰まったピラフがぽろぽろと出てきた。内臓だが丁寧に洗っているせいか、臭味はなく柔らかい。イカの詰め物よりも柔らかく、するっと口で噛みきれるほど。

　見た目の悪さは、一口食べた後には忘れてしまう。スパイスのクミンパウダーが淡白な内臓に香りをつけてとても合うし、唐辛子フレークをつけるともう一つおかわりしたくなる。青唐辛子のピクルスをかじり味にメリハリをつける。

　イスラム教の多いトルコだが、お酒を飲む人は結構多い。お酒を飲んだ後の一品としてよく食べられるのも納得だ。暑い日中でも夜には涼しくなるから、飛ぶように売れる。

　大鍋の中に何百個も入っているのに、それがあっという間になくなるからすごい。アダナ県といえば挽肉の串焼き、アダナ・ケバブが全国的に有名だが、こちらは現地限定の人気。逆にこういう通しか知らないシュルダンを現地の人に紛れて食べれば、一気に仲良くなれるだろう。アダナの街中は、こうして夕方から真夜中まで屋台を訪れる老若男女でにぎわっている。

地中海地方

メルスィン県

Tantuni ／料理：タントゥニ
Mersin merkezi ／地域：メルスィン中心地

　メルスィンの名物といえばタントゥニ。牛の脂身のないモモの部位を小さく切って茹で、それを特製の円い鉄板の淵に置く。鉄板の中央には窪みがあって、注文が入れば、肉を分量だけ入れて、綿実油、塩、赤唐辛子パウダー、黒コショウを入れて炒める。真ん中の窪みは、調理する間、周りにある肉と干渉せず、効率的な調理スペースとしてよく考えられた形状。また、綿実油を料理に使うのは珍しいが、中央の窪みは温度も高いので、焦げにくいこの油を使うのだそうだ。

　その後、少し水を加え、肉の上にラワシュ、又はアチュック・エキメッキという薄焼きパンをのせる。これはパンを温め、肉の旨味を吸わせて柔らかくするため。

　出来上がるとパンに肉をのせ、トマトやしし唐、玉ねぎ、パセリなどと一緒に巻く。通常のドゥルム（ロールサンド）よりも小さくて食べやすい。食べ方も通常丸めてそのままカブりつくのだが、肉汁が出やすいので、真ん中を二つに折って両端を上に向けながら食べると肉汁もこぼれない。そこにレモンをぎゅっと搾って食べても良い。肉料理と相性の良いアイランやシャルガム（赤カブジュース）と食べるのが現地流。

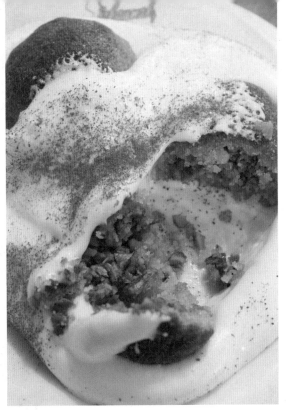

❋ ケレビチ
Kerebiç

ケレビチはメルシンで特に気に入ったお菓子で、セモリナ粉の生地の中に砕いたピスタチオがふんだんに入っているお菓子。上にはメレンゲのようなクリームがのせてある。チョベンという植物の根を茹でて攪拌させることで、ほのかに花の香りがするメレンゲのような泡が出来る。宗教的なお祝い時期によく食べられる。

❋ ジェゼルイェ
Cezerye

アラビア語のジェゼルはニンジンを意味し、アラブ諸国から伝わったとされる。ジェゼルイェはニンジンで出来たお菓子で、アンカラやコンヤで採れる良質のものが使われる。茹でてから潰した後で、スパイスとデンプン入りのシロップで煮る。ピスタチオやクルミを練りこんで冷まし固める。柚餅子のような食感で、薄くスライスし、ココナッツにまぶして売られている。栄養価も高く、滋養強壮にいいそうだ。

✳ フンドゥック・ラフマージュン
Fındık lahmacun

ラフマージュンとは、アラビア式の挽き肉のセピデ、フンドゥックはヘーゼルナッツの意味。ヘーゼルナッツのように丸くて小さいので、大きさも直径十センチ程度。お酒を飲むことにも寛容なメルスィンでは、お酒と共に前菜としても食べらる。

✳ バトゥルック
Batırık

料理名は水に浸す意味。メルスィンに近い地域でよく食べられるスープ状の冷たいサラダ。細かいブルグル、トマトペースト、ゴマペースト、砕いたピーナッツ、ゴマ、塩、コショウ、唐辛子フレークなどの具材を加えてよく練った後、水で薄める。そこに茹でたキャベツや、レタス、キュウリ、レモン汁を加える。暑い夏にはひんやりして食べやすいし、栄養価も高い。家に来たお客さんにもてなす料理の一つ。

✳ ユズック・チョルバス
Yüzük çorbası

直訳で指輪のスープという意味。これは指輪の宝石に似せた、ひと回り小さいマントゥがスープに入っている。トマトベースで具にはひよこ豆、挽肉が入っており、唐辛子の辛さ、レモンの酸味も効かしたスープ。

✳ カルサンバチ
Karsambaç

トルコのカキ氷。暑い地中海沿岸ではよく売られている。屋台で売られていることがあり、原始的な設備で氷を保存、カンナで擦りながら氷を削る。着色した薔薇のシロップがかかっている。

✳ マームル
Mamul

マームルはセモリナ粉を使い、粒々感が残るクッキーのようなお菓子。中にはナツメヤシ入りとクルミ入りの2種類がある。お気に入りはナツメヤシ入り。すり潰されていて、日本の粒あんのよう。型に抜かれて模様になっていて、日本の饅頭かと思ってしまう。外の生地も香ばしく焼かれて、素朴でホッとする味。

ビジビジ
Bici bici

水に小麦のスターチ（デンプン）を加えて、かき混ぜながら熱するともっちりしたプリン状のムハレビが出来る。主にかき氷の中の具材に加える。

❋ **シャルガム・スユ**
Şalgam suyu

赤カブと黒ニンジンを発酵させて出来た漬物汁。水に岩塩、ブルグルを加えて、その中に材料を入れて、常温に置き発酵を促す。メルスィン県や隣県アダナ県では、肉料理にはこのシャルガムがよく飲まれる。店ではビールジョッキに入れて、漬かった黒ニンジンをかじりながら飲むこともあれば、ペットボトルに入った既製品もある。夏の時期、特に湿度も高く汗もかきやすい地中海沿岸では塩分補給は大切。当初、漬物の汁をドリンクとして飲むのは有り得なかったが、慣れれば、体が求めるようになる。

アンタルヤ県

Şevketi bostan ／料理：シェヴケティ・ボスタン
Antalya merkezi ／地域：アンタルヤ中心地

　今回クレタ島の文化研究をされているオズヌルさんに料理を作っていただき、作り方を教わった。シェヴケティ・ボスタンという野草を使った料理。日本名ではキバナアザミ。エーゲ海地方から地中海地方に渡ってこれを食べる習慣があるが、クレタ島の食文化が入ってきて、定着した料理の一つだそうだ。

　まず虫や土がついているので、酢や塩水で何回もすすぎ、きれいにするのが一番の手間でもあり重要。それを5センチぐらいに切っておく。脂身のある仔ヤギの部位肉を一口大に切って、油を入れずに鍋で炒めて、みじん切りの玉ねぎも加える。そこにシェヴケティ・ボスタンを入れ、少し水と塩を加え、圧力鍋にかける。仕上げはテルビイェといって、小麦粉とレモン汁（又はレモン汁と卵黄）、水を混ぜ合わせて、流し入れる。ゆっくり混ぜて、とろみがつき食材が一体となりまとまったら、最後に弱火でじっくり10分程煮る。1月上旬、金曜日に開かれる市場では野草の中でも一番目立つ存在。水菜と蕗を足して割ったような食感と香り。肉の旨味がテルビイェのレモンの酸味で引き立てられて、食欲も増すし、胃に重くない。肉は適度に取りつつ、野草やハーブ、オリーブオイルを摂取することに重きを置くクレタ島を含めた東地中海の食文化は、心臓病や癌などの病気予防になるといわれる。

　現在では時代も変わり、健康志向になってきたため、野草を気軽に手にするのも難しくなってきているとのことで、市場が始まる朝には急いで買いに行くそうだ。

✳ ラディカ・サラタス
Ladika salatası

ラディカは別名カラヒンディバ（日本名は
西洋タンポポ）。葉をしっかりと茹でて、
搾らないでボウルにあげる。クレタ島から
の食文化の影響で、栄養のある茹で汁まで
飲む習慣があるそう。ニンニクをつぶした
ものを入れて、ボウルにレモン、オリーブ
オイル、塩を白濁するまでよく混ぜ合わ
せ、上からかける。苦味やアクのある野草
だが、こうして調理すると何故か美味しい
サラダへと変化する。

✳ セルプメ・ボレイ
Serpme böreği

セルプメは、漁をするときの網投げに
似せた技術で小麦粉の生地を薄く広げ
る方法。生地を作った後でひまわり油
をぬり付ける。大理石の上で、手でい
くらか広げると、後はその生地をたた
きつけ、大理石にくっつかせては伸ば
しを繰り返す。7～8回繰り返すと、
向こう側が見えるほどに薄くなる。具
には挽肉とたまねぎ、パセリを炒めた
もの、又は白チーズにパセリを合わせ
たものを散りばめて、生地を折りたた
んで、石窯で焼く。薄い層状の生地は
サクサクして、中は具だくさんでしっ
とり。朝食に相応しい焼きパイ。バル
カン半島からの移民が持ちこんだとさ
れる。

❋ ケチ・ボイヌズ
Keçi boynuzu

ケチ・ボイヌズは直訳するとヤギの角。日本名は
イナゴ豆。地中海沿岸でよく見かける食材。この
まま食べることもあるが、ペクメズを作るのがこ
のあたりの風習。茹で汁を更に加熱して煮詰める
と濃縮シロップが出来上る。鉄分が多いことで有
名で貧血にも良い。

❋ ス・テレスィ・サラタス
Su teresi salatası

別名クレソン。きれいに洗って、
刻んで、生で食べるサラダ。小川
など水際に生えるクレソンは冬の
時期に市場で多く出回る。市場で
はオトチュと呼ばれる、野草、香
草ばかりを売る人もいる。

クレタ島からの移民

·<><><>·

　12月下旬、トルコ南部の代表的なリゾート地・アンタルヤに着いた。内陸の乾燥した冷たい気候とは一変し、オレンジやバナナも育つ南国へとやって来た。リゾート地としてはオフシーズンにも関わらず、十分すぎる程暖かかった。

　ここアンタルヤの食文化を調べるため、隣国のギリシャで最大の島・クレタ島からの移民者（ギリットリ）でつくる協会を紹介してもらった。

　クレタ島は地中海に浮かぶ島で、ギリシャ領に位置し同国最大の島。かつてオスマン帝国がクレタ島を支配下に入れたのが1669年。それ以後島ではキリスト教徒からイスラム教への改宗も増え、本土から移住したトルコ人もいた。そして帝国の衰退におけるキリスト教徒の反乱に伴い、トルコ本土へ移り住むイスラム教徒が出始めた。1923年にはトルコとギリシャの間での住民交換が行われ、トルコ本土のギリシャ人のキリスト教徒とクレタ島のイスラム系の人が入れ替わった歴史がある。

　そこで協会の秘書をされているアレヴさんという女性から食について詳しいお話を伺った。彼女は移民の4世になる。1897年に彼女の曽祖母がクレタ島からトルコに渡り、エーゲ海から地中海沿岸を転々とし、最終的にアンタルヤの地に定住したそうだ。

　彼らは野草を食べる文化を島から持ち帰った。地中海と北アフリカ地方が混ざり合った気候で植物の種類が豊富だといわれる地域は、野草を食べることは地の利を生かした文化だといえる。旬の野菜や野草、香草と脂身の少ない仔ヤギの肉を組み合わせるのはその代表的な料理。サラダにはそのまま刻み、茹でた後、オリーブオイル、ニンニク、レモン、塩を白濁するまでかき混ぜて、かけて食べるのが主流の食べ方。

　しかし、彼らが持ち込んだ時には、本土に住むトルコ人には全く合わないものだったらしい。「野草を肉と混ぜるなんて、肉がかわいそう」とまで言われていたのだそうだ。また、こんな小話を聞かせてくれた。エーゲ海地方の農民の話である。

　息子が父に走って駆け寄って来た。「お父さん、今、牛を連れたクレタ人が敷地に入ってきて、横切ろうとしているよ」と言うと、父はこう返した。「牛は草を食べてお腹いっぱいになれば、立ち去るから放っておけ。ただクレタ人はだめだ。敷地にある野草すべてを根こそぎとっていくからな。入れてはだめだ」。クレタ人がどれだけ野草が好きかということを、滑稽に表している。

左・中・アラブ・サチとヤギ肉を一緒に煮込む　右・クレタ島からの移民者でつくる協会で
秘書のような仕事をされているアレヴさんの料理の腕前は抜群

　今はクレタ島を含めた東地中海の食文化は、野草の栄養や健康面での価値が高く、
寿命が長く生きられる食文化として世界無形文化遺産として認められた。野草は臓
器に良く、病気予防になるとして、その価値観が理解され、市場では競って買う時
代になった。冬に訪れたこの時期でも、市場には村から摘み取ったオトチュと呼ば
れる野草だけを扱う露店がある。

　春には更に種類も増えるし、食卓には年中野草が途切れることはない。こうした
クレタ島の人によってもたらされた新しい食文化も、トルコの全体の食文化をより
豊かにしていった一つの要因になったのだと感じた。

　夕方、アレヴさんにクレタ島から伝わる野草を使った料理を作っていただくこと
になり、家を訪れた。市場で買った「アラブ・サチ」と呼ばれるアニスの香りがす
る野生のフェンネルを、白インゲン豆や仔ヤギの骨付き肉とそれぞれ煮込んだ。

　アラブ・サチをヤギ肉と一緒に煮ることはトルコの他地域では見かけない料理で、
改めて地域性の違いを感じるとともに、初めて食べる味が新鮮だった。アラブ・サ
チの強い香草が味の濃いヤギ肉に負けずバランスがよく感じた。

　2品目の白インゲン豆のトマト煮込みはトルコでは国民食。そこに香りの強い香
草を加えるから味を邪魔してしまうのかと思ったが、煮込むと上品な香りに落ち着
いた。彼女の腕前もあるが、手品のような激変ぶりに驚いた。

　また、デヴェ・タバヌと呼ばれる、ラクダの足のように地面に広がって生えてい
る様から名がつけられた野草も調理した。それは自家製のトマトペーストでしっと
りするまで煮て、ヨーグルトを添えた。本来、野草や肉はトマトを加えないで煮る
のがギリット流らしい。「自然に生えている野草は、きれいに洗って、掃除するの
が一番大変。レモン水や酢水で殺菌し、しっかりと洗う必要があるのよ。それさえ
きちんとしたら調理は簡単なの」とアレヴさんは言った。そして「アズ・イイン、
オズ・イイン（少量でも確かなものを食べなさい）」というクレタ島文化にまつわ
る言葉も教えてくれた。

　短いひと時だったが、彼女達の料理は歴史や文化ともにトルコに伝わった事実を
新たに知ることが出来たのは、とても大きな収穫だった。

地中海地方

ウスパルタ県

Sazan ekşileme ／料理：サザン・エキシレメ
Eğirdir ／地域：エーイルディル市

　とても風光明媚な場所で町中を歩くと小さな市場があり、数軒の魚屋を目にした。そこには、丸々と太ったサザン（現地名チャパック）という鯉が売られていた。ここにある湖でも獲れるが、隣県コンヤのベイシェヒール湖の方がより多く獲れるそうで、そこから運ばれた鯉も多いらしい。それでも、毎日多くの鯉が消費されているということは、それだけ食卓に上がり、食文化としても定着しているのだと感じた。

　鯉料理の中でどんなものが食べられるのかと尋ねたところ、鯉の内臓を除き、そこに米やブルグルのピラフを詰めて炊いたサザン・ドルマスが有名だとのこと。町の限られたレストランで作っているそうだが、予約注文での調理となるし、自分一人では食べきれない程の大きさというので諦めた。半島へと渡ると、猟師さんが網を修理していたので、鯉料理について話題を切り出すと、昼間に食べたサザン・エキシレメという鯉の煮物があるという。エキシレメは酸っぱいという意味で、ブドウの酢を加える所が特徴だそう。わざわざ奥さんが持って来てくれて、外で旦那さんと食べることに。

　鍋で玉ねぎを炒めトマトやしし唐、トマトペーストを加え、ブドウ酢を足して煮込むそうだ。それほど強い酸味ではないが、コクとさっぱり感を出すには酢がいいし、鯉には酸味がよく合う。食べるときに好みでレモン汁を更に加えても良い。時間が経って味も落ち着いたのだろう、身にもソースにも味が浸み込んでとてもまろやか。パンをソースにつけて食べる。魚の煮物は、久々にホッとする料理だった。

地中海地方

ブルドゥル県

Sarma aşı／料理：サルマ・アシュ
Burdur merkezi／地域：ブルドゥル中心地

　ブルドゥルのレストラン協会の会長ビロルさんと、サルマ・アシュを食べに郊外にあるキャームランさんのお店を訪れた。昔の料理で若い人は知らない人も多いが、料理名のサルマは包む、アシュは穀物を使った料理の意味。

　まず、包むブドウの葉はあらかじめ茹でて水に浸した後、水気を切っておく。次に中に入れる具を作る。フライパンに油を入れ、玉ねぎを炒める。ケシの実のペースト、カイマックを入れて混ぜ、全体がよくなじんだら熱湯を加える。そして細かいブルグルを加え、5分ぐらい強火で煮る。その後、塩、黒コショウ、刻んだパセリとミントを加え、かき混ぜて5分程度弱火で煮る。水分がなくなってきたら白チーズ、砕いたクルミも加える。蓋をしてチーズを溶かし温かいうちに提供する。

　食べる際、料理を真ん中において囲むように座る。各自ブドウの葉を取って具を巻いて食べる。通常サルマは作り手が一つ一つ巻いて調理するので、とても手間がかかるが、これなら具だけ作っておけばよい。特別な日に作る丁寧なサルマと、時短のサルマが上手に使い分けされていて興味深い。

　この料理は小麦の収穫の時、親戚や近所の人に手伝ってもらうにあたって、昼ごはんとして、みんなに振る舞い大勢で食べる料理だそうだ。忙しいからこそ考えられた料理。栄養価も高く、お腹も満たし腹持ちも良い。チーズの溶け具合も良いし、肉が入ってないのにかなり旨味やコクを感じ、気づけば何個も巻いて食べてしまった。

✳ ペスキメット
Peskimet

ペスキメットという名前のパンは県が違うだけで全く別物になるのも面白い。これもその一つ。生地にクローブパウダーが入っており、ほのかに香る。本来はヨーグルト、マスティックガムを加えるらしい。メッカ巡礼を済ませた後、家を訪れた来客に、このパンとナツメヤシ、メッカの聖水・ゼムゼムスユでもてなしをするそうだ。薄く切って乾燥させ乾パン状態にすると長期保存できる。

✳ ブルドゥル・シシ
Burdur şişi

名物の筆頭に上げられる串焼きのケバブ。牛のあばら肉のミンチと尾脂と塩のみで練って、数時間寝かせた後、鉄串に刺して焼いたもの。肉汁と脂が染み出た肉をピデ上に置いて染み込ませながらもう一度温める。冷めると尾脂は固まりやすいので熱々をいただく。肉本来の味と塩のバランスが絶妙。

✿ ジェヴィズ・エズメスィ
Ceviz ezmesi

すりつぶした（エズメ）クルミ（ジェヴィズ）にテンサイの砂
糖を加えて練ったお菓子。セモリナ粉を加えるのが主流となっ
ているが、この店は加えないのがこだわり。砂糖も控えめでク
ルミの素材がかなり引き立っている。ソフトクッキーのような
ねっとり濃厚な味と食感。

✿ ケネヴィル・ヘルワス
Kenevir helvası

ケネヴィルは麻の実で別名チェデ
ネ。ケネヴィルの他、ナッツ類、ゴ
マなどと一緒に煎った後、熱したペ
クメズを加え混ぜる。容器に煎った
小麦粉を敷いた後に流し入れ、その
まま冷やし固める。とても栄養価が
高い、冬の時期のお菓子。ケネヴィ
ルの代わりにハシハシ（ケシの実）
で作れば、食感と香りが違うハシハ
シ・ヘルワスになる。

北キプロス・トルコ共和国

Kabak çiçek dolması ／料理：カバック・チチェッキ・ドルマス

Lefkoşa ／地域：レフコシャ（ニコシア）市

　8月中旬の真夏の時期に北キプロスの首都・レフコシャで食べたドルマ。トルコでは主にピーマン、茄子、トマト、羊や牛の胃腸を食材に使う一方で、地中海沿岸地域では、ズッキーニの花を使った「チチェッキ・ドルマス（花に詰めた料理）」がある。ギリットリと呼ばれるクレタ島からの移民が持ち込んだといわれている。花までドルマにしてしまうのだと、改めてドルマの幅広さを感じる。

　郷土料理店のオーナーがこの料理について説明してくれた。夏の時期、毎朝ズッキーニの花を摘みに出かけるが、新しく咲いた状態が理想的。萎むと中身を詰めにくいから、萎む前の時間限定の食材だそうだ。花は雄花を採る。雌花はズッキーニの実の上に出来るので採らない。まず摘み立ての花は中の雄しべを除いて、消毒の意味でも酢水に浸しておく。この料理のポイントは、花の味や香りを消さないように、中の具はシンプルなほうが良い。お米に刻んだミントとパセリ、おろしたトマト、黒コショウ、レモン、塩、オリーブオイルを混ぜ合わせる。雄花は構造上詰め物が出来るような深さがあるが、一つ一つ小さなスプーンでお米を入れ、柔らかい花びらで閉じる。それを鍋に並べ、水を加えて炊く。山吹色の見た目は何とも鮮やかで、小ぶりでもあり、手毬寿司の感覚で食べることが出来る。噛むとほのかな花の香りが口の中を包む。夏の暑い日には視覚からもさっぱりといただけるドルマ。

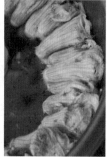
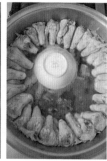

❋ ペリム・ペイニリ
Hellim peyniri

キプロスの名物で主にヤギや羊の乳から作る。低温に温めてシルダンマヤス（チーズ酵母）を加える。凝固したら集めて型に入れて水分を切る。それを残り汁で再び温めたら塩漬けして保存。スライスし、焼いて食べるのが通例。塩気もあり、キュッと音がなるほど食感がある。このチーズは、一説ではかつてアラブ人が征服していた頃に持ち込まれたそうだ。

❋ ブルドゥルジュン
Bırdırcın

トルコや北キプロスでは狩りに出て野生のウズラやウサギを獲る文化がまだまだ多いという。ここでウズラのグリルを初めていただいた。小さく骨が大半を締め、肉は少ないが身が締まっていて味も濃かった。また、ウズラを飼育し、卵を自家製のブドウ酢に浸けてピクルスにしている。ピクルスが多く発達しているキプロスならでは。

✳ チャクステス
Çakıstes

生の緑オリーブを叩いて割れ目を入れ、あく
抜きの為に毎日水に浸しては替える。数日
後、水、岩塩、レモンで塩漬けにする。食べ
る際、塩抜きし、刻みニンニク、コリアンダ
ーシード、レモンを加えて食べる。

✳ モレヒーヤ
Molehiya

乾燥したモロヘイヤをトマト、玉ねぎ、ニン
ニクと一緒に煮たもの。エジプトではよく食
べられるが、トルコ領内では北キプロスで初
めて食べた。ほうれん草と茶葉を足した食感
や味に近かった。ここで食べられているのは
キプロス島がエジプトと近い関係だったこと
が影響しているそうだ。

✳ シェフターリ・ケバブ
Şeftali kebabı

シェフのアリさんがこの料理を考え
たことから、この名が付いた。仔羊
と牛を混ぜた挽肉を現地名でバンナ
と呼ばれる網脂で包んで焼いた肉団
子。脂分でコーティングされ、旨味
が感じられてジューシー。粗挽きソ
ーセージのような食感と弾力があ
る。

ピロフ
Pirohu

トルコ本土でもペルヒという似た食べ物がある。小麦粉の生地を薄く伸ばして、ゴルフボールほどの大きさに丸く型を切り取る。具にはノル、卵、乾燥ミント、黒コショウ、塩で味付けをする。ノルとはロルでヘリム・チーズを作る際に出るチーズの残り汁を再び凝固、分離させて集めたもの。同じ大きさの生地を重ねて閉じる。塩を入れて茹でて、湯切りして皿にのせる。仕上げはドライミントとヘリム・チーズをおろして上からかける。

パトゥルジャン・マージュヌ
Patlıcan macunu

キプロスにはマージュンという食材を砂糖で煮た加工品が多い。トルコ本土ではレチェル（ジャム）として同じものがある。素材が煮崩れしないように石灰水で処理して数回洗った後で、砂糖、レモン、クローブと一緒に煮て冷ます。北キプロスはお茶タイムとなれば、チャイはほとんどなく、トルココーヒーが飲まれる。コーヒーの後にお客さんをもてなす代表的な食べ物だそうだ。茄子の他に、未熟なクルミ、スイカの皮、イチジクなど多岐にわたる。

カバックル・ボルルジェ・サラタス
Kabaklı börülçe salatası

生のササゲ豆をズッキーニと一緒に茹でる。仕上げはオリーブオイル、塩、レモンで和える。

❋ カパリ・トゥルシュス
Kapari turşusu

ケッパーのピクルス。地中海沿岸
で広く食べられる。キプロスでも
ピクルスの種類は多く、ここ独自
の野草を漬けたりもする。

❋ サルヤンゴズ・トゥルシュス
Salyangoz turşusu

西部のクムヤルでキプロスの文
化に詳しいゼキャイさんのホテ
ルで食べたカタツムリ。イスラ
ム圏でカタツムリは売れないと
いわれるが、唯一北キプロスは
別。ピクルスとして食べられる
ことが多いそうだ。3日ほど空
腹にさせてすべてを吐き出させ
た後に茹でて、中身を取り出し
ブドウ酢に浸ける。

❋ シンヤ
Şinya

シンヤと呼ばれるキプロ
スに育つ植物。シンボル
的な位置づけ。窯の中
で、肉をこの植物と一緒
に燻しながら焼くという
キプロス料理がある。香
りが肉に移って、いい味
になるそうだ。

東 部 地 方
Doğu Bölgesi

1. マラトヤ県
Malatya

2. エラズー県
Elazığ

3. エルズィンジャン県
Erzincan

4. エルズルム県
Erzurum

5. カルス県
Kars

6. アール県
Ağrı

7. ビトリス県
Bitlis

8. ワン県
Van

9. ハッキャリ県
Hakkari

10. アルダハン県
Ardahan

11. ビンギョル県
Bingöl

12. トゥンジェリ県
Tunceli

13. ウードゥル県
Iğdır

14. ムシュ県
Muş

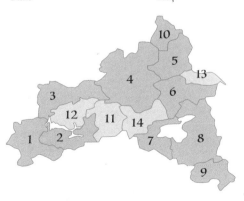

マラトヤ県

Kiraz yapraklı sarma ／料理：キラズ・ヤプラックル・サルマ
Malatya merkezi ／地域：マラトヤ中心地

　トルコではサルマと呼ばれる巻物料理がある。一般的にはブドウの葉で米や挽き割り小麦、または挽き肉を入れて巻き、炊いたものが広く食べられる。郷土料理店を経営するギュルハンさんの店で、人気のサルマをいただいた。マラトヤではサルマの種類の中でもさくらんぼの葉で巻くのが特に好まれる。その葉は小さく巻きにくいため、見かけることは極めて少ない。通常サルマよりも3分の1程度の細さだからだ。ところがマラトヤでは葉があれば何でもサルマにしてしまうといわれるほど。さくらんぼの他、マルメロ、桑、インゲン豆、ヘーゼルナッツの葉も使われる。

　小麦を細かく砕いたクルック・ヤルマを塩と水で練って具を作り、葉の先に指で具をぬり付ける程度にして、手前に向かって巻く。巻いていく際、通常よりも細いので、1本巻いては指の間に何本も挟む。手際よく作業するコツである。ただ細いのでかなり手間がかかる。

　巻き終えたら一度茹でておく。鍋に水切りヨーグルト、小麦粉、水を入れ、分離しないように混ぜながら加熱する。スモモの濃縮果汁（エリック・エキシシ）を加え、その後茹でたサルマを入れる。塩で味を調整し、仕上げは玉ねぎをバターできつね色になるまで炒めて、上からかける。通常のサルマは指の太さ程あるのでそれだけを食べるのだが、これは小さいので、スープの具の感覚で食べる。小麦と旬の食材とを合わせたマラトヤのシンボル的な家庭料理。

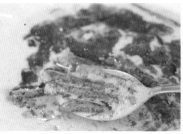

カバックル・ヨーウルトル・キョフテ
Kabaklı yoğurtlu köfte

瓜やズッキーニが採れる時期に食べられる料理。まずイリアーチと呼ばれる産地の黒レンズ豆を予め茹でておく。細かく砕いたヤルマを塩、水でよく練ったら、小さな団子にして茹でる。瓜は軽く炒める。ヨーグルトにおろしニンニクを混ぜ、そこにすべての材料を加えて混ぜる。仕上げは溶かしバターに唐辛子フレークの香味油をかけて完成。アルトゥン・ギュヌという、女性達が集まる集会などでもよく作られる料理。

ムンバル
Mumbar

ムンバルは羊やヤギなどの大腸の意味。まず、大腸を酢水かレモン水に浸し、裏返しにして内側もきれいに洗う。粗めのブルグルに挽肉、みじん切り玉ねぎ、黒コショウ、唐辛子フレーク、クミン、トマトと赤ピーマンペースト、油を全て混ぜて具を作り、ムンバルの中に具を詰める。鍋に黒コショウ、ローリエ、水を入れてムンバルを３時間程柔らかくなるまで煮る。大腸はプリプリと弾力はあるものの、歯で容易に噛めるし、中から具のピラフもぎっしり。

❋ スクマ・キョフテ
Sıkma köfte

スクマとは握りしめたという意味で、材料
のブルグルを団子状にしていることから、
この名前が付いている。家庭でも簡単に安
く作ることが出来る料理の一つ。玉ねぎを
炒めて、トマトと赤ピーマンのペーストを
加え、そこに茹でた団子を絡めるだけ。

❋ エリック・エキシシ
Erik ekşisi

黄色い種類のスモモから作る濃縮果汁。茹
でた後きめの細かい布で濾す。それを日光
にあてながら、水分を飛ばし濃くしてい
く。瓶詰めして2年間は保存が効く。マラ
トヤの料理では、このスモモの果汁を使っ
て料理に酸味を加える。マラトヤの重要な
調味料。

❋ カユス・チャーラス
Kayıs çağlası

チャーラは未熟な果実のこと。アンズ生産の多
いマラトヤでは、未熟なアンズはピクルスに加
えて食べる。カリッとした食感で、中にある未
熟な種も真っ白で柔らかい。

✳ カダユフ
Kadayıf

お菓子作りによく使われる材料。テル（線状）・カダユフは、小麦粉と水を合わせてしゃばしゃばの液体を穴の開いた容器から回転している銅板に流し出す。銅板は熱しているので、すぐに火が通る。茹でたビーフンのようなしっとりした仕上がり。ナッツなどを包んで、シロップがけの菓子に使われる。ヤッス（平らな）・カダユフはホットケーキ状。卵、小麦粉、イースト、ベーキングパウダー、好みで、牛乳、トウモロコシの粉を加えて、鉄板の上で片面のみ焼く。裏はこんがり、表は気泡が残って、柔らかい。マラトヤではカイマック、クルミを入れて閉じ、溶き卵にまぶして、高温の油で揚げてシロップに浸す。生地だけ作っている店もある。

✳ カユス・レチェリ
Kayıs reçeli

アンズのジャム。熟す前の少し硬めのアンズの皮を剥き、実に切れ込みを入れる。竹串で種を押し出すと、ツルッと簡単に種が取れる。砂糖を加えて1時間程度煮る。それを2日間日光に当てる。シロップに浸したままで1日目、2日目とアンズをひっくり返す。シロップが濃厚になったら、瓶の中に入れて保存。アンズの種は砕いて中の仁を出し、茹でてから、ジャムに加える。少なからず杏仁の香りがして美味しい。

レンズ豆のピラフ

·=·≫⊰×⊱≪·=·

　トルコ東部のマラトヤ県を訪れたときのこと。市場で知り合った乳製品屋のシャーヒンさんと仲良くなり、食の話で盛り上がった。

　私が「トルコの東部ではブルグルの消費も多くそれを使った料理も多いと聞いたけど、ブルグルを使った美味しいピラフが食べたいな」と申し出たところ、「明日の昼にここで作ろう！」とトントン話になってしまった。

　実は、こういう機会こそ、私が一番望んでいること。家庭の味を食べ、それについての話を聞けるからだ。

　ブルグルとは小麦を大鍋で茹でた後、天日干しし、それを挽き割った穀物。挽いた大きさによって用途は異なり、大きいものはピラフに使われる。

　この日は週末だったので人通りも多く、約束はしたものの商売の邪魔になるだろうと思った。シャーヒンさんに無理はしないでくれと言ったが、合間を見ながら、店の前で準備し始めた。彼は、店員にピラフ用のブルグルとマラトヤ産の黒レンズ豆、玉ねぎ、ピクルスを買いに行かせた。後は彼の店のバターのみ。さすがにバターは買わせてもらった。

　まずは黒レンズ豆を洗って、茹でる。別の鍋にビックリするほど大量のバターを入れ、玉ねぎをみじん切りにして、じっくりと黄金色になるまで炒める。そこにブルグルを投入。しっかりと混ぜ、ブルグルにも油が回ったら、豆を投入し、茹で汁を表面から指２本分くらい加える。塩を加えて、弱火でじっくりと30分程炊き上げる。火を止め、15分程蒸らしたら完成。炊きたてでホクホクのピラフが完成した。

　アーケードの市場で人も多く通る中、店の前に食卓を作り、近所の店主達と食べる。トルコではよくある光景になるのだが、そこを通るお客さんも、外国人が一緒

お店の前で、ブルグルを使ったピラフ作りが始まった

左・完成したピラフを近
所のみなさんと食べる
右・作ってくれたシャー
ヒンさんも味に満足そう

に作っているものだから「何を作ってるの？　すごくいい匂いがするね」と、興味
津々でのぞいてくる。知人のイブラヒムさんとも合流でき、濃いメンバーになって
しまった。男くさい昼食だが、遠慮なくご飯が食べられる。味の評価は言うまでも
なく最高な味だった。作り手のシャーヒンさんも、美味しいという意味の合図でポ
ーズ。もうスプーンを持つ手が止まらない。大量のバターを入れたのに脂っぽくな
い。茹で汁の味もしっかり入っているし、塩だけなのに旨味を十分に引き出された
ピラフになっていた。美味しすぎて頬がゆるむ。

　アクセントに甘い新玉ねぎときゅうりのピクルスをかじりながら味に変化をもた
らす。まさに日本でいう炊き込みご飯に漬物の組み合わせといった感じで、他にお
かずはいらない。しかも、次の日のピラフがまた更に美味しいというから驚いた。
全くと言っていいほど日本と似ている。違う文化だけど、食の感覚が似ているとい
うのは、とても興味深い。同じ感覚を持ち合わせていると思うと、違う文化であっ
てもとても親近感が湧く。そして同じ感覚で分かち合って食べてこそ、心から美味
しさを味わえるのではないかなと感じた。

　その後、みんなとの会話の中でピラフに関する興味深い話を聞いた。それは息子
が結婚をしたいという意思を両親に言うとき、恥ずかしいという気持ちがある為、
直接言葉で伝えられないことがある。そんな時は台所で母親が作ったブルグルピラ
フにスプーンを縦に突き刺す。それを母親は理解して父親に伝えるのだそうだ。ま
た、「底の焦げたピラフを独身者が食べたら、結婚式は雨になる。逆に結婚式で雨
だったら、独身時代に焦げたピラフを食べたな」とからかわれるらしい。一つの面
白い迷信である。

　そして最後に、レンズ豆のブルグルピラフは鉄分を多く含むので、出産時の女性
には母乳の為にこれを食べさせるという。ブルグル自体もお米よりも、食事の際の
血糖値をゆっくりあげるので、とてもいい食材なのだそうだ。

　日本ではブルグルを食べる習慣はないと話すと、「そんな国には住めない」と驚
かれた。現地の人達には欠かすことが出来ない食べ物だと実感する。インターネッ
トでは決して調べられない、生活に根差した話題こそ、私が旅で一番大事にしてい
ること。こういうひと時が食の旅をしていて一番楽しい時なのである。

エラズー県

Harput köftesi ／料理：ハルプット・キョフテスィ
Elazığ merkezi ／地域：エラズー中心地

　ハルプットはこの辺りの昔の名前。エラズー中心地から山を上がった所にハルプット城があり、小さな地区がある。エラズーで郷土料理を提供するコチオールというレストランで食べたもの。シェフのメフメット・ゼキさんに作り方を教えていただいた。

　キョフテ（肉団子）料理の中でもスル（スープ状の）キョフテ料理のカテゴリーになり、スープとしてもメイン料理としても食べられる。具は細かいブルグルと脂分のない牛挽肉、みじん切り玉ねぎ、卵、乾燥紫バジル、唐辛子フレーク、黒コショウ、塩、水を加えながら混ぜてしっかりと練る。これを一体化させておかないと、団子にして煮た時に崩れてしまう。練ったものを一関節程度の大きさにちぎって太鼓型に形成する。鍋にバターを溶かしトマトと赤ピーマンのペーストを炒める。熱湯を加えてから、肉団子を加えて煮て、乾燥紫バジル、塩で味を調整する。キョフテは肉団子でもなく、ブルグルだけの団子でもない、ちょうど真ん中の印象。食べると肉の量が多めで、ブルグルの小麦っぽい感じがせず、肉の旨味を感じて食べやすい。保存食としての紫バジルを手で揉み、細かくしてから鍋に入れるとより香りも立つ。この料理には欠かせないハーブで、さわやかな香りが食欲をそそるのが特徴。

✳ **エキシリ・キョフテ**
Ekşili köfte

具には少し細かめのブルグル、あばら骨近くの脂分のある部位の挽肉、玉ねぎ、米、塩を加えてしっかりと練る。一関節くらいの大きさにちぎり、これをキューブ状に切った人参、じゃがいもと一緒に茹でておく。別のボウルにヨーグルト、水、レモン、トロミ用に小麦粉を少々加えて混ぜる。これをそのまま鍋に加えるとヨーグルトが凝固するので、茹で汁をボウルに少量ずつ入れて馴染ませた後で、茹でている鍋に少しずつ流し込む。仕上げには、溶かしバターに乾燥ミント、唐辛子フレークを加えて香味油を作る。皿に盛りつけたら、その上から香味油、スマックのパウダーを全体にふりかける。

✳ **シェケルリ・ペイニルリ・ピデ**
Şekerli peynirli pide

無塩のチーズを細かく砕いたものにグラニュー糖を混ぜ合わせ、生地にのせて焼く。ピデの種類の中でも甘いものは異色。好みでバターを表面にぬっても良い。生地はクリスピーで、味は日本でいうバタートーストに近い。

【セリンジェ村】

オルジック作りが秋の風物詩

・◦≫◦◦◦◦≪◦・

　トルコ東部地域エラズー県にやってきた。この県には一度訪れたことがあったのだが、その時は8月の夏の季節だった。エラズーの名産物、オルジック作りは9月末から10月末までということで、前回見ることができなかった。今回トルコを訪問する機会がちょうどこの時期に当たったので、今度は見逃すまいと思いやってきた。

　文化観光省を訪れ、エラズーの郷土料理の本の製作にも関わったヌライさん協力のもと、彼女の人脈を駆使してハルプット市のセリンジェ村の村長さんへ連絡。今日オルジックを作っている人を探し当て、すぐに村へ車で行かせてもらうことになった。

　エラズーの市内の北側にある山を上がり、頂上からエラズー市内を眺望した後、一気に反対側の山を駆け下りると、そこにセリンジェ村があった。村長さんと一緒に訪れたのはイスメットさんのお宅。イスメットさんと奥さんはちょうど納屋のベランダでオルジック作りをしている真っ最中だった。ベランダはオルジックを乾燥させるための良いスペースとなっていて、ずらりとかかったオルジックを目にして、これぞトルコの風物詩だなと早速実感した。

　エラズーはブドウの栽培も多くワインの生産もある場所で、且つクルミの栽培も盛ん。オルジックはブドウの果汁を使って作る保存食のお菓子だ。作り方を説明すると、クルミは前もって割って中の実を4つに分けそれを紐に通しておく必要がある。

　別の工程として、ブドウの果汁を搾った後、中和させるために特別な土を加える。

エラズーの秋の風物詩、オルジック

左・クルミをブラマ
チに浸していく
右・ブドウ果汁のト
ロッとしたプリンの
ような味

　泡が立ちそれを除くと土が沈殿。上澄みを別の大きな鍋に移し、そこへ小麦粉を加えて煮詰める。のり状のようにとろみがついたらブラマチという液体が完成する。ブラマチもブドウは白や赤いブドウ、果汁をミックスするなどして色や味を変えながら作る。

　紐に通したクルミをこのブラマチに浸し、棒にかける。30分〜1時間程度乾かしたら再び浸しまた吊るす。太さが直径5センチ程になるまでこの工程を5〜6回繰り返す。

　イスメットさん曰く、大鍋でブラマチを作る際、とろみが出るので鍋の底につかないように常にかき混ぜながら、とろみの頃合いを見計らうのが難しいという。さらさらとしてもクルミにくっつかないし、ぼってりしたら仕上がった時に中に空洞が出来、質の悪いものが出来るという。完成した時にムラがなくしっかり締まったものでなければならない。最後の工程は乾燥。強い太陽の日差しが必要で、5日間程度乾燥させたら完成。

　今回お話を聞いたイスメットさんは、普段工場勤務でエラズー市内に住んでいるが、この時期週末には家族揃って実家がある両親の家を訪れこのオルジック作りをするという。卸で1キロ約1000円、個人での注文は約1200円で売るそうだ。親から引き継いだオルジック作り。若い人はこの村を離れたため、イスメットさんが一番若いという。彼は家族が残したブドウ畑やクルミでオルジックを作り、自分達や家族親戚で食べる分以外は売って副収入としている。

　名古屋名物のういろうのように半透明で、ゴムのように弾力性が強い。甘さも控えめで、クルミが触感と味にアクセントをつける。栄養価も高く、携帯して持ち運べるので、遠出や田畑の労働の際にはポケットに忍ばせておけるし、もってこいの食べ物らしい。

　家族の皆さんが、私達の訪問を歓迎してくださり、奥さんがブラマチを皿に盛り、砕いたクルミをたっぷりのせてもてなしてくれた。ブドウ果汁のトロッとしたプリンのようで、ほんのり感じる酸味が後を引くし、砕いたクルミがアクセントと味に深味をもたらす。見た目以上に美味しい。妊娠、出産後の女性にはとても良いのだ

　という。しかもこのブラマチは瓶詰めして保存は効くが、市場に出ているわけではないので、製造者からでなければ食べることが出来ないかなりレアな食べ物だ。

　このオルジック作りが終わると、同じブラマチを使ってペスティルという保存食を作る。布にでんぷん粉（スターチ）をふりかけ、その上から薄くブラマチをのせて薄く広げる。これを天日干しした後、布からはがすとペスティルが出来る。これを折りたたんで保存食にして、冬の時期に、ちぎって食べるのだそう。

　オルジックは容器に保存しておくと干し柿のように糖分が表面に出てきて、より美味しくなるのだそうだ。オルジックやペスティルはヤトゥスルックといって、イスラム教で一日の最後、第5回目のヤトゥスのお祈りの後に食べる夜食の意味。夜の長い冬にナッツやドライフルーツなどと一緒に食べられる。

　オルジックはトルコ国内では一般的にジェヴィズリ・スジュックとして製造所や工場で作られるものも多い。対して、全て自然の素材を使い、昔の製法で作るオルジックは全く別物だ。村長さんも自家製のオルジックを差し出して、「味がわかるか？　これが本物なんだ！」と彼らは自信を持って語った。街にもオルジック専門店があるし、市場でも見ることが出来た。今の時代、決して派手な食べ物ではないが、地の利にも合って、手間をかけた名物は味わい深い。

エラズーにはオルジック専門店もある

298

エルズィンジャン県

Ekşili ／料理：エキシリ
Erzincan merkezi ／地域：エルズィンジャン中心地

　エルズィンジャン大学の観光学部の先生でもあるサラさんに、郷土料理の代表的なエキシリを作っていただいた。エキシリとは酸味があるという意味。鍋にバターでみじん切りの玉ねぎを炒めたら、切ったトマト、しし唐、青ネギ、青リンゴを加えて炒める。

　その後未熟なブドウ（コルック）、乾燥スモモ、未熟トマト（現地名カル・ドマテス）、トマトペーストの酸味のある食材も入れて、熱湯を加えて煮る。しばらくしたらブルグル、スベリヒユ、スモモも加える。味付けは塩と唐辛子フレーク。仕上げに人数分の卵を落とし入れて火が通れば完成。盛り付けは、器にタンドールで焼いた薄焼きのパン（ユフカ）を乾燥させたものを、手で割って入れ、スープをかけて頂く。

　レモンや酢のような強めの酸味を使わないで、いろいろな未熟な果物や野菜を使って酸味を加えているのが特徴。料理の名の通り、酸味といっても、いろんな食材があるのだと実感した料理。まろやかな酸味で、かなり具沢山のスープ。ユフカや卵が入っているので、腹持ちも良い。

ケレジョシュ
Kelecoş

乾燥したユフカ、またはスルンという保存食を使った料理。スルン（ロール状の乾燥させた小麦粉生地）にヨーグルトをかけて湿らせた後、オーブンにかけ、表面を軽く焼く。その上に炒めた玉ねぎと炒め煮した肉（カヴルマ）をかける。主食の小麦製品と肉との組み合わせは、まさにトルコ版牛丼のよう。

グルロル
Gıllor

細かく挽いたブルグル（キョフテリック・ブルグル）に乾燥紫バジル（レイハン）、黒コショウ、塩、水でよく練って団子を作り茹でておく。フライパンにバターを溶かし挽肉、玉ねぎ、しし唐を炒め、トマトペーストを加える。塩、黒コショウ、唐辛子フレークを加え、熱湯を加え煮る。そこへ予め茹でておいた緑レンズ豆を足して更に煮る。これを団子の上からかけて、仕上げはニンニク入りヨーグルトと溶かしバターをかける。紫バジルの香りともっちりした団子に、旨味が凝縮した具がかかり、ヨーグルトでクリーミィになっている。

✴ **ウン・チョルバス**
Un çorbası

ウン（小麦粉）・チョルバス（スープ）
で、スープの中に乾燥手打ち麺（ケスメ・
マカルナ）が入っているスープ。この他
に、挽肉、みじん切りの玉ねぎ、黒コショ
ウ、塩で作った小さな肉団子も入ってい
る。仕上げはヨーグルト、卵、小麦粉、お
ろしニンニクを混ぜたものに茹で汁をゆっ
くり加えて分離させないよう薄めてからス
ープに戻す。乾麺のつるっとした喉ごしと
コクのあるスープが美味しい。

✴ **ドヴメチ**
Dövmeç

クルミと乾燥させた桑の実を、
ディベック（現地名ソック）と
呼ばれる臼にそれぞれ入れて細
かく潰す。それを一緒に合わせ
て再び叩く。クルミの脂分でし
っとりとした餡のような食感に
まとまる。桑の実の天然の甘さ
だけだが、それで十分。古い伝
統的なお菓子の一つ。

東部地方

エルズルム県

Cağ kebabı ／料理：ジャー・ケバブ
Yakutiye ／地域：ヤクティイェ市

　日本でもファストフードとしてドネル・ケバブが知られてきたが、これもその一種。肉を回転させながら表面を削いでいく。違うところは縦型が一般的なものに対して、このジャー・ケバブは横置き式。そもそも羊の丸焼きから始まったドネルを考えると、横置き式が前身である。横置きすることで火に対して肉を均一に焼け、余分な脂も落ちる。近年縦置き式は薄く大量に削ぐことが出来るため、ファストフードなどには適し主流となっているが、ジャー・ケバブのように横式もまだ残っている。串を表面に当てながら、一つ一つ削いでは刺していく。肉にも厚みがあって、ミディアム程度の焼き加減でミルクのような肉の旨味を実感する。そのまま食べても良いし、これをラワシュという薄いパンに野菜と一緒に包みながら食べてもよい。仔羊肉をヨーグルト、玉ねぎ、塩、黒コショウで一晩漬けているから、肉も柔らかい。薪を使うことが決められていて、煤が出ないリンゴや梨、樫の木が使われる。

　現地の人からのお勧めは、肉の塊に一通り火がまわって表面を一度削いだ時が美味しいという。なので、昼前頃が良いらしい。小さい店では売り切れ御免で夕方には閉店するのがほとんど。始めの１串目は野菜やパンがセットになって一緒に出てくる。串を食べ終わりそうになると、ウェイターが直ぐに駆けつけ追加を聞きに来るので、２串目からはその時に伝えればよい。

❋ シャルガム・ドルマス
Şalgam dolması

ウズンデレ市のペンションの夕飯でいただいた料理。白カブを使って詰め物をした料理。白カブはサラダとして食べることが一般的で、火を通すことにためらう人も多い。挽肉に米、乾燥紫バジル、塩、コショウ、トマトペーストで具を作り、スライスしたカブで丸めて包むか、上下で挟む。後は水が半分浸かるくらい入れて、柔らかくなるまで煮込む。

❋ ペクメズ・ハスタス
Pekmez hastası

水と桑の実のペクメズ、スターチを鍋に入れて、弱火でゆっくりと混ぜながらとろみをつける。それを皿に盛り、溶かしバターと砕いたクルミをふりかける。出産後の女性に食べさせるそうで、栄養価が高く、食べやすい。

❋ ケスメ・チョルバス
Kesme çorbası

ケスメとは切るという意味。小麦粉と卵、塩で練った生地を薄く伸ばして、切って麺（マカルナ）にする。スプーンですくえて、口に入れられる程の長さ。麺とはいえ、チーズが溶けたようなとても柔らかかった印象だった、緑レンズ豆入りのトマトスープ。マカルナ入りのスープは至る所で食べられるが、スープの名前が地域によって全く違う。トカット県のバジャックル・チョルバやコンヤ県アクシェヒールのサカラサルカンなど。

ロル・ドルマス
Lor dolması

茹でたヤルマにロルとカイマックを一緒に練って具を作る。仕上げはパズと呼ばれる葉で包み、蓋をした状態でオーブンで調理する。この地方を象徴する食材でサルマ料理を発展させた。チーズを練りこんでいるのでクリーミィで、オーブンで焼いているので葉も香ばしく味が締まっている。挽肉を使っていないので、ヤランジュ（嘘つき）ドルマ（詰め物料理）の一種。

ドゥット・チュルラマス
Dut çullaması

乾燥させた桑の実や桑の実の果汁から作ったペスティルを、一度熱湯で柔らかくした後で、バターで炒め、溶き卵を加えて混ぜ合わせる。それをユフカに巻いて食べる。夜の長い冬の時期に夜食として食べられることが多いそうだ。この地域の保存食で簡単に出来る食事の一つ。

❋ カダユフ・ドルマス
Kadayıf dolması

テル・カダユフと呼ばれる極細麺を広げて、その中に砕いたクルミを入れて巻く。それを溶き卵にくぐらせて油で揚げた後に、水、砂糖、レモン汁で作ったシロップに浸けたお菓子。エルズルムのお菓子といえば、これ。特に断食月の期間は、夕食に欠かせない。

❋ デミル・タトゥルス
Demir tatlısı

鉄（デミル）の金型を使って作るお菓子（タトゥルス）。いろんな模様の金型があって、町の金物屋に売っている。小麦粉、卵黄、ヨーグルト、スターチ、ベーキングパウダーを入れてよくかき混ぜる。金型を油に入れて温めておく。生地に浸し、油の中に入れると生地が金型から離れて模様の形に揚がる。見た目も良くインパクト大。それをシロップに浸すか、粉砂糖をふりかけて食べる。バニラアイスを添えても良い。この金型は生地離れをよくするために、洗わず油をぬっておく必要がある。

東部地方

カルス県

Piti ／料理：ピティ
Kars merkezi ／地域：カルス中心地

　カルス県からウードゥル、アール県に至る東部地方で食べられるピティ。別名ボズバシュという。この料理はアゼルバイジャンでも食べられているそうで、近隣にはナハチヴァンと呼ばれるアゼルバイジャンの飛び地があることから影響を受けたと思われるが、話に聞くとイランから伝わったという人も中にはいた。この食べ物にはサルキョク（ターメリック）が使われているのが特徴。トルコ国内でも料理にターメリックを使うのは珍しい。

　まず、この料理にはマグカップよりも一回り大きい容器があって、それにインジッキという羊のすね肉、ひよこ豆、羊の尾脂、ターメリックを入れてから、予め骨から取ったスープを加え、2時間程度柔らかくなるまで窯で煮ておく。その後しし唐、トマトを入れて、鉄板の上に並べて保温も兼ねて、火を入れる。この料理は食べ方がとてもユニーク。スープ皿にラワシュと呼ばれる薄焼きパンを小さくちぎっていれる。その上から、具が入らないようにスープのみ上からかけて、パンをふやかして食べる。それを完食したら、次の段階へ。肉を骨からほぐし、ひよこ豆を加え、テーブルに用意してある道具でよく潰す。粗いペースト状になったら、それをラワシュで巻いて食べる。初めて食べた時には全く食べ方がわからずに、そのままシチューのように食べてしまった。その後別のお客さんの正しい食べ方を見て学び、再び挑戦したのだった。羊の肉とスープの美味しさを味わうもので、至ってシンプル。一つの料理で二度美味しいというのも珍しく、印象的な料理だった。

※ グラヴィェル・ペイニリ
Gravyer peyniri

カルスといえば、グリュイエールチーズが有名。専門店も至る所で目にする。スイス発祥で、牛乳で作られるチーズ。カルスがロシア帝国領の時、この街をロシア化し発展させる一環で、カルスには標高2000メートルを越える場所もあり自然も豊かでスイスの環境に似ていることから、スイスから職人を呼び、作り始めたそうだ。現在でも引き継がれて今日に至っている。様々な種類の草を食べさせてから搾る新鮮な牛乳は色も黄色くなり品質も良いそう。条件下で熟成させることで微生物が動き、チーズの中に穴が出来るのだという。この土地での歴史が浅いとはいえ、地の利にあった背景が見えてくる。

※ ピシ
Pişi

小麦粉、イースト、砂糖、塩で練った生地を油で揚げるパン。自分で生地を作っても良いが、パン屋へ行って発酵した生地だけ買って、家で揚げるということも出来る。生地だけ買えるのはとても良いシステムで、土日の休日にピシを揚げて、目先を変えた朝食にするのも良い。

東部地方

アール県

Abdigöl köftesi ／料理：アブディギョル・キョフテスィ
Doğubayazıt ／地域：ドゥバヤズット市

　アール県東部でイラン国境まで35キロの町、ドゥバヤズットで見た衝撃的な料理。大きな肉団子が白いピラフの上にただのせてあるだけ。色もグレーだし、ピラフも白で単調な色で食欲もそそらない食事に見えた。しかし、これを作るのにはかなりの手間を要することがわかった。レストランの別室にある作業場を見学させてもらうと、女性達が朝から晩まで、石の上に置いた肉の赤身を木づちでトロトロになるまで叩いている。繊維を丁寧に取りながら、肉が液体になるまで2時間以上のルーティーン。その状態になったら、みじん切りの玉ねぎと塩を加えて丸めて、大鍋で茹でる。柔らかいので、形成する時には手のひらから今にも滑り落ちそう。別の鍋で少し長めの米を水に浸しておいて、ザルあげし、バターで炒める。茹でた肉団子と茹で汁でピラフを炊き上げる。

　実際食べてみるとどうか。まるでスポンジのように肉汁を吸っていたのだろう。肉を割ろうとすると、しっかりとした弾力で、中からかなりの肉汁が浸みだす。肉というよりはすり身に近い。塩加減もよく、ピラフと肉団子だけで相性も良く、これだけで十分だと感じた。肉をこれほどまで叩くのには一説があり、昔、ここを統治していた将軍の父、キョル・アブディが胃を悪くして、何を食べても胃が受けつけなくなり、肉専門のシェフが考えに考えた末、窮余の一策をひねり出したのがこの料理だった。脂身のない赤身を丁寧に処理し調理することで、ようやく食べることが出来、喜んだそう。彼の名前を取ってアブディギョルの肉団子（キョフテ）となっている。

308

✳ タワ・ケバブ
Tava kebabı

タワとはフライパンのことで、フライ
パンを使った肉料理という意味。これ
はアブディギョル・キョフテスィのよ
うに、赤身の肉を木づちで何時間もか
けて叩いたペースト状の肉に、クミ
ン、黒コショウ、パン粉を入れて練
る。それを細長く形成して、油で揚げ
る。ブロック肉でも、スライスでも、
挽肉でもない、ペースト状の肉を使う
文化が浸透。フライドポテトと一緒に
盛られる。

✳ グラル
Gırar

グルド語でグラル、トルコ語でアイランアシュ。ヤルマとズッキーニを牛の
スープで煮て、ヨーグルトを加えたスープ。ヨーグルトには卵、小麦粉を混
ぜており、スープにとろみをつける。味付けは塩のみで、仕上げにはミン
ト、コリアンダー、イタリアンパセリ、フダンソウなどの香草や葉野菜を好
みの組み合わせで刻んで加える。

東部地方

ビトリス県

Büryan kebabı／料理：ビュリヤン・ケバブ
Bitlis／地域：ビトリス中心地

　ビトリス県の名物であると同時に隣県スィイルト県でも名物なのが、このビュリヤン・ケバブだ。このビュリヤン・ケバブは、クユ・ケバブと呼ばれる料理に似ている。それは深い井戸（クユ）のような穴を薪で十分高温になるまで熱しておき、底にタライに水を張った状態で、鎖でヤギを吊るして蓋をして、丸ごと蒸し焼きにするもの。蒸し焼きしながら脂を落とす為と、高温のクユに脂が落ちて煙が肉につかないように水を底に置く。

　ビトリスの街中を歩いていると、肉屋でビュリヤン・ケバブ用のヤギが大量に吊るされていたのを目にした。羊でも良いが、去勢した雄のヤギが美味しく適しているそうだ。

　肉には岩塩が擦り込まれており、焼きあがりにはその塩分が肉の美味さを引き出す。焼きあがると吊るしていた鎖を引っ張り、店の外からもよく見える場所に吊るす。お客の好みはうるさく、自分が好きな部位（脂身、骨付き、赤身、ミックス）などを指定する。職人はお客が好む部位を、一人前100グラム分を切る。吊るしてある方が部位を切るにはとても便利。切った肉をひと口大に切り、それをピデパンにのせてもう一度オーブンで温めて提供。パンをちぎり、肉を挟んで食べる。旨味は脂にあるそうで、好きな人にはこの上ない部位だそうだ。昔はビトリスもスィイルトも同じ県だったので、現在両県で名物といっても何の不思議もないが、この商品登録で両県が喧嘩したほど白熱した出来事もあったそうだ。

✳ アヴショル・チョルバス
Avşor çorbası

アヴショルは塩の水という意味。ビュリヤン・ケバブを作る際に掘りこんだ井戸の底に
タライに水をはって置いておく。ヤギを蒸し焼きする過程で、そこに肉の脂が滴り落ち
ていく。ビュリヤン・ケバブが出来た頃には水の上には何センチもの脂の層が出来る。
別の鍋で骨から取ったスープを作っておいて、その脂を上からかける。ラーメンでも香
味油をかけることもあるが、それに似ている。旨味を無駄にしないでスープに使ってい
る。スープと肉の組み合わせと、野菜入りのものがある。朝食の時間のみで、数量限定
で売り切れ御免。早朝7時に行ったが、すでにこのスープを求めてくるお客も多かっ
た。脂がこってりと表面に浮いていてカロリーは高そうだが、パンをこれに浸しながら
食べる。腹持ちがよく、旨味を感じるスープはビトリスでは定着しているようだ。

✳ ジャー・オトゥ
Cağ otu

6月に訪れた頃、東部ではジャーと呼ばれる高原の山
菜が旬を迎えていた。茹でて根元の硬いところを切
る。卵と小麦粉、水で溶いた生地に絡めて油で揚げる
のが、一般的な食べ方。メンマにも似たコリコリとし
た食感。隣県のムシュ、ワンなどの東部の標高の高い
地域で春の時期多く採れる。茹でた後も保存が可能。
現金収入の為に村から市場へ売りに来る。

インジ・ケファル
İnci kefal

インジ・ケファルは塩分とソーダ分を含むワン湖に住んでいるコイ科の魚。ビトリス県はワン湖にも面していて、食堂で食べることが出来た。5匹とサラダ、パン付で250円弱。生をさばいて網焼きしてもらったのは初めて。皮は鮎やマスのようにしっかりとしている。淡水魚独特の若干の臭味はあり、アジのように骨も多いし、キスのような淡白さも感じる。トルコの東部には海がないので、こういう淡水魚でも魚を食べられるのはありがたい。市場ではインジ・ケファルの塩漬けが売っていて、冬場に焼いてパンに挟んで食べる。

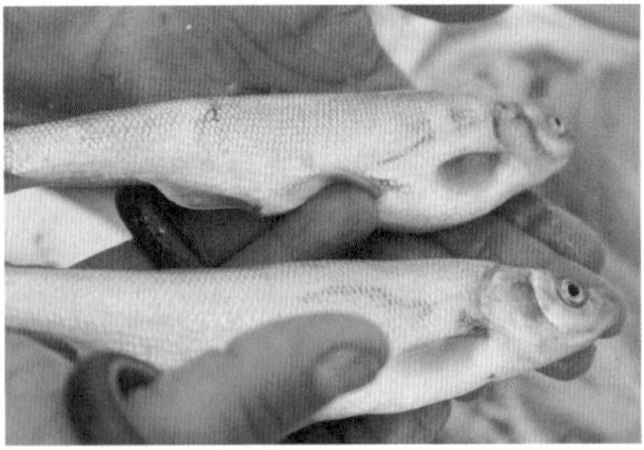

ブットゥン・トゥルシュス
Bıttım turşusu

ブットゥン（別名メネンゲチ）は、ピスタチオの木の挿し木をしていない原種の植物。その茎と実を冬の保存用に岩塩で漬物にする。

ワン県

Keledoş／料理：ケレドシュ
Van merkezi／地域：ワン中心地

　ワンの郷土料理で代表的なのはケレドシュ。トルコ東部のアール、ワン、ハッキャリでは食べ方や食材の違いはあるにしても、クルットと呼ばれる乾燥させたヨーグルトを使う料理である。クルットは乳の脂肪分を取った後でヨーグルトにして、それに熱を入れることで凝固するチョケレッキを乾燥させたもの。これは羊やヤギを草が豊かな高原に連れていく夏の季節、毎日のように大量に搾取する乳を、厳しい冬に乳製品が取れるようにと考えられた保存食。トルコ東部は山岳地でもあり放牧に依存しているため、ヨーグルトの需要が他地域に比べても多いので、数多く保存する必要がある。

　まず、ヤルマ（生の状態で挽き割った小麦）を茹でる。そこへ緑レンズ豆と茹でておいたひよこ豆を加える。その後、乾燥したアクパンジャルという野草を水に戻して、短く刻み加える。クルットは数時間前から水に溶かして液体にしておき、最後に加える。お粥のように粘り気が出たら火を止め、仕上げは溶かしバターに唐辛子フレークを入れて香味油を作り、上からかける。

　ワンには多くの高原野草があり、数種類合わせて使う場合もある。乾燥させておいた野草と乳製品で作るケレドシュは、ワン地方の冬、体を温める上でなくてはならない食事。厳しい冬の為に、地理的、気候的に得られる旬の食材を収穫、保存し、経済的に無駄なく使う象徴的な郷土料理といえる。

✳ ワン・カフヴァルトゥ
Van kahvaltı

ワンの朝食は種類も多くて豊かだとトルコ国内でも評判。朝食をメインにした店が並ぶ通りがあるほど。小さな朝食専門店があり朝食サロンと呼ばれる。好きなものを選べられるし、セットでもいい。写真のオトゥル・ペイニル（野草入りのチーズ）、ジャジュック（香草入りのヨーグルト）、手作りバター、蜂蜜、ヨーグルトカイマウ（乳脂肪膜）など。テイクアウト用にはパックに詰めてくれる。羊の乳を使ったオトゥル・ペイニルはワンの名物。特にスィルモ（チャイブ）入りが人気。

✳ ムルトゥア
Murtuğa

ワンの朝食メニュー。まず、フライパンにバターを入れて溶かし、小麦粉を少しずつ加えながら、色がきつね色になる程度までしっかり炒める。そこへ溶き卵を流し込み、火が通るまでかき混ぜ、蜂蜜をかけて食べる。

314

キュルト・キョフテスィ
Kürt köftesi

クルド人の団子料理の意味で、細かいブルグル（挽き割り小麦）にトウモロコシの粉を繋ぎに水を加えてしっかりと練る。手のひらでぎゅっと握って形成し茹でる。その後、ニンニク入りのヨーグルトと香味バターを上からかける。

ガヴット
Gavut

ガヴットも朝食のメニュー。トルコでいろんな穀物を合わせて煎って挽いた粉のこと。ワンでは煎った小麦粉を使っていた。バターを溶かし、煎った粉を少しずつ加えながら、一体化させる。味付けはお好みで塩、砂糖、蜂蜜を加える。日本では大麦を煎った、はったい粉で代用できそうだ。

東部地方

ハッキャリ県

Kıyis／料理：クイス
Hakkari／地域：ハッキャリ市

　ハッキャリ市内にあるクルド人の料理専門店、マラダイケ（クルド語で母の家の意味）で食べたクイスという料理。地方によってはクリスともいう。ハッキャリでは主に結婚式など、大人数の料理を提供する際、大鍋で作られる。

　この料理は具材を前もって調理しておく必要がある。まず羊の骨を茹でてスープを取っておく。ひよこ豆は前の夜に水に浸して吸わせておき、茹でておく。干しブドウも一晩水に浸け柔らかくし、スマックという種を水に浸す。中に入れる団子も作るが、水に浸しておいた米をフードプロセッサーで砕き、挽肉、パセリ、唐辛子フレーク、塩を混ぜ、ビー玉程のものを作る。これらを用意出来れば、調理を始める。

　鍋に大きめに刻んだ玉ねぎを炒め、トマトペーストを加えてよく混ぜる。その後スープを加え、具材の団子、ひよこ豆、干しブドウ、くるみを入れて煮る。最後にスマックの汁をざるで濾しながら加えて酸味を足す。じっくりと弱火で一時間程煮込んだら完成。酸味、辛味、甘味もある複雑な味だが、やはりポイントは、スマック・スユという植物の汁を加えること。トルコの東部や南東部でもこの汁を煮込み料理に使うことがある。夏の時期猛暑となるこの地域では、同じ時期に実をつけるスマックと組み合わせることで、酸味が増し、食欲も出て食べやすくなる。また、具材が豊富で食感もそれぞれ違うので、とても満足感がある。

✳ イシケンベ・ドルマス
İşkembe dolması

現地名のクルド語でケパイェ。イシケンベとは第一の胃を意味し、きれいに洗った羊の胃を適当な大きさに切って、袋状に縫う。その中に別の臓器や米、スパイスを混ぜたものを詰めて、中身が出ないように口も縫い合わす。それを大鍋でじっくり柔らかく仕上げたもの。犠牲祭の時に切られた肉を各部位に分け、最後に残った臓器をもうまく利用している。イカめしに近く、噛むともっちりと裂けていく感じで柔らかい。トルコの中部や東部などでも多く食べられる。

✳ ドーアバ
Doğaba

トルコ東部は放牧も盛んでヨーグルト料理も多い。水に浸した米をプロセッサーで砕き、挽肉、塩、コショウと合わせビー玉程の団子にしておく。クイスの料理に使う団子と同じ。別の鍋に麦と骨付きの羊肉を煮込んで、そこへヨーグルト、卵、小麦粉をよく混ぜたものを加える。団子を加え、塩、タイムを加えてさらに煮る。溶かしバターにミント、唐辛子フレークを入れた香味油をかける。団子は生米を細かく砕いているため、かなり弾力がある。ヨーグルトに小麦粉を混ぜることで凝固を防ぎ、濃厚なとろみもつく。

✳ スィヤボ・オトゥ
Siyabo otu

標高の高い場所に生殖しているハッキャリ
名物の山菜。雪解けの季節が旬。その時期
にチーズを作る際の汁で茹で塩漬けして保
存。この料理はクルド人の食堂のまかない
料理で食べさせてもらった。油で炒めて、
塩、コショウ、唐辛子フレークを加え、卵
を割ったもの。朝食のメニューとしてよく
食べられる。

✳ ブットゥン
Bıttım

別名メネンゲチ。ピスタチオの木の原種。挿し木
をして、成長させて出来るのがピスタチオ。この
辺りでは、店でブットゥンを売っていて、挽いて
くれる。油分がとても多いので、ペースト状にな
る。ピスタチオの香りはこの時点でほんのりす
る。これを水か牛乳で溶いて煮出し、コーヒーに
似たものとして飲まれる。牛乳の方が特に気に入
って、天然のピスタチオフレーバーを味わえる濃
厚なカフェオレ。

クルド系との交流

・◆◇◆◇◆・

「伝統的なタンドール（土窯）のある暮らしがみたいのですが」と、トルコ東部の
ハッキャリ市を旅していた時、役所に相談してみた。早速幾人かの村長さんに連絡
していただき、翌日とある村でホームステイが出来ることになった。

　役所の方が乗り合いバスのドライバーに指示。どこかの村に行って、そこの村長
さんの家で降ろしてもらい、泊めてもらう。何となくしか分からない状態で、乗り
合いバスに乗り込んだ。

　一体どこの方角に向かっているのだろうか。大きな山を二つ越えたところにある
ゲチットリ村へ着いた。真夏で日は長いが、もうすぐ太陽が山に沈もうとしていた。
木々もまばらな乾燥した山々と民家が点在している。地図で確認すると、どうやら
市内から真西に30キロ行ったところだった。南の山々の向こうにはイラクがある。
トルコの陸の果て。すごいところまで来たものだ。

トルコの東の端までやってきた

村長さんのお姉さんにあたる人が出迎えてくれた。村長さんは明日戻ってこられると言うので、その他の家族が歓迎してくれた。でもご年配の方々は、トルコ語がわからない。クルド語しか通じないのだ。お母さんや娘さんを介しての会話になる。息子や娘は勿論流暢にトルコ語を話すのだから、時代の流れと世代間の差を感じてしまう。

　少し肌寒い夜に、おもてなしに牛と羊の乳を温めて飲ませてくれた。生の乳を熱殺菌して、そこに自家製の蜂蜜を入れて飲む。羊の乳も初めて。多少の臭味はあるが、肉ほどではない。味も濃厚で、さすが今日搾った乳である。

　これから乳製品を作るというので見学することに。まず、この日に搾った乳を、ある機械に入れて、グルグルとレバーを回し始めた。すると2カ所から乳が分かれて出てきた。初めて見た機械だったので、何をしているのかと聞いてみると、これは乳脂肪分を多く含むクレマ（生クリーム）を取り分けるものだそう。レバーを回すことで機械の中の何層にもなったフィルターを通り、遠心分離させることが出来るらしい。見た感じ、単純そうなこの機械にそんなことが出来るとは。少々衝撃を受けた。

　クレマはパンにぬって食べても良いし、パン生地に加えて焼いても良い。主にはバターにして保存する。濃厚なクレマを撹拌し続けると凝固し粘土状に硬くなる。これに氷水を加えて揉み、洗うことで、余分な水分と雑味が抜けてバターになる。もう一方からは脂肪分を取り除いた乳が流れ出るが、これは加熱して凝固させ脂肪分の少ないチーズを作ったりする。

クレマを取り
分ける機械

テゼッキをタンドールに入れて燃やし始める

その後、大きな鍋に乳を移して薪で火を入れた。沸騰させ、ゆっくり冷ますと、表面にカイマックという脂肪の膜が出来る。その真ん中に穴を開け、そこからヨーグルトをスプーン一杯入れ、そっとかき混ぜる。朝になると、大鍋が全てヨーグルトになっていた。さすがヨーグルトの消費大国。次元が違いすぎる。

これをヤユックという攪拌器に入れて回すと、上に脂肪分がまとまる。それを氷水で揉み込みバターを作る。下に残ったヨーグルトはアイランという塩入りのヨーグルトドリンクを作るそうだ。

日本では今まで、乳製品に関しては既製品のみを食べてきたし、乳製品作りを見るのは初めてだった。バターがヨーグルトからもクレマからも出来るということを初めて知ったし、乳からいろんな製品に派生させていく工程があり頭の整理がつかない。旅の序盤でもあったので、見るものすべてが新鮮だった。

翌朝、村長のお姉さんが庭にある胡桃、リンゴなどの果樹園、小麦や野菜の畑、七面鳥、養蜂などを案内してくれた。自給自足が出来そうな環境に思えた。そして今日は、お姉さんがわざわざ私の為にタンドールでパンを焼いて見せてくれる。念願の見学である。間近で見ることが出来るのは初めてで、かなり楽しみだ。

彼女達の主食でもあるパン。タンドールを使うので、数日分をまとめて作るそうだ。お姉さんと、家の離れにある小屋へと向かった。円柱形のタンドールが床に埋めてあり、底で火を燃やす。ただこの一帯には木が少ないため、テゼッキと呼ばれる家畜の糞を乾燥させた燃料を使う。積み上げられているテゼッキをタンドールに入れ、燃やし始めた。しばらくすると、どうだろう。燃やすとやはり糞の成分の硫黄ガスのようなものが出て、換気しないと咳き込むほどだ。ただ勢いよく燃えてくると、先ほどの臭いもしなくなった。

左・タンドールで作ったナン
右・すべて自家製の豪華な朝食

　タンドールを温める間に小麦粉で生地を作る。自家製の小麦を挽いた粉に塩、イーストを混ぜてこねてからしばらく発酵させて切り分けて、ちょうど肉まん程度の大きさに丸め、数十個作っていく。

　窯の中が高温になると、彼女は生地の一つを取り、左右の手でキャッチボールをするように投げ出した。手のひらで受ける度、生地は薄く大きくなる。今度は前腕で受けながら回転させて往復させ、楕円形に仕上げた。数秒間の鮮やかな妙技に見とれてしまった。

　それを枕にのせて、照り上がった土窯の壁に貼り付けた。数十秒で表面がブクブク膨れ、おいしそうな焼き目がつく。想像以上の火力だ。これはロッシュと呼ばれる、ナン（パン）の一種。薄くて大きいもので、他地域ではラワシュと呼ばれる。

　次は厚めのナンを作った。今度は生地を両手で広げ、表面に溶き卵とヨーグルトを混ぜたものをベッタリぬって、素手で壁に貼り付けた。これはじっくりと焼き上げるもの。窯から出すと、芳しい香りが立ち上る。見事な出来栄えに感服。

　これを早速朝食で頂くことになった。外はカリッと、中はモチッとした食感。焼きたてで、頬が緩んでしまう。焼きたてのパンを囲み、その他、野草入りチーズに、ヨーグルト、カイマック、卵、サラダ、蜂蜜、ペクメズ、バターに、ジャム。こちら全てが自家製。村長一家にとっては、日常の食事なのだろうが、私にとっては、贅沢で最高のごちそうに思えた。

　今回の2泊の滞在でトルコの基礎となる食文化を間近で見ることが出来た。ただ近代化がさらに進んでいく中で、いつまで、このような自給自足のような食生活を続けることが出来るのだろうか。今後、村の食文化が変化していけば、失っていく味なのかもしれない。

322

アルダハン県

Küflü peynir eritmesi／料理：キュフル・ペイニル・エリトゥメスィ
Ardahan merkezi／地域：アルダハン中心地

　アルダハンは標高1900メートルの高原の街。県の中心とはいえ人口が少なく栄え
ていなかったが、市内を歩くとチーズ、蜂蜜を売る店が数軒並んでいた。酪農や養
蜂業が盛んなのだと想像がつく。お店に入って店主と話している間、何人もチーズ
を売りに来る。どうやら、村から持ってきた自家製の青カビチーズらしい。見た目
は裂けるチーズで、チェチル・ペイニルという。アルダハンに限らず隣県カルス、
エルズルム、そして国境を接するジョージアでも食べられるそうだ。搾った乳を機
械で乳脂肪を取り、チーズ酵素を加えて温めていくと、凝固しチーズの塊が出来る。
これを伸ばしては束ねてを繰り返し、棒にひっかけて水分を抜き、冷まして裂くと
フレッシュなチーズが出来る。熟成させるのなら、塩をして羊の革に空気が触れな
いようにしっかりと詰めて縛り、冷暗所に保存しておく。6か月間、水分だけ少し
ずつ抜けていき、カビもいい具合になるそうだ。

　店主が青カビチーズの美味しい食べ方を教えてくれた。フライパンにバターと水
を一緒に温め、チーズを溶かし、パンに浸けて食べるというもの。チーズ屋の店主
がわざわざ気を利かして近所の食堂に頼んでくれた。食堂のお客さんが「これはフ
ライパンのまま食べるのが一番うまい。俺達も家でよく作るよ。このチーズを食べ
たら、他のチーズじゃ物足りなくなる」と力説。アルダハン県は未開発地域が多く、
ありのままの豊かな自然が残っている県の一つ。この自然で育った家畜の乳の良さ
のおかげだと店主は語る。

南 東 部 地 方

Güneydoğu Bölgesi

1. スィイルト県
Siirt

2. マルディン県
Mardin

3. ディヤルバクル県
Diyarbakır

4. シャンルウルファ県
Şanlıurfa

5. アドゥヤマン県
Adıyaman

6. ガズィアンテプ県
Gaziantep

7. シュルナック県
Şırnak

8. バトマン県
Batman

9. キリス県
Kilis

南東部地方

スィイルト県

Perde pilavı／料理：ペルデ・ピラウ
Siirt merkezi／地域：スィイルト中心地

　トルコの南東部に位置するスィイルトを訪れた時、とてもワクワクするピラフを見つけた。このペルデ・ピラウのペルデとはカーテンや幕を意味し、ピラフ自体をパイ生地に包んで焼き上げるものだった。つまりパイ生地をカーテンに見立てたもの。特徴としては伝熱性の高い銅製の型で、鉢を伏せたような容器を使うこと。生地がくっつかないようにバターをしっかりぬり、型に薄く伸ばしてパイ生地をはりつける。そこに前もって作っておいたピラフを入れる。このピラフは松の実、乾燥カラントなどが入っており、スパイスは塩、黒コショウのほか、シナモン、オールスパイス、唐辛子フレークで味付けしたイチリ・ピラフ（中に入れるためのピラフ）、それに丸ごと焼いた鶏肉の身をほぐして、煎ったアーモンドも混ぜ込んでおく、かなりの豪華版。

　ピラフを詰めて、上の部分もパイ生地で覆い蓋を閉めオーブンで焼き上げる。ひっくり返して型を取ると、こんがり黄金色に焼けた生地が現れる。手前から生地を割ると、中から湯気の立ったピラフが雪崩のように崩れる。

　このピラフには意味があって、パイは家を表し、家を守る、家の秘密を隠すという意味だそうだ。また、中のピラフの米は恵みや幸福、アーモンドや鶏肉（昔はウズラ）は子供を表しているのだという。料理に子孫の繁栄や幸せへの望みが込められ、食文化を受け継いでいるのだと思うと、非常に興味深い。

ピスタチオとスマック

·◁◇◈◇▷·

　灼熱の暑さが続く7月末、トルコ南東部のスィイルト県を訪ねた。乾燥地帯で、郊外には岩と砂に覆われた大地が広がる。やせた土壌でも育つナッツ類の生産が盛んで、町ではナッツの専門店を多く見掛けた。丸々としたピスタチオが軒下にまで並べてあり、質によって値段も様々。店主が「スィイルトはピスタチオの産地だよ。うまいぞ」と言って、味見させてくれた。同じ南東部にガズィアンテプという名産地があるのは知っていたが、意外にも多くの地域で栽培されていて、ここは隠れた産地だったのである。

　店主が出てきて、「確かにトルコでピスタチオといえばガズィアンテプだけど、そもそも品種が違うんだ。ガズィアンテプのものは細くスマートな形をして、実の色も黄緑で鮮やか。ケーキやお菓子には向いているが、つまみとしてはスィイルトのほうが美味しいのさ！　肉厚な実だけど、脂分が少なめで胃にもたれない。いくらでも食べられるからな」と言って、数粒味見させてくれた。食べてみると、確かにガズィアンテプのピスタチオとは違う。日本でイラン産やアメリカ産として売られているプックリとした品種に似ている。一体どんな風に育ち実をつけ、熟していくのか聞くと、店主は郊外の町アイドゥンラルに行けば見ることが出来るというので、次の日乗り合いバスでアイドゥンラルへと向かった。

　散策していた時、数人の子どもが「ガイドしてあげよう」と声を掛けてきた。「ピスタチオの木はないか」と私が尋ねると、リーダー格の少年が「町外れにあるよ」と、自慢げに手を引いて案内してくれた。日本人が珍しいのか、他の少年も熱心に自分

左・市場で売られているスィイルト産のピスタチオ
右・これからピンク色に熟していく

左・スマックの実
右・スマックの実を次から次に食べる少年

の知識を教えたがる。仲間も負けたくないと、自分がリーダーになりたいのだと言わんばかりに私の手を取って案内してくれる。日本人の珍しさに、我が我がと自分の知識を教えたがるのが、何とも子供らしい。その純朴さがとてもいとおしく思えた。しばらく歩くと、果樹園の中に入って行った。1人の少年が、高さ2メートル以上のピスタチオの木から実を取って見せてくれた。実は黄色で釣り鐘形。2か月後には熟して全体が鮮やかなピンクになっていくという。その少年は、そのまま未熟な実を割って食べ始めた。「これが美味しいんだよ」と、私にも差し出した。まだ小さかったが、既に独特の甘みがあった。しかも、若々しく爽やかな甘さだった。

　別の少年が「これも美味しいよ」と、そばに生えていた植物を引き抜いた。枝にレンズ豆のような小さな実がびっしり付いていた。次から次へと口に入れるものだから、口の周りは産毛だらけ。「お兄さんもどうぞ」と差し出してくれたので、いただいて食べてみた。スマックと呼ばれる実だった。スマックとはイランやトルコの南東部で甘酸っぱさを出すために多用される食材の一つである。乾燥させてすりつぶしたパウダー状のものは、日本で馴染みのあるゆかりに近く、串焼きやサラダの上にかける。またこのエキスをとって煮物料理に酸味を加えることもある。甘酸っぱく、梅飴に似ていた。クセになる味で、次々と食べてしまった。

　ふと、自分の幼い頃を思い出した。実家のある島根県の山あいに住んでいた私は、学校の帰り道に腹がすくと、自然の中で美味しいものを探して食べていた。野イチゴやイチジク、アケビ、スイバなどの野草…。そのまま食べるしかなかったから、純粋に素材の味が分かった。トルコの地で子供達と遊ぶ中で、自分の幼少期とを重ね合わせていたが、トルコの子供達にも同じように自然派グルメがいたことが面白くて仕方なかった。食材は違っても、本当に美味しいものは子供が知っているのだ。この日は子供達にとてもお世話になったし、久しぶりに子供時代に戻り、年の差など関係なしに楽しめた。

ヤギのケッレ（頭）とパチャ（脚）を売り歩く男

・≪≫≪≫≪≫・

　スィイルトから隣県のビトリス県へ移動しようと、ホテルのチェックアウトを済ませ、バス乗り場へと向かっていたが、その道中、衝撃的なものを目の当たりにした。中年の男性は、金属製の棒にヤギの脚と頭を連ねたものを腕に持ち、道路で売り歩いているではないか。旅をしていて、市場や精肉店で羊の頭や脚が売っているのを見たことはあったが、こうして街中で売り歩く姿は初めて見た。そして焼いているせいか、色も真っ黒でおどろおどろしい。おじさんに聞いてみると、ヤギだという。これを加工している場所が近くにあるそうで、周りにいた別のおじさんが連れて行ってあげると言ってくれた。

　先を急ぐ旅ではないので、とりあえずついて行ってみることにした。滞在中通っていない裏路地にあり、商いの店が並んでいる地域だった。そこに鉄の加工場のような店があった。ここだという。溶炉のような窯で火が燃えていたが、一見素通りしてしまう雰囲気。しかしよく見ると、先ほど見たものよりも更に強烈なものを見ることに。ヤギの頭と脚が、店先にゴロゴロと転がっている。真っ黒く長い毛を持つヤギだが、それを丸焼きにしていた。これも文化の一部だと思い、目の前に起こる光景をただただ受け止めようと自分に言い聞かせた。

ヤギの頭と脚を
売り歩く男性

鉄の棒を鼻のあたりから刺し、ヤギの長い毛をハサミでカットし始めた。終ったら
焼き場の人に渡した。焼き場の後ろにも火加減の調節をする係が一人。毛が燃える
独特な臭いが急にしてきた。焼き場担当はそれを仕上げると、またカット担当に手
渡した。水の入ったバケツに入れて冷やし、真っ黒に焼けたヤギの肌をナイフで削
いできれいにしていく。

　この商いはおじいさんの代から続いていて、もう80年以上になるそうだ。この
商いはここで初めて見た。肉屋で売っている頭は、ナイフを皮と肉の間に入れてき
れいに剥いだもの。丸焦げになったものは見たことがなかった。

　このヤギの頭と脚を仕入れて、毛や皮膚を焼いて加工し売っている。ケッレ（頭）
パチャ（脚）スープにするために業者を含め、一般の人も買いに来る。この地では
このように丸焼きすることでスープの風味が増し、いい味に仕上がるという。これ
らを丸ごと鍋に入れて何時間も煮ると濃厚なスープが出来る。特に寒くなる秋口か
らは売れ行きが良くなっていくらしい。体も温まるし、体もスープが欲しくなる。
このスープは他のスープよりもかなり栄養価が高くカルシウム、コラーゲンを含ん
でいるし、ニンニク水と果実酢を加えて飲むので、免疫効果が高く、「料理界の抗
生物質」と言う人もいるほど。

　しばらく見学していると、男性が袋に詰めて売りに来れば、今度は女性が頭を数
個まとめて買っていく。どうやら常連らしい。このスープはただ時間も手間もかか
るので、通常は食堂で食べることが多いが、地域ではまだまだ主婦が家で作るのも
多いという。

　先ほど衝撃的に思えた光景だったが、この地域の食を支えている背景がわかる良
いきっかけとなった。

マルディン県

Yumurtalı kenger ／料理：ユムルタル・ケンゲル
Mardin merkezi ／地域：マルディン中心地

　ケンゲルはアザミの種類の植物。根の樹液を乾燥させて作るチューインガムがあるが、植物自体を食べることも多い。標高の高い場所で広範囲に育ち、季節は4月～5月、冬が終り緑が芽吹いた時期には土が柔らかく採りやすいし、ケンゲル自体もとても柔らかくて食べやすいのだそうだ。ケンゲルは村で採れる食材なので、普通のスーパーでは手に入らない。行政が管理し、週に1～2度行われる市場でのみ買うことができる。

　今回、マルディンの郷土料理を研究されている料理人のスレイマンさんにユムルタル・ケンゲルを作っていただいた。この日は今年の春に漬けたものを使用。塩漬けなので予め水に浸して塩抜きしておく。採ってきたばかりなら、外の皮を剥いで水に浸し汚れもしっかりと取る。

　フライパンにオリーブオイル、黒コショウ、唐辛子フレーク、コリアンダーパウダー、ドライミントを加え香りを出す。油に香りが移ったらケンゲルを入れて炒める。最後は溶き卵を流し込みオムレツ状にする。棘がまだ残っているのだが、柔らかいのでさほど気にならない。山菜オムレツといった感じ。オムレツにしなくても、溶き卵にくぐらせて油で揚げる方法もある。蕗や蕨など柔らかい山菜を食べる感覚が、日本と似ていると感じた。また、決して豊かではない村の生活にとって、旬の山菜が、貴重な食材となり、収入源として生活を支えてきたことも彼との会話の中で知ることが出来た。

✳ フィリックリ・ピラウ
Firikli pilav

フィリックとは小麦の実が出来、成熟し始めて15日後に刈り取る青刈り小麦。その小麦の殻を付けたままで焼いて燻し、煤の香りを小麦に付ける。皮を取り除いてフィリック・ブルグルが出来る。これでピラフを炊く。炊いた後には、しっかりと溶かしバターを加え、旨味と風味を加える。普通のブルグルよりも、硬めでプチプチ感が強い。ほんのり青臭く、煤の香りに慣れれば、病みつきになる。

✳ キテル・ラハ
Kitel raha

スルヤーニの人が作るイチリ・キョフテ（具入りのブルグル団子）のこと。南東部ではイチリ・キョフテはよく食べられているが、違いは外側のブルグルの生地にコリアンダーシードを挽いたものを加えていること。挽肉、玉ねぎ、しし唐を一緒に炒め、黒コショウ、唐辛子フレーク、好みでクミン、オールスパイスを加えても良い。包む生地はブルグル、塩、ヤルマ、挽肉、コリアンダーを混ぜて水を加えて練る。これを薄く伸ばし、丸く切り抜く。生地の間に具を入れて円盤状に閉じ、塩水で茹でる。好みでヨーグルト、溶かしバターをかける。

✳ センブセッキ
Sembusek

アラビア語源で折りたたんだラフマージュン
のこと。挽肉、玉ねぎ、トマト、しし唐、パ
セリ、トマトペースト、塩、黒コショウなど
を加え具を作る。発酵してもしていなくても
よいが、薄く丸く広げた生地の半分に具をぬ
って、折りたたみ半月状にする。具は生のま
まで石窯やオーブンで焼いて出来るパン。ク
ルド語ではシャム・ボレイ。具は一度調理し
火を通してから、生地に置いて、同じように
半月状にして鉄板で焼く。

✳ ダフディーイェット
Dahudiyet

牛肉を一口大に切って玉ねぎと炒めたもの
に、挽いたコリアンダーシード、トマトペー
ストを加える。別に、挽肉と塩、砕いた米を
練って小さな団子を作り炒める。それらを合
わせて湯を加え、塩、オールスパイス、黒コ
ショウ、唐辛子フレーク、パセリを加えて煮
込む。ビーフシチューのように肉からの旨味
が出た料理。

マルディン・メゼレリ
Mardin mezeleri

レストランで食べた前菜の種類は豊富。
ひよこ豆のペースト（フムス）、茄子と
セロリのゴマペースト和え、青刈り小麦
と鶏肉の和え物、赤ピーマンと水切りヨ
ーグルト、乾燥トマトのスパイス和え、
ヤギのヨーグルト、乾パンとトマトペー
ストの和え物、水切りヨーグルトとチャ
イブとしし唐和え、ズッキーニとディル
のヨーグルト和えなど。

ズィンギル・タトゥルス
Zingil tatlısı

小麦粉にベーキングパウダーを入れ、卵とヨ
ーグルトを加えて混ぜ合わせる。軽く割った
クルミを生地の中に入れて包み、油で揚げて
熱々のシロップをかけて完成。ヨーグルトの
風味を感じるほど入れてあり、重たすぎな
い。ふわふわした生地にクルミが入っている
ことで、アクセントとなっている。

334

❄ フルマ・タトゥルス
Hurma tatlısı

フルマ（ナツメヤシ）の種を取り除いて、
フライパンに入れ、バターでソテーする。
水を加え柔らかくなったら、スプーンの裏
側で潰しペースト状にする。冷ましてクル
ミやアンズなどで飾る。

❄ ハリデ
Haride

とてもシンプルで家にある食材で簡単に出来るデザート。鍋にペクメズとシ
ナモンを加えて火にかける。そこへボウルに牛乳と小麦粉を加えて混ぜたも
のを、ざるで漉しながら鍋に流し入れる。更に煮て、とろみもついて濃厚に
なれば完成。お好みでクルミをのせる。東部地方では同じ名前で、ペクメズ
にスターチでとろみをつけ溶かしバターをかけるものもある。

335

スルヤーニの住んでいる町へ

◦◦◦◦◦◦◦◦

　マルディンの中心地から東にバスで1時間半程でミドヤット市に到着。この地は
マルディン市内よりもスルヤーニの人口割合が高い町と知り訪れた。スルヤーニと
は別名アッシリア人で、キリスト教のシリア正教会に属している少数民族であり、
キリスト生誕よりも前からこのあたりに住み続けている民族。メソポタミアのこの
地は、多くの統治下におかれ、後にアラブ、クルド人がこの地に移り住んできた歴
史がある。多くのスルヤーニは、歴史の中で迫害などを受け、今のシリアのダマス
カスを中心に世界へと散らばり、トルコ国内には大都市を中心に2万人程度だそう
で、ここミドヤットには数百人しかいないそうだ。決して大きい町ではないが、何
かすごく興味がわいてきた。

　町中を歩いていても、少なくとも3つの教会らしき建物が見えるし、郊外にも多
くの教会や修道院があったようで、シリア正教会にとって重要な場所だったことが
わかる。トルコはイスラム教徒が通う寺院があちこちにあるが、教会の方が目立つ
町というのは珍しい。このような光景はトルコを旅する中で見たことはなかったし、
どこか別の国に迷い込んだかのように感じてしまう。

　夕方、教会の鐘が鳴ったので訪れてみた。お祈りの時間だろう。教会の中で使っ
ていた彼らの言語は、今まで聞いたことのない響き。男女が別々に、リズムに合わ
せながら何かを唱えている。時にはハモっているようにも聞こえる。お祈りという
よりも、歌を歌っているかのようだった。人間が行うべきことを、規律や道徳など
を曲に合わせて唱えているらしい。そのお祈りが終ると、一人ずつ壇上にある聖書
にキスをし、教会を後にした。

　お祈りの後、日本人の私に興味を持った方々が集まって交流が始まり、そこで歴
史についても教えてもらった。この地は統治するものが変わり、いろんな人種が入
ってきたため多数派から少数派へと変わってしまい、今では少数派にも数えてもら
えない程になったという声も聞いた。相当長い時が経ったとしても、それほどまで
立場が変わったのだと考えると、複雑な思いが巡る。

　現在のトルコは99％イスラム教であるし、残りの人口のキリスト教徒の中でも
少数派。血縁を重視するため、他の地域へ女性を嫁がせず、受け入れもしないそう
だ。スルヤーニの血を絶やさないようにという思いが、ひしひしと感じる。昔から
この地に住み続けてきた民の誇りでもあり、それが彼らの今の支えでもある。そん

な大人達との会話の中、教会に遊びに来ていた子供達は無邪気に遊んでいたのが、対照的に印象的だった。

　教会でいろんな人と話す中で、ホテルのオーナーで食に関しても詳しいディベさんという女性を紹介してもらったので、翌日早速荷物をまとめてそちらへ移動。「トラブディン・ホテル」と看板にはスルヤーニの文字で書かれているが、一見アラビア文字にも見える。ホテルの見た目もどっしりしており、マルディン県で採れる石を使った昔の建築様式のホテルだそうだ。部屋の名前はMARBOBOの地名となっていて、これは現在のマルディン県南部のヌサイビン市・ギュンユルドゥ地区にあたる。なかなか面白いコンセプトで、鍵にはスルヤーニの文字で部屋番号と部屋の名前が刻まれている。彼らは銀細工にも長けていたそうで、いろんな想いが込められているホテル。

　夕方には、彼女が手作りしてくれた「シャム・ボレイ」をいただくことに。シリアの首都ダマスカスのパイと言う意味。小麦粉生地に挽肉の具材を置いて、2つ折りにして閉じる。それを溶き卵にくぐらせて、少ない油で両面焼きする。シャム・ボレイは、シンプルな食べ物だが、スルヤーニだけでなく、トルコ南東部地方に共に住み続けているクルドやアラブの人達の共通の料理だそうだ。家庭料理らしい美味しさや愛情、そして歴史をさえも感じる。

鍵にもスルヤーニの文字が書かれている

スルヤーニの代表的な料理の一つガブラ

夜にはホテルの屋上で買ってきた赤ワインを飲む。スルヤーニの人々がこの地で紀元前前から作り続けているこのワイン。歴史を感じながら飲むワインは人生の中でも思い出に残る一本となった。

　翌日は、ディベさんの手作りのガブラをいただいた。ガブラは、ゲルソと呼ばれる種類の小麦を細かく挽いて、塩を加えて茹でる。お粥状になったものを皿に盛って、真中に窪みを作る。そこへシュルタンを流し込み、上に溶かしバターを加える。

　シュルタンとはヨーグルトを作った後、撹拌させて脂分（バター）を取る。残ったヨーグルト（脂肪分の少ない）を加熱し、分離したものを吊るし、水分を抜く。それを丸めて乾燥させたもの。軽石のように水分が抜けた状態になっている。羊の乳がたくさん搾れる春から夏にまとめて作る保存食。マルディンの乾燥しきった土地柄ならでは。冬の時季、ヨーグルトの代用品となり、水に溶かしてヨーグルトにして飲んだり、スープにしたりする。

　麦粥の味付けも塩だけだし、シュルタンがたっぷりかかっているものだから、決して美味しいとはいえなかった。もともと冬の朝に食べる食事で、これをしっかり食べて、夕方までしっかり働く。腹もちのいい食事だそうだ。これも代表的な料理の一つ。ディベさんにはいろんな話を聞かせてもらい、最近出版された料理本も見せていただいた。いつかまた改めて来させてもらい、また食の話で盛り上がりたい。

翌日の日曜日の朝、スルヤーニのお祈りがあるというので、再び教会へ向かった。実はお祈りが目的というよりは、後に人々に配られるパンが目的だった。パンについての情報をディベさんから聞いて、興味深いなと思っていた。お祈りの後、教会の出口で小さなパンを載せた皿を持った男の子が立っており、参加者がパンのかけらをつまんで口に入れている。

　実はこのパンは、神父もしくは、教会の男性のみが前もって作るそうだ。「十字」の模様を12個かたどった木型の判に生地を当てて、模様をつけてから焼く。これはイエスの12人の使徒を象徴している。12という宗教上大切な数字が食べ物にも反映され、生活に密着している。お祈りは神と近づく時間。神にささげた食べ物を、お祈りの後口にする。わずかなやり取りだが、人はその瞬間、神の存在を感じることで安心して生きていけるのかもしれない。日本の神社で御祭りをした後に、捧げた餅や米、神酒を少し頂くのも、どこか似ている。他人から見れば、単なる食べ物かも知れないが、そこに、尊敬や感謝などの想いをこめながらいただく。それを口にすることで、心を落ちつかせたり、自分を戒めたりする。ちょっとした朝のひと時だったが、違う異国でも似た習わしだなと思った。

　数日のミドヤットでの滞在だったが、スルヤーニの人達が、この地で細々と暮らしながらも、彼らの団結意識を肌で強く感じたひとときだった。

左・教会の出口でパンを配る男の子
右・イエスの12人の使徒を象徴するパン

ディヤルバクル県

Kaburga dolması ／料理：カブルガ・ドルマス
Sur ／地域：スル市

　ディヤルバクルといえば、まずカブルガ・ドルマスの名前が出てくる。今回セリム・アムジャという専門店に伺い、シェフのセリムさんに作り方を見せてもらった。カブルガとはあばらの部位のことでドルマとは詰め物という意味。1歳の仔羊の腕や肩からあばらにかけての部位を使い、骨に沿って切れ込みを入れて、そこにピラフを詰め、紐で縫い、鍋で煮る料理。このピラフは冷ましておかなければ、仕上がりが柔らかくなりすぎるそうだ。そして中の具が外に出ないように、外のスープが中に入らないように、隙間なく閉じることがポイント。

　鍋に入れて、油、熱湯と塩、唐辛子フレークを加え、落し蓋をして4時間じっくりと煮る。時々水の具合を見ながら少なくなれば足す。通常注文は2人～6人。出来上がるとウェイターが骨を丁寧に取り除き、肉もほぐしてくれる。レストランのやり方と家のやり方で多少の違いがあり、家では初めにオーブンに入れて、旨味を閉じ込める方法もあり、味も万人受けするように辛さも香りも控えめにしている。この料理は県内のリジェという市が特に有名で、女性が得意とする料理らしい。経費がかかるため、宗教上の祝祭日、バイラムの初日や大事なお客さんが来るときに作られる料理だったそうだが、セリム・アムジャは創立40年を越え、今では数軒の支店を持つほどになっている。

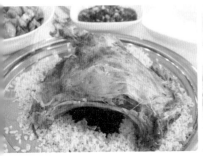  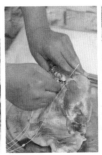 

ブルマ・カダユフ
Burma kadayıf

カダユフは、水と小麦粉で緩めに作った生地を温めた鉄板の上に穴の開いた容器から流し出して火を通す。そうすると弾力のある麺（テル・カダユフ）が出来る。中に入れる具はピスタチオを始めクルミ、チーズ、カイマック入りもある。カダユフの上に具を置いて、斜めに捻りながら巻く。大きなトレイの底にバターとペクメズを混ぜたものを塗り、包んだカダユフをらせん状に敷き詰め下から火を当てる。それをひっくり返して、溶かしバターを流し入れて裏面も薄めに焼き上げる。仕上げは、冷たいシロップを温かいカダユフにかけて染み込ませる。特にシロップの砂糖の濃度が大事で、薄ければ生地がベトベトになり、濃ければ生地が硬くなりすぎる。生地を巻く時も少し緩めに巻くこと、油も揚げすぎるとシロップの浸み込みが悪いことなど、バランスがとても大事。表面はサクサクして、見た目よりもフォークでサクっと刺さるほど柔らかめ。

メフトゥーネ
Meftune

ディヤルバクルの代表的な煮込み料理。この料理は羊肉を必ず入れる。骨付きならば尚良い。玉ねぎは使わず、ぶつ切りの羊としし唐を炒めて、トマトペーストをからませる。黒コショウと唐辛子フレークを足し、茄子とトマトを切って加え煮込む。その後、スマックをぬるま湯に30分浸して酸味のある汁を加える。茄子がある程度煮えた後にスマックの汁を加えなければ、茄子が硬くなりやすいので注意。潰しニンニクを加えてさらに煮る。辛味、酸味、羊肉を好むディヤルバクルの好きな味覚が凝縮された一品。特に結婚式や葬式などで多くの人が集まったときに作られるもの。夏の時期は茄子とトマトを、冬には瓜とカボチャを足して割ったような、リジェ・カバウという野菜を使う。旬の野菜を入れる季節の煮込み料理。

匂いで集まる夕刻の客

・◇×◇×◇×◇・

　トルコ南東部地方にクルド人の都とも称される街、ディヤルバクルがある。ここにある城壁は世界第一位の万里の長城には及ばないが、それに次ぐ二位の長さを誇る。囲まれた城壁の中は、隊商宿、銅や銀製品の職人工房も軒を連ねる魅力あるエリアだ。

　午後７時半、城壁近くのパン屋を通りがかった時のこと。変わった香りに誘われて、店内へ入った。この地でよく食べられるディヤルバクル・チョレイというパンの種類でそれを焼いている最中だった。

　早速パン屋のオーナー、ニザメッティンさんに話を伺うことにした。チョレイとは、食事やパンを意味する昔の言葉。材料には、小麦粉、牛乳、マーガリン、酵母、塩を混ぜ、そこにシナモン、マヤナ（フェンネル）、マフレプ（さくらんぼの原種の実）のパウダーを混ぜ込む。変わった香りは、どうやら生地に加えているスパイスだったようだ。それを一握りの団子状にして寝かせ、それを20センチ程に薄く広げる。表面にクロス格子の線を入れたら、溶いた卵黄をぬり、チョレッキオトゥ（ニゲラ）とゴマをふって窯へ入れる。

　パンのイメージといえば朝だが、なぜ午後７時半という時刻に焼き始めるのか尋ねると、日中はピデと呼ばれるパンを高温の窯で焼くのに対して、チョレイは窯の温度も適度に下がった後に作るためだという。店内のお客さんには近所に住む人もいて、「いつもこの時間には焼き上がる頃で、家までこの香りが来るんだよ」と、

ディヤルバクル・チョレイ作りを見学

左・窯の温度が適度に下がった夜から作りはじめる
中・完成したディヤルバクル・チョレイ。夜食としてチャイと一緒に食べることが多い
右・ニザメッティンさんのお店はいつも賑わっている

焼きたてを買いに来ていた。それにしても夜の8時を過ぎているのに、来客が絶えない。

　食べさせてもらうと、パンとクッキーの中間の食感で、特にフェンネルのさわやかな香りが鼻から抜けるのが分かる。実際は冷めたほうがより美味しいそうで、翌日の朝食にしたり、夜にチャイ（お茶）と一緒に食べたりするようだ。食事用のパンとしても食べられるが、意外にもお茶うけとして食べるのが一般的らしい。

　この日はディヤルバクル出身の方が亡くなったので、葬式の参列者や知人などに配るため、午後9時過ぎの飛行機でイスタンブルに送るというので、かなり忙しそうだった。

　この道35年のニザメッティンさんによると、以前住んでいたアルメニア人や、紀元前からこの地方に住むスルヤーニというキリスト教徒がバイラム（宗教的な祝祭日）に作って食べるパンだったそう。各家庭で生地を形成し、パン屋で焼いてもらう習慣があり、多くのチョレッキが持ち込まれると、誰のものか間違ってしまう。そこでパン生地の上に家々でオリジナルの切れ込みや模様をつけておくらしい。

　その後イスラム教にも根付き、宗教上の特別な日にお客さんに振る舞ったり、メッカ巡礼に日持ちするチョレイを持って行っているようだ。形や硬さは違うものの、隣県のマルディンやウルファでも同じようなスパイスを使ったものが食べられている。

　ニザメッティンさんは続けて、「昔、家庭で作っていた伝統的なパンが今は日常生活の一部になった。以前より質のいい材料を使って、より美味しくしている。毎日焼いているし、お客さんにもとても喜んでもらっているよ」と語った。

　異教徒からの影響を受け、長い年月ディヤルバクルで生活の一部として食べられてきたこのパン。この土地にいても、そうでなくても、ディヤルバクルの人々の庶民を象徴する食べ物として、これからも人々の生活の中で生き続けていくのだろう。

343

シャンルウルファ県

Kuzu ciğeri ／料理：クズ・ジエリ
Şanlıurfa merkezi ／地域：シャンルウルファ中心地

　シャンルウルファは食が豊かで、食い倒れの街の一つにあげられる。夜中にメイン通りのサライヨヌ通りを歩いていると、あちらこちらで屋台が営業していた。そこでは羊のレバーをメインに、いろんな部位の炭火焼を売っている。「シャンルウルファでは早朝からレバーを食べる」とトルコ中でも知られるほど、市民はレバー好き。まずはお勧めのレバーを注文して席についた。驚いたことに、各テーブルには小さなまな板と包丁が置いてあり、籠には玉ねぎ、ミント、パセリが盛られている。

　隣のお客さんを見てみると、どうやら一緒に食べる野菜を各自包丁で切るようだ。レバーが来るまで少しワクワクしながら、野菜をカットして待った。長くて細い串に2センチ角のレバーが3つ。旨味や柔らかさを保つために間に尾脂がさしてある。注文が何人も入ると、焼き場はとたんに煙で充満する。職人が20本以上を片手に持ち、裏返しながら一気に焼くさまは圧巻。そうこうしていると、熱々のレバーをラワシュと呼ばれるモチモチした薄いパンの上にのせて持ってきてくれる。先ほど切っておいた野菜をのせて、スパイスは唐辛子フレーク、スマック、そしてクミンをお好みで。最後に思いっきりレモンを搾って、めいっぱいグルグル巻きにして食べる。ミルクのように甘い旨味を感じた。私はシャンルウルファに滞在中、レバーの量を2倍にすることを学んだ。レバー好きには、これくらい入れた方がラワシュとのバランスもよく、断然美味しい。

✳ ケッレ・パチャ・チョルバス
Kelle paça çorbası

羊のケッレ（頭）とパチャ（脚）のスープ。鍋の中からはケッレが数個入っていてエキスもたっぷり。今まで見たこともない迫力と濃厚だしの出たスープを味わうことが出来た。脳を含めた臓器部位が具として入っている。ニンニクの効いたスープで、病みつきになった。この中に麺を入れて食べてみたくなる。

✳ ボスタナ
Bostana

代表的なサラダの一つがボスタナ。トマト、きゅうり、しし唐、パセリ、玉ねぎ、赤ピーマンを丁寧に細かく刻んであり、イソットの辛味が特徴のスープ状の冷たいサラダ。メインの肉料理の前に出される。夏の時期、灼熱のシャンルウルファで、食欲を促してくれる。

✳ フレンク・タヴァス
Frenk tavası

フレンクとはシャンルウルファでトマトの意味。シャンルウルファも南東部の地域同様、大きく平たいトレイに具を入れパン屋の石窯で調理してもらうオーブン料理が多い。トマトに切れ込みを入れて、挽肉の具を間に挟み、トレイに並べる。オリーブオイル、少量の水を入れてオーブンで焼く。見た目以上に簡単で、鮮やか。大皿料理は大勢の家族で分け合い、食べられるので理にかなっている。トマトの甘さと肉のジューシィさが口の中で広がる。

✳ パトゥルジャン・ケバブ
Patlıcan kebabı

パトゥルジャン・ケバブは茄子と挽肉のグリルで、シャンルウルファの名物。脂との相性がいい茄子は、焼くときに挽肉と交互に串に刺す。焼きあがると、希望すれば定員が丁寧に茄子の皮を剥いでくれ、挽肉も潰してくれる。これをラワシュという薄いパンで巻いて食べるのが習わし。お好みで皿に盛られた野菜も巻いて食べてもいい。茄子と肉のコンビが奏でる味を舌でダイレクトに感じる。加えて、茄子も地元産の種類でないと、この味は出せないそうだ。名物はその地で食べるのがうまいとよくいわれるが、これもまたそうだ。

❋ ソーアンル・ケバプ
Soğanlı kebap

玉ねぎを挽肉と一緒に串に刺して、焼いたケバプ。小さすぎたら溶けてしまい、大きすぎたら肉と同じ時間に焼けず生焼けになるので、玉ねぎは大きくなく直径5センチほどのサイズが最適。この料理の最大のポイントは、焼く時玉ねぎの皮を剥いてはいけないこと。理由は、皮が玉ねぎの旨味や水分を外に逃さない為と、内側を焦がさない為。食べる時には焦げた皮を取って、トロトロに柔らかくなった玉ねぎを食べる。しかしこれはレストランで一人前分を作る時の焼き方。通常、家やまとまった人数が揃った時には、同じく皮を剥かないで玉ねぎを半分に割り、その間に挽肉を挟んでトレイに並べ、オーブンで焼くやり方もあり、肉の旨味と玉ねぎの旨味が一体化するので、より美味しいそうだ。

❋ キュルンチェ
Külünçe

キュルンチェは、全粒粉、砂糖、牛乳、バター、ベーキングパウダーを加えて生地を作る。膨らませるのにイーストを使うところもあるそうだ。表面には溶き卵をぬってゴマを振り、いい焼き目をつける。また、よく焼けるようにと、フォークで穴を開け、デザインがいいようにと木製の印を押すという。今では食事の合間のおやつとしても食べられているので、パン屋でも作っているが、本来は家で作るもの。店では小さく食べやすいものになってきているという。生活スタイルも変われば、キュルンチェも変わっていくそうだ。

✲ ウルファ・キュネフェ
Urfa künefe

細かく刻んだテル・カダユフの間にチーズを挟んで焼いたシロップ漬けのお菓子。キュネフェが一番有名なのはハタイ県。シャンルウルファもキュネフェはよく食べられるようだが、違いは中に入れているチーズ。ハタイのものはかなり伸びるチーズだが、シャンルウルファのものは伸びないタイプ。新鮮な牛乳で作った塩気のないフレッシュチーズを使う。

✲ オルグ・ペイニリ
Örgü peyniri

オルグとは編んでいるという意味。牛の乳を搾って、チーズの酵素を加える。プリンのように固まったら、布袋に入れて水を十分に切る。これを小さく切って熱湯に入れることで溶け始める。これを細く形成しなおし、編んでいく。

✲ チー・ノフット
Çiğ nohut

子供が食べているのは生のひよこ豆。6月頃には住宅地の路地を押し車に積んで商売している人も多い。「新鮮なひよこ豆だよー」と声掛けしながら、常連の家では玄関をノックしながら、売り歩く。1キロ100円以下で売っており、親が子供に小遣いを渡し、走って買いに行く姿が印象的だった。皮の渋さと実の甘さがいいようだ。

✳ チー・キョフテ
Çiğ köfte

チー・キョフテは生の団子を意味し、生肉が入っている料理。細かいブルグルにみじん切り玉ねぎ、トマトペースト、コショウ、イソット、塩、水を入れて、材料をこするように擦り込み、混ぜ合わせる。そこに脂身のない羊の赤身（モモ肉）を叩いたものと、コショウ、クミン、油を加えて更に混ぜる。刻んだパセリ、青ネギを足したら完成。これをレタスで包んで食べる。生肉が入っているとは気づかない程一体化している。現在生肉入りのチー・キョフテは、衛生上店での販売は禁止されているので、肉なしで売っているが、観光用のスラゲジェスィという宴でのみ、その場で作って提供している。その昔、最初の預言者イブラヒムがネムルトの王を怒らせ、火あぶりの刑に処せられるという事態になった。そのときは村で薪さえも使うことを禁止された。狩を終え獲物を持ち帰った猟師だったが、火が使えない。そこで奥さんが思考を凝らし、この料理が出来たといういわれがある。

✳ イソット
İsot

シャンルウルファを代表する赤唐辛子の種類の一つ。食べると始めは辛くないが後からくる。イソットとは、イス（暑い）オトゥ（草）から来ている。この赤唐辛子の種やへたを取り除き、天日で乾燥させる。その後、ナイロン袋に入れて天日で蒸らし、発酵を促すようにすると、色も赤から紫、黒へと変わる。それを挽いて、塩、オリーブオイルで揉んでおく。ラフマージュンと呼ばれるピデの具や、チー・キョフテに必ず混ぜて使われる。イソットはシャンルウルファの食を象徴する欠かせない食材の一つ。

主食を美味しく再利用するティリット

トルコ中を旅しているなかで何度もティリットという料理を食べた。語源はペルシャ語やアラビア語から来たとされ、スープという意味。この料理では、古くなったパンを小さくちぎって、肉や骨から取ったスープや脂に浸して柔らかくしながら、旨味を吸わせるという共通した調理過程を踏む。これがこの料理の神髄だ。

トルコの各地域のティリットは、メインで使う食材の肉、パンの種類に違いがあった。鶏、ガチョウ、羊、牛肉、挽肉様々で、パンの種類も、もっちりしたピデ、ふっくらしたエキメッキ、薄いパンのユフカなどを使っていた。

料理名に関しても、ティリットということともあればパパラ、バンドゥマ、ウスラマなどあったが、料理自体はティリットの一種と考えていいだろう。

主食でもあるパンが古くなり硬くなったら、どのように再利用できるか。パンはイスラム教でも神聖で大事に扱われる。トルコにも捨てるのは「もったいない精神」があり、無駄にせず有効活用した節約料理の代表的なものが、このティリット。主食が違う日本でも通じる同じ思いがあるものだなと実感する。

今回訪れたのは、シャンルウルファのアーケードの市場の中にあるギュル・ティリットというお店。ティリット職人のベディルさんに、その作り方を教えていただいた。

まず、牛のモモ肉と羊の尾脂を12時間じっくり煮込みスープを取る。これにターメリックを加えているのがここのオリジナルだ。ラワシュ（薄焼きのもっちりパン）を2センチくらいに小さく砕いて、皿に盛る。そこに茹でたモモ肉を繊維状に裂いたものをのせる。そして旨味を取ったスープをかけ温める。パンにスープをしみ込ませて、一度鍋にスープを戻す。そして改めて熱々のスープをかける。仕上げはニンニク入りヨーグルトをかけ、お好みでレモンを搾り、乾燥ミント、唐辛子フレークをかけて食べる。パンもふやけて、つるっとした喉越しもいい。

ただ暑さが厳しい夏のシャンルウルファでは、羊の脂は胃にも重いので5月末で終了。9月から改めて再開する。冬に体を温める料理で、その時期はかなりの行列になるそうだ。

本来シャンルウルファでは、ムハンマドの誕生日週間の期間や、割礼式に大勢に振舞われて食べられていたそうで、それを朝食のメニューとして加えた。市場の一角に小さな店を構えているが、早朝からお客は絶えない。どこの国でも現地で支持

されている朝飯というものがあるのだと実感し嬉しくなる。

　店主によるとティリットにまつわる一説があるという。元々ティリットはイスラム教が生まれる前からアラブ地域で部族の金持ちの間で食べられていたそうだ。ラクダや羊を解体して大鍋で豆や野菜と香辛料で煮込み、その後にボウルにちぎったパンの上からかけていた。そして預言者のムハンマドは、この料理に対して「ティリットは他の料理とは違い、別格の食べ物だ。アイシェ（ムハンマドの妻）が他の女性とは違うのと同じように、これもまたそうだ」と語ったという。

　各地で見られるティリットの多くも、朝飯として食べる。昔農業者が多く、力仕事をする人にとっては、朝から栄養価が高く、腹持ちがいい食事はありがたい。今は生活スタイルや職業構成が変わったとはいえ、昔の習慣がそのまま支持されている。幼い時に味覚に染みついた味は今でも離れないとお客さんは語る。

　この店はレンズ豆スープとティリットの2種類のみで、完売したら閉店。早朝4時半から10時頃までだ。毎日新鮮なものを提供し、作り置きはしない。一段落した後、外を眺める頑固親父のまなざしが語る。ティリットが今後もずっと引き継がれていってほしいと心から願った。

左・アーケード市場の中にあるギュル・ティリット
右・ニンニク入りヨーグルトをかけ、お好みでレモンを搾り、乾燥ミント、唐辛子フレークをかけて食べる

351

アラブ式ピデのラフマージュン

❖❖❖

　トルコの南東部の食い倒れの街、シャンルウルファ県の代名詞の一つとしてラフマージュンという挽肉のせのピデがある。ラフムは肉、アージュンは小麦粉を練った生地を意味し、アラビア語源からこの名がついたそうだ。

　直径25センチほどの大きさで丸く薄い生地の上に、挽肉の具を薄く広げて焼いたもの。生地はイーストを入れず発酵していないものが一般的だが、一枚一枚が薄くてパリパリとクリスピーに仕上がれば良いので、発酵させたものも使っているようだ。

　トルコではシリアに近い南東部が本場。この辺りはオスマントルコ時代からの名残で、現在も多くのアラブ人がこの地に住んでいる。彼らにとっての庶民の食べ物でアラビア風ピデと呼べばぴったりだろう。

　このラフマージュンは、普段家で焼いたり、レストランで食べることが多いが、家にお客さんが来たり、大家族や仲間で分けて食べる時には、少し勝手が違う。

　のせる具に関しては、各家で母の味があるので、こだわりの配合で作っているが、行きつけの肉屋にお願いして具を作ってもらうこともある。

トルコでは肉屋がラフマージュンの具を作ってくれる

左・ラフマージュンの具となる羊肉など
右・シャンルウルファの赤唐辛子、イソット

　その具を持ってパン屋に行き、生地と合わせて焼いてもらう。代金は、生地と焼き代のみを払う。そうすることで、家独自の味が容易に再現出来る。自分ですべてを作るより簡単で、大量に焼く手間も省ける。行きつけの肉屋だから質は保証されているし、レストランで食べるよりも経済的にも安い。実に合理的なシステムだ。

　そこで私もこのやり方でラフマージュンを作ってもらうことにした。パン屋を見つけて頼むと、交渉後指示された肉屋へ向かった。

　「ラフマージュン5枚分の具を作ってください」と頼むと、羊肉と尾脂を合わせてミンチにし、玉ねぎ、赤ピーマン、しし唐、トマトも同様にみじん切りにして、そこにイソット（シャンルウルファの赤唐辛子）、塩、黒コショウ、トマトペーストを混ぜ合わせて具が完成した。

　早速それを持ってパン屋へ戻り、「持ってきたから、5枚分でお願い」と頼んだ。職人が生地を指先や手のひらを上手く使いこなし、くるっと回転させながら伸ばしていく。かなり軽快な手さばき。その上に具を薄くまんべんなく広げていく。生地の特性をとらえた絶妙なやり取りだ。単純な作業だが、彼らの手慣れたテクニックを見ているだけでも、鮮やかだし、見とれてしまう。

それを焼きの職人に渡して石窯で一気に焼く。通常のピザよりも薄いので、早く焼きあがる。具が均一で美しい仕上がりだ。焼き目もよく、カリッと仕上がっているのが一目瞭然。

　現地で仲良くなったイソット屋さんとで、2人で分けて食べることにした。あらかじめ八百屋で買っていたパセリを敷いて、レモンを搾り、ぐるっと巻くように折り込んでかぶりつく。

　肉の旨味をイソットの辛さが引き立てているのが特長。肉が入っているので、パセリやレモンでさっぱりと食べるのは、暑い地域では理想的な組み合わせ。添え物

353

として夏の時期、焼き茄子やしし唐と一緒に食べるのもお勧めで、逆に冬はカブやレタスと一緒に食べるのも現地流らしい。

　ラフマージュンにはアイラン（塩味のヨーグルドリンク）だと思い、買いに行こうとすると、「ちょっと待って。俺が作るから」と言って、ナイロン袋に冷蔵庫の中の村の手作りヨーグルトを入れ、水、塩を加えた。市販のとは比べ物にならないほどうまい、簡単アイランの出来あがり。何と機転がきくのだろう。

　ラフマージュンはシャンルウルファ県では庶民のピザだが、これがシャンルウルファ名物のファストフードとしてチェーン化し全国的に有名になった。今では至る所で食べられる。レストランでいただくのも良いが、現地のやり方で作って食べると、本来の味を堪能することが出来てお薦めだ。さらに現地で知り合った人と共に分かち合えたことで、より一層美味しくいただけた。

左・パン屋が石窯で焼いてくれる
右・完成したラフマージュン

アドゥヤマン県

Şillik ／料理：シルリッキ
Adıyaman merkezi ／地域：アドゥヤマン中心地

　アドゥヤマンで昔から食べられているお菓子の一つにシルリッキがある。シルリッキの語源はクルド語のシルから来ているとされ、湿ったという意味を持つ。隣県のシャンルウルファではシュルルックといい、発音が若干変わった名前となる。湿ったという意味は、その生地にある。トルコではよくアクトゥマ（流し込み）というクレープ状のお菓子があるが、これもその一種。今回訪れたシルリッキ専門店では、小麦粉、牛乳、ベーキングパウダー少々を加え、柔らかい生地を作る。それをサジと呼ばれる鉄板で薄焼きする。クレープ状に仕上がるが、それよりも若干厚く、もっちりした弾力と、しっとりした食感でこの名前が付いている。

　この生地に砕いたクルミを入れてロール状に巻いてから切る。シロップは、ブドウのペクメズにバターを加えたものをかける。通常のペクメズよりもさらっとしている。トッピングでアイスクリームをのせるのもお勧めだ。

　焼けた生地を何枚も重ねて、食べやすいように四角に切って上からペクメズをかけたものが昔からの食べ方。今ではロール状にして、クルミやピスタチオを巻いたり、アイスクリームをのせたり、シロップは砂糖シロップやゴマペーストなどとさまざま。濃厚なペクメズに負けないコシのある、ふすま入りの全粒粉で作るのが、美味しさの秘訣。

✳ ヘウレ
Hevre

具入りのパンで、特に断食を終えた初めの夜に食べられ
たり、配られたりする。生地を薄く伸ばしたら、みじん
切りの玉ねぎ、羊の挽肉に唐辛子フレーク、塩で味付け
し、煎った黒ゴマとチョケレッキを加えて具を作り、バ
ターで焼く。黒ゴマの香りが具を更に美味しくさせる。

✳ メイル
Meyir

ヤルマとアイランと季節の野菜、
塩を鍋の中で一緒に長時間煮てい
く。季節によって入れるものが変
わるが、夏には茄子、しし唐を切
って、跡形もなく溶けるほど煮
る。仕上げは、みじん切りの玉ね
ぎを揚げて、上からかける。玉ね
ぎの香りと甘味が程よくアクセン
トに。肉が入っていない麦粥。冷
たくて食べやすい。

❋ ピルピリン・ジャジュウ
Pirpirim cacığı

ピルピリンは、トルコでは通常セミズオトゥで知られる。日本名はスベリヒユで、一度軽く茹でた後、ヨーグルトとおろしニンニク、塩と混ぜた冷たいサラダ。ジャジュックはキュウリが入っているのが定番だが、ここではピルピリンが入っている。夏の定番メニュー。

❋ ペイニル・ヘルワス
Peynir helvası

鍋に水を温めて砂糖を入れて溶かしてからセモリナ粉を少しずつ加えて、ダマにならないように混ぜる。セモリナ粉に吸わせて、耳たぶ程度に煮詰めたら、塩分のないチーズ（キュネフェに使うチーズと同じ）とバターを加える。チーズが溶けて生地と一体化して、もっちりした弾力のあるお菓子が出来る。冷めると、繊維状になる。

ガズィアンテプ県

Yuvarlama ／料理：ユワルラマ
Şahinbey ／地域：シャーヒンベイ市

　今回、市の料理学校のアフメット先生とオヤ先生に、ガズィアンテプで代表的な
ユワルラマを作っていただいた。これは特に断食が終わり、バイラムの初日に食べ
られる料理。それ故、バイラム・ユワルラマスともいわれる。ユワルラマとは丸め
るという意味。お米と脂肪の無い肉、玉ねぎを混ぜ合わせ、挽肉の機械に通して滑
らかにする。昔は肉も石の上に置いて木槌で叩き、米も石で細かく潰してから混ぜ
ていたという。それを1センチにも満たない程小さく丸める。家で食べる時は、あ
る程度大きくてもよいが、もてなす際は小さければ小さいほど、手間をかけたこと
を意味する。バイラム中、お客をこの料理でもてなすが、この料理に対しては、お
客も批評しながら、意見を交換し合うそうだ。

　ガズィアンテプでは羊が好まれ、鍋にその角切り、玉ねぎのみじん切り、ひよこ
豆と一緒に煮る。そこに肉団子を加える。この料理のポイントは水切りヨーグルト
を使うこと。酸味があり、滑らかでクリーミィなヨーグルトに卵を加え、軽く火を
通しておく。羊から旨味の汁が出たら、ゆっくりとヨーグルトを加えながら一体化
させる。ヨーグルトを分離させないのがポイント。これさえできれば、ヨーグルト
と肉の旨味が相成ってとても美味しい一皿となる。仕上げには溶かしバターにオリ
ーブオイルと乾燥ミントを加えて香味油を作ったら、上から流し入れる。濃厚な仕
上がりで、ガズィアンテプではスープではなく、メインの食事に数えられる。

✳ ベイラン
Beyran

トルコでは、庶民の朝食料理が各地方で存在する。このベイランもその一つ。羊の頭を取った胴体を解体し、血や臭味を出すために塩水で3時間。それから大鍋で、丁寧にアクをとりながら13時間弱火で煮込む。すると透き通ったスープが取れる。肉を骨から外し、ほぐす。アルミトレイに炊いたご飯と肉、唐辛子フレークと刻みニンニクを入れてスープ加え火にかけて一体化させる。サービス時にはピデと野菜が付く。白いご飯が入っているが、それ以外の穀物はむしろ合わないという。ピデ3枚とベイランがあれば、夕方まで腹持ちする、栄養価の高い朝食。毎日朝には駆け込んでくる常連もいるとか。白いごはんに具と出汁。まさに茶漬け。

✳ アラジャ・チョルバス
Alaca çorbası

郷土料理を出すアシナ・レストランでいただいた。このスープは、トマトベースのスープで、カレーにも似たスパイスとハーブの香りが効いた具沢山のスープ。みじん切りの玉ねぎを炒めて、トマトペーストを加える。茹でたヤルマとひよこ豆、乾燥パプリカ、緑レンズ豆、水を入れる。ローリエとタラゴンというフェンネルの香りに近い刺激のあるハーブを加えて、仕上げには溶かしバターに唐辛子フレークで香味油を作って鍋に流し入れる。

✳ スィミット・ケバブ
Simit kebabı

細かく挽いたキョフテ用のブルグルを、ガ
ズィアンテプではスィミットといい、ぬる
ま湯で湿らせたものを挽き肉と一緒に混ぜ
る。ニンニク、玉ねぎ、唐辛子フレーク、
黒コショウ、塩、乾燥ミント、赤唐辛子パ
ウダー、クミンを加えてよく練り、串に張
りつけて焼く。スィミットの小さくプチプ
チした食感が残る。スィミットが肉の脂分
を吸うため、肉は少し脂を多くしておくと
良い。

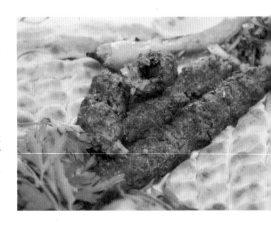

✳ アイワ・カザンケバブ
Ayva kazankebabı

水切りヨーグルトをベースに使う料理で、アイワ（マルメロ）を
肉、ひよこ豆と一緒に煮込んだもの。マルメロはそのまま食べると
渋味があるが、調理すると渋味も抜け、程よい甘さと西洋梨にも似
たシャキッとした食感がある。果物の中でも、あまり味で主張せ
ず、食感で料理のメリハリをつけ、肉との相性も良い。これも秋か
ら春まで採れるマルメロの時期限定の料理。

❋ イェニドゥンヤ・カザンケバブ
Yenidünya kazankebabı

この料理の特徴は未熟なビワを食材に加えること。これ自体、えぐみも感じない。ガズィアンテプは、とくに酸味も辛味も好み、スマックから作った酸味のある濃縮シロップを多くの煮込み料理で使う。酸味とマッチする未熟な果実をトマトベースのソースで煮込むことがあり、未熟なスモモや、青リンゴなども入れることがある。酸味がある食べ物に非常に合うし、そこに羊の旨味がコクを加える。未熟な果実を料理に加えるのは、あまりトルコでは見ることが出来ないが、ガズィアンテプではごく普通なようだ。

❋ フィリックリ・アジュル・ドルマス
Firikli acur dolması

アジュルと呼ばれる、小ぶりで丸みを帯びた瓜に近い野菜。7月がちょうど旬で、生のまま、中の種や実をくり抜き詰め物料理をする。玉ねぎ、トマト、ニンニクをみじん切りにして、脂身のある羊の挽肉、フィリック、トマトペースト、塩を加えて揉み込み具を作る。赤ピーマンなどで蓋をして、鍋に隙間なく置く。押し蓋をして、熱湯を加えて1時間煮る。仕上げにはレモン汁をかけて蒸らす。アジュルは夏場にくり抜いた後、天日干しして冬に水に戻して、同じように具を詰めて調理できる。夏冬と、生と乾燥を味わえる食材の一つ。フィリックの代わりに普通のブルグルでも可能。

❋ アンテプ・ラフマージュン
Antep Lahmacun

一番有名なシャンルウルファのラフマージュン（挽肉のせピデ）との大きな違いは、玉ねぎの代わりにニンニクを使うこと。挽肉を含め、パセリ、赤ピーマン、しし唐、トマトなどの材料は包丁で刻む。ブレンダーでは美味しい味は出ないという。それに黒コショウ、唐辛子フレーク、塩、トマトペーストで具を完成させ、生地にのせて焼く。

❋ アンテプ・カッケスィ
Antep kahkesi

ガズィアンテプでは、宗教的な祝祭日（バイラム）で、お客さんにもてなすクッキー。フェンネル、麻の実をはじめ、ゴマ、ニゲラなどのスパイスは予め煎っておく。ボールに牛乳、オリーブオイル、砂糖、卵、ベーキングパウダー、ゴマペースト、スパイスを加えて混ぜ合わせる。これに小麦粉、セモリナ粉を入れて生地を作る。リング状に形成しオーブンで焼く。保存も出来るクッキー。シリアのアレッポから伝わってきたとされている。

町を彩る乾燥野菜

・◦◦×◦×◦◦・

　8月中旬、ガズィアンテプを訪れたときのこと。現地の人が「今の時期、空港から市内へと向かうバスの途中、お客さんが『色鮮やかなあれは何なの！』と声を上げるものがあるんだよ」と、興味深い話をしてくれた。それはオウズエリという町を見下ろす丘の斜面にあるそうで、一帯に吊るされたたくさんの乾燥野菜らしい。トルコでは自分の畑や庭で作った夏野菜を食べきれない時、紐に通して、家の軒下やバルコニーで乾燥させる。こうした様子は旅する中で何度も見ることがあったが、今回聞いた、みんなが声を上げ、驚く程の規模の光景はお目にかかったことがない。トルコの気候は一般的に地中海性気候に属し、夏の暑く乾燥した時期が長い。雨の多い冬の前に、大量に出来た夏野菜を乾燥させ保存食にしておき、食べる時には乾燥野菜を水で戻し、詰め物料理のドルマにして食べるのは、トルコの典型的で象徴的な食文化といえる。この時期の風物詩となれば、是非見てみたいと思い訪れた。
　町を散策している中で見かけた野菜は、アジュル、ハイラン・カバウという瓜の一種や、ピーマン、茄子だった。
　ハイラン・カバウは、長瓜のよう。皮が硬いので、それを剥いてから2つに切り、それをくり抜き乾燥させる。その後、白い色を保つために、塩をふりかける。この長瓜を乾燥させるために、それ用に作られた木の棒の上や木の枝にのせる。翌日、棒と瓜がくっつかないように適度に動かし、2日間で乾燥させる。乾燥したらすぐに回収し、また次の長瓜と交換する。この長瓜は他の野菜と比べて皮を剥く手間もかかるため、売値も他のものよりも高く売れるそうだ。紐に50個通した後で、20個の束にして計1000個を一まとめにして売って、平均8000円程。

ハイラン・カバウを木の棒にのせ乾燥させる

茄子の中をくり抜き、
紐を通していく

　茄子とアジュルは、半分に切って中をくり抜き、紐に通す。1紐に50個。それをいくつも作る。ある家庭では季節に茄子だけで最低10万個を作るそうだ。くり抜いた茄子の中身をどうするのか聞くと、家で飼っている家畜のエサにする。そうすることで、夏によい乳が出るという。50個つなげたものは、一日中陽が射す丘に作られたチャトゥ（屋根）と呼ばれる櫓にかけていく。茄子は3日ほどで乾燥する。

　ピーマンは、一番干す日にちがかかる。というのも、緑の状態で収穫し、中の種を取り、同じように紐に通すのだが、乾燥して真っ赤になるまで1週間ほどかかるためだ。遠くから見ても街を鮮やかにしていた赤い正体はこのピーマンだった。太陽を燦々と浴びて完全に乾燥すると、丘から吹き下ろす風に揺られてぶつかりあう。カラカラと音を立てるのは、心地よくもありとても愛らしい。

　この地では、ザクロも豊富に採れるのだが、トルコの国内はザクロの栽培が盛んで、割に合わないという。オウズエリは乾燥野菜では国内でも代表的な産地で、きちんと町の主要産業として定着させている。乾燥野菜の分野で国内需要の80％近くを供給するそうだ。欧州にも輸出するほどの企業もあれば、公務員として働き、副業として栽培している人もいる。

チャトゥと呼ばれる櫓にかけて乾燥させる

乾燥して赤くなったピーマン

　また、実際に町を歩いていると、玄関先に家族総出で作業をしている様子を何度も見た。５歳程度の女の子も上手にくり抜くさまにはびっくりした。町の女性達に聞いてみると「専業主婦の女性達が時間つぶしという意味でも、稼ぐという意味でも、とてもいい仕事よ」「私達が稼ぐのだから、このお金は旦那には渡さないわ」と笑い話に。

　ガズィアンテプの市内には食材を売る市場、アルマジュ・バザルがあり、入口から出口までの端から端まで乾燥野菜が各店の軒にびっしりぶらさげてあった。そういう食材を扱う店で買い取ってもらうのだそうだ。

　６月中旬から９月中旬までの３か月間、町の人がこの作業に関わる。天日干しをしては、次の野菜を収穫し、くり抜き、紐通しを繰り返す。私が訪れたのは、７月の下旬で茄子が始まったばかり。

　最盛期には丘の斜面には色とりどりの野菜でいっぱいになり、我々の目を楽しませてくれる。この土地ならではの風物詩を見ることができて嬉しく思った。

乾燥野菜を作る女性達

中東のお菓子の王様

〈◇◇◇◇◇〉

「トルコで代表的なお菓子は何か？」と聞かれると、バクラワと答える人がほとんどだろう。バクラワは具を層状の生地にナッツを入れて焼き、シロップをかけたお菓子。

オスマン帝国時に、現在のトルコのほかアラブ地方、ギリシャ、バルカン半島、コーカサス地方にまで伝わり、今でも広範囲で食べられているお菓子である。トルコにおいてのバクラワの故郷とも呼べる場所が南東部のガズィアンテプである。

トルコではクルミやヘーゼルナッツ入りのバクラワも多いが、ここガズィアンテプはピスタチオの産地ということもあり、ピスタチオを具材としたバクラワの種類だけでも 10 種類超もある。

今回、イマム・チャーダシュというバクラワとグリル料理で有名なお店を訪れ、バクラワ作りを見学させてもらった。その案内役はこの店で退職し、現在は店の仕切り役をする職人のメティンさん。

3 階に製造所があり、数多くの職人が各工程の持ち場に分かれて働いていた。麺棒で生地を広げる工程には 20 人ほどの若手の職人が、作業台を挟んで両側に分かれて作業を行っていた。

70 センチ程度の麺棒で、ある程度広げた生地を更に薄く広げる。小麦のスターチを横からまんべんなくふりかけながら、生地の一枚一枚がくっつかないようにする。このスターチが多すぎると、生地の水分を吸い取り生地が割れ始めるという。

左・イマム・チャーダシュのメティンさんにお願いしてバクラワ作りを見学
右・麺棒で生地を広げる工程

 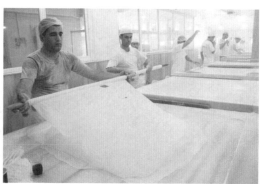

左・既定の形に包丁で
切って、バターを均等
に流し込んでいく
右・上段の生地を一枚
一枚のせていく

　しっとりした柔らかさのなかにもしっかりとした弾力性も感じられる。下の字がはっきりと見えるほどの薄さになると完成。それを繰り返す。

　隣では、薄く広げられた何層もの生地をアルミのトレイに合わせて切っていく。残った生地は無駄にせず、下段のパイ層に使うので、均等になるように気をつけながら、残りの切れ端の生地を敷き詰める。

　下段を10層以上敷き詰めたら、そこへカイマックをぬって、砕いたピスタチオを一面に敷き詰める。

　仕上げはトレイに合わせて切った生地を一枚一枚のせていく。その際には一枚のせていく度に間に小さな手ほうきのようなもので溶かしバターをふりかけて、層を形成させる。これは、オーブンに入れて焼きあがる際にパイ層にしっかり空気が入ることで膨れ、サクサクとした食感を生み出すためだそうだ。

　一番下に15層、ピスタチオを挟んで15層、更にきれいに形成しておいた生地の9層が上にのる。すべてが重ね終わったら、既定の形に包丁で切る。その間に溶かしバターを均等に流し込む。窯の温度が定まったら、そこへまとめてバクラワを焼く。薪も煤を出さないとされる樫の木を選び、炭の状態にして、匂いが移らないように焼き上げる。手を入れて15秒数えて耐えられない程度だという。これが窯の職人が体で覚えた感覚だそうだ。通常は200℃で焼く。昔は伝導性がよく、トレイのどの場所でも温度が均一で焼き具合も良かったという。今は手入れのしやすいアルミを使うようだ。

　焼きあがると、コンロの上で冷まさないようにしながら、閉じかけた切れ目をはっきりナイフで入れる。シロップを流し入れる際、均等に染み渡るようにするためらしい。

　シロップ作りも、これまた大事な過程。ここの職人さんも店主の傍でシロップ作りを教えてもらい、ずっと担当しているという。バクラワの種類によってシロップの甘さも違う。また、夏場だと暑さでシロップも溶けるのでやや硬めにしておき、冬は逆に軟らかくする。親指と人差し指の間にシロップをぬりこすりっては、その粘り具合を見る。すべては長年の感覚だ。

完成したバクラワ。
パイ層のグラデー
ションが美しい

　シロップは砂糖大根からとる天然の砂糖を使う。舐めさせてもらったが、この甘さは喉を通る時に全く甘さが引っかからない。何度舐めてもそうで、砂糖と水だけでこんなに美味しいシロップが出来るのが不思議だったくらいだ。店主は現在、代を譲ったが監修役としてバクラワのチェックに念を入れる。焼き、シロップなど、満足いかなければ、再びやり直させるほどだ。

　焼きあがりを早速食べさせてもらう。食べる前に改めてバクラワをじっくり見ると「バクラワグラデーション」という言葉を作りたいぐらい、パイ層の焼き目の色の層が出来ていて芸術的。

　バクラワを口に入れると、傍にいたメティンさんが、一言言いたげ。というのも、どうやら今までバクラワの正しい食べ方を知らなかったようだ。現にこれを知っている人がトルコ中に何人いるのかわからないが、試した後で、本当にそう実感したからそうなのだろう。上層のサクサクしたパイの方が上あごに当たり、下のシロップが多く浸み込んだ方が舌に当たる形で食べる。フォークを使って食べると自然とそうなるのだが、メティンさんはあえて、ペーパーシートで包んで逆に食べてみなさいと勧めた。するとどうだろう、下層が上あごに当たることで、シロップの甘さとカイマックの旨味も伝わり、ピスタチオの香りが鼻から抜けていく。パイの方が上あごに当たると、パイがモサモサさせて、味も香りも妨げているのが分かる。これは実際試してみるとはっきりと違う味になるので試していただきたい。

　バクラワ作りを見学させてもらい思ったのは、すべての工程において均一さが求められること。どの工程でも安定し、均一した分量にしないことには、いくつもの工程を通っていく中で狂いが生じる。どの段階でもずれがあると、美味しいバクラワにはならない。どの工程も芸術の域まで確立されている。そして第一に食材。シロップの質に関しては、特にそうだ。食材の厳選と職人の技で他地域のものよりも、はるかにレベルが高いバクラワを作っていることに感動した。同じ食材を使っても、似て非なるものがいくらでも存在するからだ。

　無性に食べたくなる程魅力なお菓子。中東のお菓子の王様として、これからも君臨し続けるに違いない。

ガズィアンテプの朝はカトメルから

・◁◇◁◇◁◇▷・

　ガズィアンテプ県の名産物の一つにあげられるのはピスタチオ。私達が日本で食べているピスタチオはイラン産やアメリカ産のふっくらとして油分の少ないもの。ガズィアンテプのピスタチオは細身で肉厚ではないが、油分も多く、とにかく香り高い。鮮やかな黄緑色の実をつけ、上品だがしっかりと主張した独特の香りが、鼻から抜ける。これはナッツ界のエメラルドといっても過言ではないだろう。日本で、スーパーグリーンピスタチオと呼ばれるのも納得がいく。こんなにきれいで、鮮やかでいい香りがするものに出会ってショックを受けた。おつまみとして食べるのも良いが、甘いお菓子に使われるピスタチオは更に際立っている。

　収穫した後に少し未熟なものが菓子用に選別される。そのピスタチオをふんだんに使った朝食がガズィアンテプにはある。カトメルだ。トルコでカトメルといえば、小麦粉で作る層になっている国民的なパンを意味するが、ガズィアンテプのものは独自性がある。

　そのカトメルを食べに名店ゼケリヤ・ウスタへ向かった。商店街の奥深い場所に位置し、場所は決して良くないが名店なので、遠くイスタンブルや県外から探し求めてくる人が後を絶たない。実際私もその一人となった。日曜日、商店街の開店時間は遅く閑散としているのに、その店だけは大繁盛していた。

左・カトメル作りの調理場を見学
右・カイマック、ピスタチオ、砂糖をふりかけ焼き上げる

カトメルの完成。ピスタチオの香りとカイマックのコクを味わえる

　店主のメフメットさんはこの店の4代目。3代目のゼケリヤさんは何と90歳で会計を担当。メフメットさんも若い弟子達にほぼすべてを任せて、彼自身は注文を取り、店をまわす。その段階にまで持ってきている。時にはテレビ出演してカトメルの作り方を教えたり、国際的な食のイベントに招待されたりもする。

　店主のメフメットさんに作り方を見たいというと、調理場で丁寧に説明してくれた。生地はバクラワ同様、小麦の硬質のものを使う。バクラワは卵を加えるのに対して、このカトメルは加えない。生地を卵の大きさにまとめて、油をぬり1日寝かせる。それをまずメルダネという伸ばし棒で少し広げる。その後は生地を大理石の台に打ちつける。両手をスナップさせながら、遠心力を上手く使い10回程。するとあっと言う間に透けるほどの生地になる。

　それを台に張り付け、生地の端を引っ張りながら、更に薄くし、50センチの正方形に形成する。具は、まずカイマックと呼ばれる乳脂肪を生地の真ん中に均等にのせる。カイマックには牛や水牛、羊などあり、水牛のカイマックが一番美味しいといわれるが、その分供給が少ない為、年中安定して取れる牛のカイマックを使う。そこに挽いたピスタチオをまんべんなくふりかけ、その上からさらに砂糖をふりかける。正方形の生地の4ツ角を合わせるように真ん中に向かって折りたたむ。生地の底がくっつかないように小麦粉をつけて、窯で焼き上げる。表面がきつね色に焼きあがったら完成。

　仕上がりの大きさは大きいサイズで20センチ、小さいものは15センチ角。それを食べやすいように5センチ角に切り、仕上げにピスタチオの粉をふりかける。焼きたてのカトメルに鼻を近づけると、ピスタチオの香りとミルクの甘い匂いが入ってくる。ナイフとフォークはなし。手でつまんで食べる。飲み物は何が合うのかと尋ねると牛乳という。甘さも控えめで、実に牛乳とよく合う。カトメルの特徴でも

ある薄い生地が層となって、表面はカリカリ。逆に底はしっとりしている。生地を開いてみると、中にもびっしりと敷き詰められたピスタチオと牛乳の旨味の素となる脂肪分も溶けずに残っている。湯葉に近い感覚だった。パリパリとした上側の食感、ピスタチオのさわやかな香り、カイマックのコク、砂糖の甘さを口の中で一度に味わえる。

そもそも、このカトメルはガズィアンテプ県のみある食べ物で、結婚式が行われた翌日の朝、一緒になった夫婦が、初めての朝食をこのカトメルで始めるという風習があったという。これは、晴れて結婚した二人が、一生甘い生活を送れるようにという想いが込められ、花嫁と花婿の親戚にも配られるという。職人メフメットさんが知っている限りでも135年の歴史があるというから、それ以上遡ることは確かだ。

メフメットさんとは「あなたの作ったカトメルを日本のお客さんに食べさせてほしい」との話を交えながら楽しいひとときを過ごした。

ピスタチオをこんなに贅沢に使えるのもガズィアンテプだからだろう。ご当地ならではの名物と味と技が合わさったカトメル。こんなに贅沢な一品を味わったら、誰もが一生の思い出になると思う。神が自分に与えた力を過剰に思わず、それ以上欲張ることなく、身の丈にあったことを続けていくという、彼自身の信念を貫いている。私がトルコで出会った、日本に招待したい職人の一人である。

左・ガズィアンテプの名産、ピスタチオ
右・カトメル作りの職人、メフメットさん

シュルナック県

Koç yumurtası ／料理：コチ・ユムルタス
Silopi ／地域：スィロピ市

　シュルナックの中心から南に車で約2時間。イラクとの国境の街、スィロピに着いた。街を歩いていると、食堂の窓ガラスにコチ・ユムルタスという見慣れない言葉が書いてあった。そこで店員に尋ねてみると、雄ヤギの睾丸だという。そのほか、あまり食べない脾臓なども売っていた。店員が見事な睾丸を見せてくれ、新鮮さもアピール。人生で初だったので挑戦してみることにした。

　外側の皮を取って、生の物を触らせてもらうと、鶏の胸肉にとても似ていた。串に刺して、塩のみを上から適度に振ってから炭火焼きする。焼いてもらうとどうだろう。脂身はなさそうに見えるが、脂が滴り落ち煙も充満する。香りはレバーのような独特の香りがあるのだが、食感がハンペンやマシュマロのようだった。炙り焼きすると脂分も落ちるから、余計にそう感じたのかもしれない。下味としてマリネするか、フライパンでソテーした方がより美味しいのではないだろうか。食べる際は、添えて出てくるラワシュ（薄焼きパン）で野菜とコチを巻き、辛みペーストをつけて食べる。味が淡白で歯ごたえがないので、パンで巻くと更に存在感が消えてしまった。

バトマン県

Şabut ızgarası／料理：シャブット・ウズガラス
Hasankeyf／地域：ハサンケイフ市

　メソポタミア文明が成り立つ上で重要な要因となった、あのチグリス川が流れる
バトマン県のハサンケイフを訪れた時のこと。川辺に面したレストランの傍を歩く
と、食堂の店員が聞いたこともない魚を勧めてくれた。見た目はナマズかと思った
が、この川で獲れたシャブットというコイ科の淡水魚らしい。はるか昔からこの魚
を食べる習慣があったという。毎日現地の人が魚を獲り、売りに来るので、それを
買い付け調理しているそうだ。

　獲れたばかりのシャブットが運ばれてきた。魚をさばく際に、大きさとその迫力
で食べるのを躊躇しそうだったが、皮をはぐとスズキやタイに似た白身に赤い模様
が出てきた。生でも食べられそうで、意外に美味しいかもしれないと思えた。これ
を網焼きして提供。食べると川魚によくある臭味が全くしない。大骨はあるが身も
多く、骨離れがとても良い。脂身はブリのようで濃厚、ホロホロとした身のほぐれ
感も似ている。それでいてスズキのような美味しさでしつこさもない。トルコで食
べたコイやマスの淡水魚よりも群を抜いていた。ここでは、添えてあるパンに挟ん
で食べたが、照り焼きにしてごはんと食べたほうが良い気がする。まさか、ここで
こんな美味しい魚に巡り合えるとは。その後、この場所はダム建設により大部分が
水面下になった。高台にある食堂のテラスからチグリス川や遺跡を眺めながらの食
事は、忘れることはないだろう。

Index

本文中で紹介しているおもな料理名、食材などの掲載ページです。

おわりに

　地方を巡り、郷土料理を探すことで、トルコの食を紐解けるのではないか。そう考えた旅でした。
「私は日本から来て、トルコの郷土料理を探して旅をしています。この地ならではという料理や食材といえば、何が思いつきますか」
　街のバスターミナルから市内へ向かう乗り合いバスの中で、いつもこんな切り口で話しかけ、旅を始めていました。教えてもらった食堂やレストラン、市場を訪ねたり、話が合えば家に招待してもらい郷土料理でもてなしてもらったこともありましたし、文化観光省では知人を紹介していただき、仲介となってもらったり、随分助けていただきました。ありがとうございました。
　今回の食の旅を通じて、料理そのものだけでなく、背景にある暮らしぶりにより好奇心が掻き立てられました。気候や地形の違いによって、地の利を活かした暮らしがあり、様々な保存食作りを見た時は、国は違っても自然の流れに逆らわない営みがあるのだなと感じたものです。そして、歴史の中で様々な民族が分布していることを知り、交流を通じて独自の食文化にも触れました。
　一人で始めた旅も、途中妻との出会いもあり、その後一緒に旅を続けたこと、家族を含め周りの方々が温かく見守

ってくれたことにも感謝したいと思います。そして、阿佐ヶ谷書院の島田代表には出版するにあたり声をかけていただき、トルコ共和国建国100周年の2023年に、食の旅がこうして一つの形になったことを本当に嬉しく思っています。

　一方で、この書籍を編集している間にトルコ南東部で記録に残る大きな地震が起こりました。地域は壊滅的な状態となり、以前のような生活に戻るにはかなりの時間を要します。一日でも早く復興し、以前のような暮らしが戻るように心から願うばかりです。

　トルコの食について、見逃したもの、知らないものはまだまだたくさんあるので、今後の探求課題として、トルコへの食の旅を続けていきたいと思っています。

旅で特にお世話になった方々へ感謝

Hamit Genç　Filiz Genç　Atilla Özel　Naci İdil　Mehmet Ali Arpacı
Ayhan Kuşçulu　Yücel Yaylacı　Gökmen Sorguç　Mücahit Barstuğan
Erol İğde　Ahmet Küçükbaş　Mahmut Gers　İbrahim Halil Kılıç
Ergün Arı　Hülya Arı　Osman Sezer　Çağdaş Çelik　Sertuğu Başaran
Mesut Atalay　Gündoğan Samancı　Azad Çilak　İbrahim Okur
加瀬由美子　井上幸一　井上美奈子　下村正子

参 考 文 献

小杉泰『イスラーム世界を読む』(NHK 出版)

Yerasimos, Marianna, *500 yıllık Osmanlı Mutfağı* (Türkiye)

Kaya, Gülhan, *Ermeni. Musevi.Rum Evlerinde Pişen Yemekler* (Türkiye)

Gürsoy, Deniz, *Tiridine, Tiridine, Suyuna Da Bandım...* (Türkiye)

Gürsoy, Deniz, *Yiyelim İçelim, Tarihini Bilelim* (Türkiye)

Gürsoy, Deniz, *Deniz Gürsoy'un Gastronomi Tarihi* (Türkiye)

Yavi, Ayfer, *Bir Dünya Börek* (Türkiye)

Ünsal, Ayfer T., *Bulgur* (Türkiye)

Tez, Zeki, *Lezetin Tarihi* (Türkiye)

Yenitürk, Nejat, *Ayaküstü İzmir* (Türkiye)

Şenyapılı, Önder, *Damakta Kalan Tatların Akilda Kalan Adları* (Türkiye)

Serdarlı, Ersel, *Meyhane Erbabının El Kitabı* (Türkiye)

İstanbul'un Yüzleri Serisi-53, *İstanbul'un 100 Lezzeti* (Türkiye)

Gastro Metro, 2009, sayı 53

Gastro Metro, 2007, sayı 41

Gastro Metro, 2006, sayı 32

岡崎伸也 ｜ おかざきしんや

トルコ料理探求家。1973 年生まれ。島根県益田市出身。1996 年
に中東諸国を訪れた際にトルコと出会い魅了される。1998 年に
トルコ語留学でイスタンブルに滞在。2001 年に地元の益田市に
カフェをオープンするがトルコ料理探求のために 2009 年にカ
フェを閉店、2010 年から食をテーマにトルコ全土を旅するよう
になり、現在に至る。
X（旧 Twitter）: @Food_trip
E-mail : jpshinyatr@gmail.com

装丁・デザイン	白畠かおり
地図デザイン	マップデザイン研究室
写真	岡崎伸也
協力	斎野政智
編集	島田真人

食で巡るトルコ

2023 年 10 月 21 日　初版発行

著　者	岡崎伸也	
発行者	島田真人	
発行所	阿佐ヶ谷書院	

〒166-0004　東京都杉並区阿佐谷南 3-46-19-102
〒999-3245　山形県上山市川口字北裏 150-1
e-mail info@asagayashoin.jp
URL http://www.asagayashoin.jp

印刷所　シナノ書籍印刷